本书为教育部规划基金项目“上海合作组织研究”的成果（项目号：05JAGJW003）

Shanghai Cooperation Organization: Analysis and Outlook

# 上海合作组织：评析和展望

赵华胜　著

时 事 出 版 社

# 目　录

导论 …………………………………………………………………… (1)

第一章　上海合作组织的特点和模式 ……………………………… (9)
一、上海合作组织的特点 ……………………………………………… (9)
二、上海合作组织的模式……………………………………………… (25)

第二章　上海合作组织的形成和演进 ……………………………… (33)
一、上海合作组织形成的原因………………………………………… (33)
二、上海合作组织的演进……………………………………………… (39)

第三章　上海合作组织经历的重大冲击 …………………………… (73)
一、"9·11"事件与上海合作组织 …………………………………… (73)
二、"颜色革命"与上海合作组织 …………………………………… (85)
三、俄格冲突与上海合作组织………………………………………… (94)
四、吉尔吉斯斯坦动乱与上海合作组织……………………………… (99)

第四章　中国与上海合作组织……………………………………… (103)
一、中国对上海合作组织的认知 …………………………………… (103)
二、上海合作组织对中国利益的效果 ……………………………… (108)
三、对中国一体化政策的反思 ……………………………………… (115)
四、中国发展上海合作组织的若干政策 …………………………… (120)
五、关于建设性介入政策 …………………………………………… (125)

**第五章　俄罗斯与上海合作组织**……………………………(135)
一、俄罗斯对上海合作组织的政治态度 ……………………(135)
二、俄罗斯在上海合作组织中的利益 ………………………(140)
三、俄罗斯对上海合作组织的政策主张 ……………………(148)

**第六章　上海合作组织与中俄关系**……………………………(159)
一、上海合作组织对中俄关系的影响 ………………………(160)
二、中俄在上海合作组织的差异来源 ………………………(163)
三、中俄在上海合作组织的合作前景 ………………………(165)

**第七章　中亚成员国与上海合作组织**…………………………(173)
一、中亚成员国对上海合作组织的意义 ……………………(173)
二、中亚成员国的利益诉求 …………………………………(177)
三、中亚成员国因素对上海合作组织的影响 ………………(183)

**第八章　美国与上海合作组织**…………………………………(189)
一、美国与上海合作组织关系的演进 ………………………(189)
二、美国对上海合作组织的认知 ……………………………(192)
三、小布什政府的上海合作组织及中亚政策 ………………(198)
四、奥巴马政府的上海合作组织及中亚政策 ………………(202)

**第九章　上海合作组织与阿富汗问题**…………………………(209)
一、阿富汗问题与上海合作组织的成立 ……………………(209)
二、上海合作组织与阿富汗的关系 …………………………(212)
三、上海合作组织的阿富汗政策的演变 ……………………(225)

**第十章　上海合作组织的可能性和限度**………………………(233)
一、上海合作组织政治地理空间的可能性和限度 …………(233)
二、上海合作组织成员的政治可能性和限度 ………………(237)
三、上海合作组织的政治可能性和限度 ……………………(242)

四、上海合作组织安全合作的可能性和限度 ……………………（244）
五、上海合作组织经济合作的可能性和限度 ……………………（246）

**第十一章 对上海合作组织的展望**……………………………………（251）
一、维护地区稳定 ……………………………………………………（251）
二、纳入阿富汗问题 …………………………………………………（254）
三、突破经济合作的瓶颈 ……………………………………………（263）
四、与欧亚联盟结为伙伴 ……………………………………………（264）
五、处理好扩大问题 …………………………………………………（270）
六、上海合作组织的前景 ……………………………………………（275）

**后记**……………………………………………………………………（279）

# 导 论

从国际政治的角度看，上海合作组织是一个重大的地区和国际现象。在某种意义上，它是一个国际政治的实验，有人将其喻为21世纪第一个新型地区组织，带有颠覆冷战传统的性质，负有建构新型国际秩序的使命。不过，上海合作组织最重要的功能，还是创造地区合作的机会，增强本地区国家间的联系，给成员国带来经济上的利益，为本地区的安全稳定提供一种保障。

作为一个地区组织，上海合作组织在中国受到了特别的关注。原因很简单，就是上海合作组织是唯一由中国发起、以中国城市命名、总部位于中国的组织。换句话说，在此之前，中国没有过创建地区组织的历史，也没有任何地区组织以中国为“中心”。创建上海合作组织是中国外交的一个突破，它给中国带来荣耀和自信，显示了中国的发展和崛起，是中国以新的角色走向国际舞台的象征。

上海合作组织的历史还不是很久，它是一个相对较新的国际政治现象，它在国际问题研究领域也是一个相对较新的课题。国际上对于上海合作组织的研究随着上海合作组织的发展而发展，许多国家都有学者把上海合作组织作为研究对象，越来越多的人在他们的研究中涉及到上海合作组织，特别是在本地区国家，上海合作组织已是重要的研究课题。

在对上海合作组织的研究中，大致可以分为两类：一类是动态性的现实和政策研究，一类是偏重于理论的研究。

上海合作组织是一个新组织。新组织成立后面临的首要任务是机制和制度建设问题：基础需要巩固，理论需要验证，机构需要创建，功能需要完善，而且，内外部环境也在变化，这使上海合作组织处于很强的动态变化状态。由于这一原因，动态性的跟踪和政策研究是上海合作组织研究的主要潮流。研究者不能把上海合作组织当作一个不变或相对稳定的事物做静态的观察，而必须跟随上海合作组织发展的脚步，这种研究自然具有比较突出的实践性特点，即介绍上海合作组织的基本功能和结构，阐释上海合作组织的概念和理念，解释上海合作组织的各种行为，为上海合作组织的发展提供政策建议。偏重于理论的研究相对较少，这是因为上海合作组织离现时和现实太近，还没有经历过深远的历史检验，作为一种理论研究的对象还缺乏足够的厚度。理论性研究需要以长时段和大图景作为基础，对一个出现不太久又不稳定的现象，进行具有相对稳定性的理论概括和定性是比较困难的。从可见到的著述来看，对上海合作组织的理论性研究主要是以某种理论为框架，对上海合作组织的产生和发展进行解释。在这方面，地区主义、一体化理论、非传统安全理论等最为常见。

中国学术界对上海合作组织的研究热情超过任何国家，包括所有其他上海合作组织成员国。中国有最多的以上海合作组织为对象的专门研究机构。领衔的是中国上海合作组织研究中心，它由卸任的高级外交官、知名学者和职能部门的权威人士组成。它虽是非官方组织，但与官方有密切关系，机构设置在中国国际问题研究所，代表着中国上海合作组织研究的最高层次。除此之外，中国社科院有上海合作组织研究中心，中国国际问题研究所有上海合作组织研究部。上海因与上海合作组织的特别因缘，研究机构也特别多，已成立的有四家，气势也特别大，不仅有研究中心，还有研究院，显示了上海学术界对上海合作组织研究的特别重视。它们分别是复旦大学上海合作组织研究中心、上海社科院上海合作组织研究中心、国家开发银行—华东师范大学上海合作组织研究院、上海大学上海合作组织公共外交研究院。其他省市或许也有研究上海合作组织的机构。随着上海合作组织的发展，很可能还会有新的研究机构出现。

应该说明，除了中国国际问题研究所上海合作组织研究部外，其他的上海合作组织研究机构都是协调或功能性的机制，而不是真正的实体性研究部门。另一方面，一些研究机构虽然没有专门的上海合作组织研究中心，但这不意味着它们不重视研究上海合作组织，也不意味着它们在上海合作组织研究中不占有重要地位。事实上，许多这样的机构都是国内上海合作组织研究的骨干力量，如中国现代国际关系研究院、中国社科院俄罗斯东欧中亚研究所，以及一些政府研究部门等。

自上海合作组织成立以来，国内的研究成果不断出现。由许涛、季志业主编、中国现代国际关系研究所民族与宗教研究中心撰写的《上海合作组织：新安全观与新机制》是国内最早的上海合作组织研究专著。由于这部著作成书较早，是在上海合作组织成立后不到一年的2002年2月出版的，因此其内容主要是叙述上海合作组织的成立过程，阐释上海合作组织新安全观的思想理念，提出上海合作组织面临的问题和发展方向等。在此之后，新的研究成果陆续出现，其中专著主要有：李钢主编的《上海合作组织：加速推进的区域经济合作》（中国海关出版社，2004年），马振岗主编的《稳步向前的上海合作组织：专家学者纵论SCO》（世界知识出版社，2006年），潘光与胡键的《21世纪的第一个新型区域合作组织》（中共中央党校出版社，2006年），邢广程和孙壮志主编的《上海合作组织研究》（长春出版社，2007年），李敏伦的《中国"新安全观"与上海合作组织研究》（人民出版社，2007年），许勤华的《新地缘政治：中亚能源与中国》（当代世界出版社，2007年），朱成虎主编的《十字路口：中亚走向何方》（时事出版社，2007年），郑雪平的《上海合作组织与区域经济合作研究》（东北财经大学出版社，2007年），崔颖的《上海合作组织区域经济合作：共同发展的新实践》（经济科学出版社，2007年），邢广程主编的《上海合作组织发展报告》（社会科学文献出版社，2009年），余建华等著的《上海合作组织非传统安全研究》（上海社会科学院出版社，2009年），朱新光的《上海合作组织视角下的中亚地区治理理论与实践》（黑龙江人民出版社，2009年），肖德的《上海合作组织区域经济合作问题研究》（人民出版社，2009年），须同凯主编的《上海合作组织区域经济合作：发展历程与前景展望》（人民出版社，2010年），吴恩远和吴宏伟主编的《上海合作组织发展报告》（社会科学文献出版社，2010年，2011年），刘振林的《上海合作组织经济合作研究》（商务印书馆，2010年），等等。

由邢广程和孙壮志主编的《上海合作组织研究》是一部具有代表性的作品。这部著作对上海合作组织进行了比较全面和系统性的研究，也可以说是国内第一部系统性地研究上海合作组织的著作。它的研究涵盖了上海合作组织研究的主要方面，包括上海合作组织的发展历程，成员国的综合国力，上海合作组织的机制化建设，它的三大合作领域即安全合作、经济合作和人文合作，中国、俄罗斯和美国与上海合作组织的关系，中亚国家与上海合作组织的关系，观察员国与上海合作组织的关系，上海合作组织的对外交往，以及对上海合作组织发展的战略思考等。

由须同凯主编的《上海合作组织区域经济合作：发展历程与前景展望》是对上海合作组织经济合作最全面和最权威的著作。主编须同凯是中国商务部官员，长期主管中国对俄罗斯和中亚贸易，2001 年至 2009 年曾担任上海合作组织经贸高官委员会中方代表。他是上海合作组织经贸合作的亲历者，政策制订的参与者，对上海合作组织经贸合作有深刻的了解。《上海合作组织区域经济合作：发展历程与前景展望》对上海合作组织经贸合作的各个方面进行了介绍和分析，包括上海合作组织区域经济合作的进程和机制，中国、俄罗斯、中亚国家在经济合作中的作用和态度，经贸合作的主要领域如交通、信息、农业、金融等方面的情况，等等。该书提出了建立上海合作组织自贸区的建议，对此进行了多方面的论证，并对成立上海合作组织开发银行提出了设想。

除了专著外，中国上海合作组织研究中心还出版有系列研究报告，中国社科院俄罗斯东欧中亚研究所也出版有系列的《上海合作组织发展报告》。前者是以论文集的形式，汇集了国内知名专家学者对相关问题的看法，反映着国内上海合作组织研究的最新动态。后者则以描述上海合作组织的最新发展为主。

其他的著作也都各有所长，不一一列举。除了专著之外，论文是上海合作组织研究成果的另一重要形式。由于上海合作组织有很强的发展动态性，论文能够对它做出更迅速和更直接的反映，而著作在时间上相对滞后，因此论文在上海合作组织的研究中有著作不能代替的重要意义。国内关于上海合作组织的研究论文已有相当数量，它们涉及到了上海合作组织研究的各个方面，作者群的范围也越来越大。

对上海合作组织的研究在其他成员国也得到不同程度的重视。俄罗斯有以上海合作组织为专门对象的研究机构，已知的有莫斯科国际关系学院东亚和上海合作组织研究中心，由卢金博士（Александр Лукин）任主任；俄罗斯科学院远东研究所东北亚战略问题和上海合作组织研究中心，由卢嘉宁（Сергей Лузянин）副所长兼任主任。在中亚国家中尚未见有这样的研究机构，但都有一些学者研究上海合作组织。

俄罗斯和中亚国家已有相当多的研究成果，其中有专著，更多为论文、论文集和研究报告，以及散见在其他著作中的章节。如哈萨克斯坦总统战略研究所出版的《上海合作组织和中亚安全问题》（2005 年），瑟罗耶日金（Константин Сыроежкин）在其关于中国的专著中所写的“中国与上海合作组织”（2006 年），乌兹别克斯坦政治研究中心出版的《中亚能源市场：趋势和前景》（2006 年）中收录的关于上海合作组织的论文，由哈萨克斯坦首任总统基金会世界经济和政治研究所出版的《上海合作组织：形成和发展前景》，E. 阿拉扎林所著的《上海合作组织：形成的基础、问题和前景、合作机制完善的途径》（2007 年），由莫斯科国际关系学院东亚和上海合作组织研究中心主任卢金主编的《上海合作组织和当代世界》（2007 年），卢金所著《俄罗斯与上海合作组织》（2007 年），卢金主编的《上海合作组织：从形成到全面合作》（2008 年），由克尼亚泽夫（Александр Князев ）主编的《阿富汗，上海合作组织，中亚安全与地缘政治》（2008 年），俄罗斯远东研究所出版的《上海合作组织：走向新的合作》（2008 年），《俄罗斯与中国和上海合作组织伙伴的合作》（2008 年），克里缅科（А. Ф. Клименко）所著的《上海合作组织：国防和安全问题》（2009 年），由卢嘉宁主编、远东研究所出版的《上海合作组织发展战略和俄罗斯的政策》（2012），由卢金主编、莫斯科国际关系学院出版的《俄罗斯在中亚和上海合作组织的战略》（2012），等等。

西方学术界也表现出对研究上海合作组织的兴趣，并有了一些成果。总的来说，西方学术界对上海合作组织更偏重于政策性研究。其代表性的报告、论文和专著有：斯德哥尔摩国际和平研究所 L. 马克苏多夫（R. Maksator）的研究报告《上海合作组织：中亚视角》（2006 年），伦敦国际战略研究所阿・安东年科（A. Аитонеко）的政策建议报告《欧盟不应忽视上海合作组织》（2007 年），N. 诺林和 N. 斯旺彻姆（N. Norlin and N. Swantrom）合写的“上海合作组织：贸易，及伊朗、印度和巴基斯坦的角色”（2007年），法国国际关系研究所S. 阿瑞斯（S. Aris）的研究报告“上海合作组织视角中的中俄关系”（2008年），S. 汉诺瓦（S. Hanora）所写的“上海合作组织的前景：形象和论述”（2009年），美国国家战略研究所《全球战略评估》（2009年）中对上海合作组织的评估，哥伦比亚大学A. 库利（A. Cooley）的“作为新地区组织的上海合作组织的崛起：西方的观点”（2011年），斯特芬．阿瑞斯（Stephen Aris）的专著《欧亚地区主义：上海合作组织》（2011年）等。

本书的基础是作者在过去几年的研究成果。写作本书感到了许多难处，其中最大的难处是如何避免重复并有所创新。对于一个我们十分熟悉并已被密集描写的对象，要进行全新的叙述并提出新观点新看法是很难的，而要突破和不重复自己就更加困难。本书在叙述上力图减少重复，在观察角度上也尽量有所不同，而最重要的是独立地表达自己的认识和看法。

本书以上海合作组织的重大问题为主线，以对这些重大问题的探讨和分析为主要内容。本书共选择了11个问题，构成了本书的十一章。

第一个问题是关于上海合作组织的特点和模式。一般评价上海合作组织都是把它描述为新型地区组织，不过，这主要是一种政治性的评价，它只是规定着上海合作组织性质的一个因素，不足以概括上海合作组织的全部特点。本书从四个变量来考察上海合作组织的特点，即时间、空间、主体、意向。这四个变量又具体化为时代、地域、成员、诉求。通过对这四个变量的分析，提炼出上海合作组织的特点，并概括出上海合作组织的模式。

第二个问题是上海合作组织的演变。这是对上海合作组织历史的过程叙述，但它的主要目的不是为了重现过程本身，而是试图从中理出上海合作组织的思想和机制演变的脉络。它以自然的时间为顺序，以上海合作组织的重大活动为框架，以它的政治文件为文本，探索上海合作组织思想演变的过程，以及它的合作机制的演进。

第三个问题是上海合作组织经历的冲击。在似乎是波澜不惊的表面下，上海合作组织也经历过多次内外环境的急剧变化，受到过由这些事件造成的严重冲击。在迄今为止的历史中，有四次事件对上海合作组织的影响最大，即2001年的“9·11”事件，2005年的“颜色革命”，2008年的俄格冲突，以及2010年的吉尔吉斯斯坦动荡。在这一部分，分析了这些冲突对上海合作组织提出的挑战，以及上海合作组织的应对和结果。

第四个问题是中国与上海合作组织。中国与上海合作组织的关系之密切超过其他任何国家，它涉及的内容也很广泛。在这个问题里，总结了中国对上海合作组织的认知，也指出了一些认识上的偏差；在上海合作组织对中国的利益部分，分析的重点是上海合作组织对中国利益的效果，也就是对它有什么效果和效果大小做出评估；作者还对中国上海合作组织的政策进行了反思，特别是关于经济合作的政策，作者提出了商榷性的看法；最后，作者就中国上海合作组织的政策提出了建议。

第五个问题是俄罗斯与上海合作组织。俄罗斯是上海合作组织中另一个最关键的成员，它的立场对上海合作组织至关重要。因此，清楚地了解俄罗斯对上海合作组织的心态和政策极其必要。俄罗斯对上海合作组织的基本认知是什么，它在上海合作组织中的主要利益追求是什么，它对上海合作组织重大问题的政策是什么，包括安全政策、经济政策、扩大问题、阿富汗问题、地区稳定等，这些问题都在这一章里进行了探讨。

第六个问题是上海合作组织与中俄关系。中俄关系之于上海合作组织，犹如双引擎飞机的两个发动机，它们需要协调配合才能顺利前行，一旦两者的合作出现问题，则必然使上海合作组织失速乃至发生更大问题。对此，学术界有很多论述。不过，这里把问题换了过来，即不是中俄关系对上海合作组织的影响，而是上海合作组织对中俄关系产生了什么影响。在所探讨的问题中，这里特别关注的是上海合作组织对中俄在中亚关系产生的作用，中俄在上海合作组织的差异和分歧产生的根源，以及中俄在中亚的合作能否持续。

第七个问题是中亚成员国与上海合作组织。中亚成员国是上海合作组织的重要组成部分，在上海合作组织的6个成员国中，中亚国家占了4个。不过，由于中亚成员国是中小国家，学术界一般对它对上海合作组织的重要意义和贡献谈得比较少。而事实上，中亚成员国不仅是上海合作组织不可缺少的成员，而且它们与中国和俄罗斯一样，都对上海合作组织有着政治和结构上不可代替的重要作用。中亚成员国对上海合作组织的政策也有其特点，它也对上海合作组织的发展产生着影响。这些都是这一章探讨的内容。

第八个问题是美国与上海合作组织。美国与上海合作组织没有密切联系，但美国因素被认为对上海合作组织有重要影响，因为美国是超级大国，是中亚地区的“大玩家”，并与中俄之间存在“大国游戏”。美国没有明确的上海合作组织政策，但根据其官方的言行，仍可观察到其对上海合作组织的大致态度和政策轮廓。这里着重概述了美国对上海合作组织的认知，总结了美国与上海合作组织关系的演变，分析了小布什和奥巴马两任政府对上海合作组织的基本政策。

第九个问题是上海合作组织与阿富汗问题。阿富汗虽不是上海合作组织成员，但阿富汗问题对地区和地区国家的重要性，使它成为上海合作组织的一个特别问题。而且，这一问题还将长期存在。美国和国际援助部队计划在2014年基本从阿富汗撤出，阿富汗形势将面临严峻考验，这对上海合作组织也将是重大挑战。这一章简述了上海合作组织与阿富汗关系的发展过程，分析了主要成员国特别是俄罗斯的阿富汗政策，最后综述了上海合作组织的阿富汗政策。

第十个问题是上海合作组织发展的可能性和限度。如同任何地区组织一样，上海合作组织既有其潜力和可能性，也有其局限和限度。从可能性和限度的角度，这里对上海合作组织进行了5个方面的考察，即地理政治空间的可能性和限度，政治的可能性和限度，安全合作的可能性和限度，经济合作的可能性和限度，扩大的可能性和限度。

第十一个问题是对上海合作组织的展望。这是作者对上海合作组织未来发展的设想。它提出了上海合作组织未来发展的主要途径：其一，把维护地区稳定纳入基本功能；其二，在阿富汗问题上发挥独立作用；其三，突破经济合作的瓶颈；其四，与欧亚联盟形成伙伴关系；其五，处理好扩大问题。

# 第一章　上海合作组织的特点和模式

每一个地区组织都有其特点或个性，个性规定着它是“这个”而不是“那个”地区组织。特点不仅是一个组织的个性特征，在某种意义上，它也决定着一个组织的活力乃至存在的必要性。一个没有突出特点的组织不会有强大的生命力，甚至不能长期生存。当然，个性不否认共性，地区组织作为以主权国家为成员、以多边关系为形式、以区域合作为目的的机制，它们自然也有共同的特征和规律性，这是不言而喻的。

个性不仅显示着一个组织的特质，而且它要求适合自身特点的成长路径和发展模式。否则，它将踏上一条坎坷曲折的道路，甚至是没有希望的道路。

上海合作组织是一个有鲜明个性的组织，这是它能够在不太长的时间里脱颖而出的重要原因。那么，这些个性特点是什么，它们是怎样形成的？根据它的个性特点，上海合作组织应选择什么样的发展模式？这是本章要探讨的问题。

## 一、上海合作组织的特点

上海合作组织的特点可以列出很多，但只有那些规定着它的基础性特质的特点才是最有意义的，它们可称为是上海合作组织的基本特点，而这些基本特点的形成当然有其原因和条件。

任何地区组织都受到四项基本要素的规定和制约，它们是时间、空间、主体、意向。更具体来说，就是时代、地域、成员、诉求。这四项要素相互作用，共同构成地区组织的基本特点，上海合作组织也是如此。

任何地区组织都形成和存在于某一特定时间中。从社会科学的角度说，每一特定时间都包含着特定的历史精神和人文内容，它们构成了地区组织的时代环境。时代环境对地区组织有着重要的意义，它赋予地区组织时代的特征，规定着地区组织的某些特质，对地区组织提出时代的要求。时代与时代不同，不同的时代有不同的理念、精神、原则、规则。比较一下19世纪和20世纪，这种差别就看得十分清楚。自然，不同的时代也会有不同的要求，19世纪的国际政治理念和游戏规则在20世纪显然已经行不通。而对地区组织来说，符合时代的要求即是顺应历史潮流，它既是历史进步性的体现，也是现代性的体现。落后于时代是逆历史潮流而动，超前于时代则不免脱离现实。

上海合作组织成立于2001年，它的前身“上海五国”形成于1996年。按照一般看法，这个时期是“后冷战时期”。后冷战时期所相对的是冷战时期，这是两个不同的历史时代，它们有不同的历史精神和历史要求。冷战的中心内容是两个超级大国即美国和苏联争霸世界，冷战的核心理念是以“零和游戏”为规则的对立和对抗，冷战的外在形式是两大军事集团即北约和华约的相互敌对，冷战的状态特征是以战争为威胁的和平。

一般认为，冷战结束的标志是1989年柏林墙的倒塌。自柏林墙倒塌以后的许多年里，冷战也曾不止一次被宣布结束，俄罗斯与西方和美国关系中的许多重大事件都被作为过冷战结束的标志，这使冷战何时结束至少在概念上存在着含糊和模糊。事实上，冷战结束不是突然的，它是一个持续的过程。柏林墙的倒塌只是冷战结束过程之中一个具有历史意义的标志性事件。从最直接根源来说，冷战结束的过程开始于1987年戈尔巴乔夫提出“新思维”。“新思维”作为苏联对外政策的理论基础提出了世界的整体性、相互依赖性、安全的共同性、国际关系的非意识形态化、全人类利益高于一切，以及苏美从对手转为合作伙伴等概念。[①]“新思维”在理论概念和外交实践上都是对冷战理论和冷战政策的反动，它启动了冷战走向结束的过程。在以“新思维”为指导的苏联外交政策的推动下，发生了一系列标志着冷战走向终结的历史事件，包括华约解散、柏林墙倒塌、苏联解体。1991 年 12 月苏联的解体可以说是冷战结束过程的终点。

后冷战时期被认为具有完全不同的历史特征。两大军事集团的对立成为过去；苏联的继承国俄罗斯从超级大国跌落为普通大国，失去了与美国对抗争雄的国家实力和国际地位，不得不放弃与美国争霸世界的雄心和企图；世界大战的可能，特别是俄美之间核大战的可能微小，大国和大国军事集团之间大规模战争的危险已为频繁不断的局部和地区武装冲突所代替，国际社会面临的危险和威胁发生了改变。同时，两大意识形态的对立也消失或淡化，世界在政治和经济上表现出前所未有的趋同倾向，市场经济扩展到全世界，原苏联集团国家转向西方政治制度模式，西方的价值观在意识形态言语系统中占据了主导，据此，在西方出现了“历史的终结”的判断。[②] 在大国关系中，共同利益和合作成为不能挑战的新原则，“零和游戏”的规则受到批判，“双赢”和“共赢”的原则和规则代之而起。

在后冷战时代的历史上，不能不提到“9・11”事件。“9・11”事件对后冷战时代的突出意义是加深了它与冷战精神相背离的时代特征，它使国际政治中的冷战属性进一步减少，使后冷战属性的新质增加。“9・11”事件之后，在国际社会面前出现了一个共同的敌人和威胁——国际恐怖主义，这强烈冲击了大国传统的安全观念、安全思想和安全战略，迫使大国从根本上重新考虑涉及到国家安全的许多重大问题。特别是直接受到“9・11”事件打击的美国，它的战略安全观念在“9・11”事件后发生了重大改变。各大国不同程度地调整了安全战略和对外政

---

① M. Горбачев, “Перестройка и новое мышление”, Москва, Издательство политической литературы, pp. 135 – 145.

② 日裔美国学者弗朗西斯・福山 1989 年在《国际利益》上发表“历史的终结?”一文，意为民主和市场制度在全世界的胜利是历史的“终结”。这一观点在学术界引起极大关注，产生了广泛影响。1992 年，福山出版《历史的终结及最后一人》一书，对这一概念进行了新的阐述。

策，美国和俄罗斯的调整幅度最为显著。由于大国在反恐目标之下的合作受到了国内政治和外交政策调整的深度支持，所以大国的反恐合作没有停留在反恐的范围内，它超出反恐的限度向纵深继续发展。因此，在“9·11”事件之后，大国关系的发展出现了突破，这种突破首先表现在俄美关系上。俄罗斯与美国利用“9·11”事件提供的契机，大幅度改善了关系，打破了两国关系自1993年以来徘徊不前的僵局，美俄自第二次世界大战结束以来第一次重新站到一条战壕里，两国宣布相互是朋友甚至盟友，并建立起新战略关系。[①] 俄美关系乃至整个大国关系呈现出一片积极和乐观的气氛。对于“9·11”事件之后大国关系的这种性质，有人做过这样的评价：“现在的情况几乎是300年来国际关系中独一无二的现象，大国中的战略对手消失了，没有一个大国把另一个大国作为主要安全威胁，没有一个大国努力蓄积军事力量去反对另一个大国，没有一个大国要竭力组成联盟去反对遏止相互针对的侵略意图。”[②] 据此，又有舆论宣称“9·11”事件使冷战彻底终结。[③] 其实，冷战在形式和内容上早已结束。如果说“9·11”事件对冷战的终结具有某种象征意义的话，它更多是在心理和情感层面上。

不过，应该看到，从时间意义上，在冷战和后冷战之间可以划出一条清楚的界限，但在政治意义上，从冷战向后冷战的转变必然要经历一个过渡时期，而且其间充满曲折和反复。冷战结束不等于冷战思维消失，思维的惯性往往比它的载体要长久，即使是“9·11”事件也没有完全改变这一点。一个明显的事实是，冷战结束带来的欢欣没过多久，

---

① 2001年11月，普京首次访美，两国发表联合声明，宣布两国已经克服了冷战残余，相互不再把对方看作威胁的来源，并将建立新型合作关系。2002年5月，在布什访问俄罗斯期间，两国又发表联合声明，宣布建立新战略关系。分别见《Совместное заявление Президента Российской Федерации В. В. Путина и Президента Соединенных Штатов Америки Дж. Буша о новых отношениях》13 ноября 2001г. 和《Совместная декларация президента В. В. Путина и президента Д. ж. Буша о новых стратегических отнощениях между Россией и США.》24 мая 2002г.

② Robert Legvold, “All the Way—Crafting U. S—Russian Alliance”, The National Interests, Winter 2002/2003, p. 30.

③ 如美国驻俄罗斯大使亚·弗什博认为，普京在“9·11”事件采取的与美国接近的战略使冷战真正画上了句号。参见 А. Вершбоу, “Почти настоящий союзник”, 《Независимая газета》, 2001. 12. 7。

俄罗斯与西方就陷入了“冷和平”。[①]“冷和平”可以说是从冷战结束向后冷战时期过渡的特征，更确切地说是在心理和思维上仍带有冷战痕迹的时期。在后冷战时期，大国关系的调整也不是单向的，它同时还受到传统的冷战思维的影响。冷战结束并不等于国家利益的完全融合，后冷战时期大国间国家利益融合和交叉只是部分的，虽然从趋势上将越来越扩大，与冷战时期所不同的是绝对你死我活的利益对立消失，在处理国家利益分歧的方式上，大国主动和被动地更多选择合作的方式，通过合作达到双赢的结果。冷战的结束也不等于传统的地缘政治因素从大国关系中退出。事实上，地缘政治因素仍是大国关系中起重要作用的现实因素，只是这一因素常常隐而不宣。国际反恐共同利益的形成并没有完全消除地缘政治的竞争。反恐利益与地缘政治利益不一定是并行不悖的，相反，它们在某些情况下迎面相撞。以美俄关系来说，从反恐利益的角度，美国在中亚驻军和打击恐怖主义符合俄罗斯的安全利益，但从地缘政治的角度，美国在中亚军事存在与俄罗斯的政治和安全利益相矛盾。因此说，国际反恐这一新共同利益的形成冲击了大国关系中原有的某些传统矛盾，使其在一定条件下和一定程度上淡化、减小或是退居到次要地位，但没有使地缘政治利益消失，而且它们可能存在矛盾，这种矛盾在一定条件下将浮现出来。

冷战结束也不意味着一种比冷战时期更“优越”的国际结构的自动出现，不意味着公正合理的国际秩序的自动形成，不意味着和平和理想时代的自动到来。事实上，在冷战结束之后，在出现了一系列积极趋势的同时，大国关系中的消极面依然存在，大国关系的前景并非是给定的，它的发展取决于大国关系中积极趋势与消极因素的竞争。这些因素使大国关系调整的过程依然复杂和困难，这是一个充斥着矛盾性的发展过程。

从冷战向后冷战的过渡不仅充满曲折，而且还有发生逆转的风险。2008 年 8 月，俄罗斯与格鲁吉亚爆发战争，随后俄罗斯宣布承认阿布哈

① 1994 年 12 月，在欧安会首脑会议上，俄罗斯前总统叶利钦针对北约通过接收东欧国家加入北约的决定说，欧洲面临跌入“冷和平”的危险，从而提出了后冷战时期的“冷和平”概念。《新华每日电讯》，1994 年 12 月 7 日。“冷和平”概念基本表达了在冷战结束后很长一段时期里俄与西方关系动荡不定和曲折复杂的特征。

兹和南奥赛梯独立，俄罗斯与美国发生尖锐对立。从实质上说，这是俄罗斯与美国和西方关系长期矛盾的一次大爆发。俄格战争发生后，新冷战之说兴起。俄罗斯外交和国防政策委员会主席卡拉加诺夫相信新冷战已经开始，[①] 也有俄罗斯学者认为俄罗斯与美国已经进入系统性的对抗。[②] 美国《外交》季刊推出了“新的冷战?”的标题专栏。[③] 中国学术界对这个问题也有讨论和争论。尽管对于冷战是否死灰复燃看法不一，但这个问题确实被认真地提了出来。

对于新冷战的含义应有清楚的界定。有的分析把冷战所具有的所有基本特点作为新冷战的必要条件，据此判断没有发生新冷战。这种看法当然符合逻辑。不过，对新冷战之“新”可以有不同的理解。一种理解是“又一次发生的冷战”，还有一种理解可以是“不同于过去的冷战”。如果以第一种意义作界定，冷战没有也几乎不可能再发生。“人不能两次踏入同一条河流”，世界已经改变，两个军事集团、两种政治制度和意识形态的对立、两个世界经济体系并行的状态无法复原，冷战也不可能以原来的面貌再现。而以后一种理解为界定，那新冷战的发生就是有可能的，因为它是不完全相同于上一次冷战的冷战，它与冷战有相似之处，但又有不同，特别是外在形式的不同。

应该说，第二种界定对于分析新冷战问题更有现实性。以这种界定为标准，新冷战的基本含义就是地缘政治竞争和对抗成为大国关系的主线，合作退居次要地位。在这个意义上，可以说俄美有走向新冷战的趋势。可为佐证的是，自 1996 年以来，除了“9·11”事件后昙花一现的蜜月外，俄美关系的总趋势是矛盾越来越大，关系越来越糟。2005 年以后俄美关系出现加速下滑，到 2007 年慕尼黑安全大会达到新低。在这次大会上，普京总统对美国进行了前所未有的激烈抨击，引起了对俄美关系十分悲观的反应。这一时期可以说是从“冷和平”向“新冷战”

---

① Weakening 'Old West' Seen as Provoking Conflict, Possible Cold War, September 8, 2008. http://www.america-russia.net/eng/face/191384609?user_session=40d53b9a2db47928ea358a215a51ae98.

② Москва и Вашингтон переходят к системному противостоянию. Война стала моментом истины для российской внешней политики., http://www.ng.ru/courier/2008-09-01/19_loneliness.html.

③ http://www.foreignaffairs.org/background/default#botn2008-09-10.

的过渡，尽管俄美都宣称共同利益和相互需要，但事实是合作虚多实少，而竞争和对抗却是虚少实多。2008 年俄格冲突则是它的一次集中反映。从 2009 年开始，美俄宣布“重启”俄美关系，也即开启一种合作的新关系，两国关系从“新冷战”的边缘拉了回来。

不过，即使俄美走向新冷战，也不意味着世界进入新冷战。显然，不能在两者之间划等号。俄罗斯和美国都是世界大国，但世界已不是两极结构，俄美关系也不再是国际结构的基本框架。世界上还有中国、欧洲、日本、印度，以及其他一些对国际格局具有重要影响的国家和组织，它们都是国际结构的系统性构成因素，俄美既不能代替它们，也不能完全代表它们。其次，在俄美的地缘政治对抗中，其他大国没有或没有完全加入，也就是说它没有扩大到整个世界的规模，即使是欧洲也与美国的立场有很大差别。再次，俄美与其他大国的关系也基本上不是以俄美关系划线。由此，可以说俄美正在进入新冷战，但不能说世界也进入新冷战。如果新冷战正在发生的话，它也是局部性的，而且这个过程还不是不可逆的。就俄美地缘政治竞争而言，它的实质是两国对冷战战利品的重新分配，恢复了实力的俄罗斯要夺回它失去的利益。简而言之，从冷战向后冷战时代的过渡经历着艰难、挫折、反复，但世界没有重返冷战，“后冷战”仍是当今国际政治的基本特征，也是当今世界的历史潮流。

由此说，自上海合作组织成立以来，后冷战一直是它的时代环境。这对上海合作组织有着整体性的塑造作用，对上海合作组织的政治理念和性质产生着决定性影响。由此，在上海合作组织的所有纲领性政治文件中，都浸含着后冷战时代的精神，上海合作组织的意识和追求也都具有后冷战时代的特征。

上海合作组织宣布它是一个新型的地区组织，所谓新型就是脱离了冷战时期的历史特征，它最突出地表现在安全关系和安全理念上。上海合作组织提出了新的国际安全理念，也即新安全观，其表述为“互信、互利、平等、协作”。具体表现在：其一，上海合作组织“不针对其他国家和国际组织”；其二，上海合作组织的基本安全目标是“应对新的挑战和威胁”，所谓新威胁主要是指非传统安全威胁，特别是恐怖主义。换句话说，恐怖主义是上海合作组织在安全领域的主要敌人；其三，以共同安全和合作安全为新的规则。这三个特点反映了上海合作组织与冷战时期安全组织的基本差别，这只需把它与冷战时期最有代表性的地区安全组织——北约和华约比较一下就可以看得很清楚。

上海合作组织提出了新的政治理念，通常称之为“上海精神”，它表述为“互信、互利、平等、协商、尊重多样文明、谋求共同发展”。“上海精神”是作为上海合作组织内部相互关系的原则提出来的，但它也适用于后冷战时期的整个国际关系，适用于上海合作组织与其他国家和国际组织的关系，同时也适用于后冷战时期国际政治经济秩序的建设。就此而言，“上海精神”是上海合作组织对后冷战时期国际政治和国家关系发展的基本主张。

西方有观点认为，上海合作组织的政治宣言主要是宣传，上海合作组织的意义在于制衡美国以及北约。这种看法是错误的。它的错误在于：这种看法没有注意到时代的变迁，忽视了时代对国际政治的深刻影响。它把上海合作组织新的政治理念只看作是表面的遮饰，而它本质上仍是冷战模式的安全组织。但事实上，在后冷战时代，上海合作组织已经不可能是一个冷战模式的安全组织，时代已经不允许，这样的组织也不可能有凝聚力和前景。上海合作组织所推出的新政治理念是它的真实追求，而不仅仅是一种宣传手段。

不过，不能否认，上海合作组织关于国际政治的基本主张与美国确有分歧和对立。上海合作组织反对单极霸权，主张多极世界结构，努力“推动建立民主、公正、合理的国际政治经济新秩序”。从这个角度说，认为上海合作组织与美国相对立不是错误，但这与冷战时期的对立在性质上完全不同。这与其说是上海合作组织与美国的对立，不如说是冷战模式、冷战思维与后冷战模式、后冷战思维之间的对立，上海合作组织所代表的是后者。上海合作组织不是反对美国，而是反对过时和不合理的国际政治思想和结构。仅仅从传统的地缘政治思维来理解这种对立是不正确的，它不说明上海合作组织的传统政治属性。相反，它反映了上海合作组织对符合后冷战时代精神的国际政治的追求，是上海合作组织在政治上摒弃冷战时代的一种表现。当然，在一个从冷战向后冷战过渡的中间时期，在地缘政治仍在国际政治中起着重要作用的时期，上海合作组织也不可能超越时代，它不可能完全没有和根本拒绝地缘政治功能，但这不是它特意追求的，而更大程度上是外部环境加于它的。

决定着上海合作组织个性特征的又一基本因素是地域，简单地说，就是它所涉及的地区。世界上所有地区组织都有其政治地理的依托，或者说基本的政治活动区域。欧盟和东盟都是显而易见的例子。欧盟的政治地理区域中心是在欧洲，东盟的政治地理中心在东南亚。地域是一个地区组织的空间基础，没有这个空间基础地区组织就无所依托。自然，该地区最关切的问题应是该组织的主要议题，同时，也意味着该地区是该组织的政治责任区，该组织认为它对该地区事务负有特别责任和义务。

上海合作组织的政治地理区域是在哪里呢？这并不是一个像看上去那么简单的问题。上海合作组织包括了中国、俄罗斯和中亚国家，它的观察员国中有蒙古国、伊朗、印度、巴基斯坦，它的对话国有白俄罗斯和斯里兰卡。这是一个覆盖面极其广大的地区，它包括了东亚、西亚、南亚、中亚和东欧的辽阔地区，不管在政治还是安全上，这都是一个十分不同和多样的地区。显然，它超出了上海合作组织实际的政治地理范围。除了中亚之外，上海合作组织与东亚事务关系不大，与欧洲事务牵扯不多，与西亚地区若即若离，只是与南亚地区联系较多。因此，不论从哪个角度说，只有中亚及其周边地区才是上海合作组织的活动区域中心，这也即是上海合作组织政治地理依托所在。上海合作组织可能延伸到其他地区，但只是辐射而已。上海合作组织中有中国和俄罗斯，它们不是中亚国家，但它们又是上海合作组织中最主要的成员，不过中国和俄罗斯要解决的主要是两国与中亚有关的问题，或是通过中亚地区反映出来的问题，这与以中亚及其周边地区为上海合作组织的政治地理中心没有矛盾。未来上海合作组织的政治地理区域可能扩大，不过这是以后的问题。

上海合作组织既以中亚及其周边为政治地理中心，那这一地区就不仅构成了上海合作组织的政治地理平台，而且也把“中亚”的地区特征加于上海合作组织之上。中亚地区极具特点，它的许多特点与上海合作组织特点的形成有直接关系，在很大程度上，它们影响着上海合作组织的生态环境，塑造着它的特征，规定着它的发展方向。

中亚地处亚欧大陆腹地，是所谓兵家必争之地，这是中亚地区在地缘政治和地缘战略上的位置。在国际政治中，对这一地区的重视首先源于地缘政治，一般人们看待这个地区首先也是从地缘政治的角度。传统的地缘政治学赋予这个地区重要的战略意义。地缘政治学创始人麦金德曾提出："谁统治了东欧谁就可以控制中心地带；谁统治了中心地带谁就能控制世界岛；谁统治了世界岛谁就能控制世界。"中亚属于世界的"中心地带"，它由此也具有了世界"中心地带"的地缘政治重要性。麦金德的这一理论至今仍影响着人们的思想，当人们观察中亚地区时，仍然经常会回到麦金德的理论，把麦金德的论断作为定论和依据。

事实上，麦金德理论的正确性并没有得到充分验证。第二次世界大战后的苏联曾最接近于麦金德描绘的图景，苏联控制了东欧，建立了一个横亘欧亚大陆的庞大"帝国"，包括中亚地区，但苏联不仅未能统治世界，反而在 20 世纪即将结束之际坍塌了。由此可见，地缘政治形态的作用是有限度的，它不能绝对和无条件地决定国际权力，它是国际政治中优势地位的重要条件，但不是充分条件。在现代国际政治中，地缘政治的作用受到更大的限制。这既是因为世界已经发生巨大变化，国家或地区的主体性成为不可逾越的意识和原则，没有哪一个国家可以随心所欲地支配其他国家或地区，即使是最强大的国家也做不到。同时，经济全球化的深入，科技的发展，也使地缘政治因素的作用受到削弱。

尽管如此，地缘政治因素在国际政治中仍然存在，而且其作用依然重要。冷战结束以后，特别是 2001 年"9·11"事件之后，学术界曾出现过超越地缘政治的观点，但随着这两个历史事件的渐渐远去，地缘政治越来越明显地重新回到大国关系中。实际上，地缘政治本身并没有变化，变化的是国际关系特别是大国关系。地缘政治是客观存在，但它的作用强弱及其作用方向与国际关系的状态密切相关。冷战结束和"9·11"事件带来了大国关系历史性和解的希望，许多人相信大国合作将代替竞争与对抗，地缘政治竞争将退出大国关系或退居其次，地缘政治也将因此过时。确实，大国关系发生了重大变化，后冷战时期的大国关系与冷战时期有实质性不同，但是，虽然你死我活的对抗不再是大国关系的内容，但大国竞争并没有停止，而且，在进入 21 世纪后，有越来越加剧的趋势。大国竞争是地缘政治重新受到重视的主要原因，反过来也可以说，在很大程度上是地缘政治因素刺激了大国的竞争。

在大国地缘政治竞争重起的背景下，中亚的地缘政治意义也再次凸现出来。中亚重要的地缘政治地位吸引了大国关注，反过来说，由于受到大国关注，又大大强化了它的地缘政治意义。中亚在地缘政治上处于大国板块的夹缝之间。中国、俄罗斯、美国、印度、欧洲以及日本等都积极介入这一地区。这意味着任何大国在这一地区都要面对其他大国的存在，任何地区组织也面临其他“玩家”的竞争。这同时意味着任何大国或组织在这一地区都要同其他大国或组织形成某种关系，即使是不发生直接联系，这也是一种关系形式，而大国关系和地缘政治也不可避免地进入到大国或地区组织的议事日程中。

中亚和毗邻地区国家关系复杂。许多地区和次地区大国，或追求成为地区和次地区大国的国家，都试图在这一地区扩展自己的影响，例如伊朗和土耳其，乌兹别克斯坦和哈萨克斯坦，巴基斯坦和印度。这些国家构成了地区和次地区规模的力量结构点，在这些结构点之间又形成了错综复杂的相互关系，其性质在相当大程度上是竞争性的。虽然中亚及其毗邻地区存在多个力量结构点，但没有一个力量结构点能上升为核心点，或是能够成为一个对周围国家有足够吸引力的国家集团中心。同时，这一地区也没有任何覆盖全地区的安全或其他合作机制。这个特点造成的结果是这一地区力量格局的散乱和政治向心力的微弱，同时也使这一地区国家间关系存在较大的不稳定性，国家间传统或现实的竞争具有持久趋势，地区整合困难，形成全地区性的安全或其他合作机制难度较大。

中亚国家都是在苏联解体的废墟中出现的国家，它们既要进行国家形成的建设，又要摆脱原苏联的政治经济模式，寻求新的国家模式。同时，作为新独立的国家，它们与一般国家有很大不同。在独立初期，国家形成、建设、巩固独立是它们的重要任务。它们在心理上对涉及国家独立的问题比较敏感，在这一问题上比一般国家会想得更多，在诸如主权让渡等问题上会有较大的心理障碍。一般说来，中亚国家在政治和心理上更易于接受“独立性”的政治行为，而不易于接受“集束性”的政治行为。换句话说，它们的主流倾向还是“分”而不是“合”。这在乌兹别克斯坦表现得最为突出，土库曼斯坦也一直坚持着“中立”的外交政策，不参加任何地区组织。中亚的这一特点与全球化和区域经济一体化的潮流有所违拗，但对于新独立不久的中亚国家来说是正常和可以理解的。虽然如此，它对地区组织的发展却是一个不利因素。

中亚国家乃至中亚地区是转型期国家和地区。转型期国家具有较大的不稳定性，政治结构不稳固，社会结构较为脆弱，政治和社会动荡易于发生。所有这些转型国家经常出现的问题在中亚不仅存在着，而且表现得比较集中和突出。简单说，中亚是一个政治和社会稳定性不高的地区，即使是对于那些自独立以来基本上保持了稳定的国家，人们对它们能否长期稳定也心存疑虑。

中亚面临巨大的经济问题。在原苏联时期，中亚地区就属于经济最落后的地区。苏联解体后，中亚经历了极其艰难的时期。从 20 世纪 90 年代末开始，中亚国家经济开始恢复和增长，尤其是哈萨克斯坦和土库曼斯坦，因有丰富的石油和天然气，又得益于国际能源价格的巨幅上涨，经济状况大为改善，国家开始变得富裕。但其他中亚国家的经济仍然十分困难，特别是塔吉克斯坦和吉尔吉斯斯坦，经济落后和贫困一直是困扰着它们的严重问题。根据世界银行的数字，尽管从 2001 年后经济恢复得很快，但到 2005 年吉尔吉斯斯坦的人均国民收入只有 600 美元，塔吉克斯坦的人均国民收入更低，只有 430 美元（2007），是原苏联国家中最贫困的国家。对于吉尔吉斯斯坦和塔吉克斯坦这些国家以及整个中亚地区来说，解决经济和贫困问题是最突出和迫切的需求。

2008 年爆发的世界经济危机给中亚带来了新的打击，中亚各国家都直接或间接地受到损害。经济增长大幅下滑，财政状况恶化，失业增加，社会问题加重，使正在快速发展的中亚经济遭受挫折。哈萨克斯坦的经济开放程度最高，受到的冲击也最大。能源价格急剧下跌给以能源出口为主的哈萨克斯坦和土库曼斯坦造成重大经济损失。乌兹别克斯坦、吉尔吉斯斯坦、塔吉克斯坦虽然受国际经济危机的直接冲击较轻，但大批打工者不得不从俄罗斯和哈萨克斯坦返回，不仅减少了国家的收入，也增加了国内失业。更主要的是，它们的经济基础较弱，更难以承受经济危机造成的后果。

中亚五国 GDP 增长受经济危机影响情况①

| 国家 | 2007 年 | 2008 年 | 2009 年 |
|---|---|---|---|
| 哈萨克斯坦 | 8.9 | 3.2 | -2.0 |
| 吉尔吉斯斯坦 | 8.5 | 7.6 | 0.9 |
| 塔吉克斯坦 | 7.8 | 7.9 | 2.0 |
| 土库曼斯坦 | 11.6 | 9.8 | 6.9 |
| 乌兹别克斯坦 | 9.5 | 9.0 | 7.0 |

与俄罗斯的特殊联系也是中亚地区的突出特点。美国以及西方不承认中亚是俄罗斯的势力范围，也不承认中亚与俄罗斯的特殊关系，这是美国的政治立场。不过，从事实的角度，中亚在过去一个多世纪里属于俄罗斯，这形成了中亚与俄罗斯之间多方面的密切联系，包括政治、经济、社会、人文、文化、语言，等等，而且，中亚对俄罗斯也形成了一定的依赖和畏惧心理。此外，还有大量俄罗斯族人生活在中亚各国。在哈萨克斯坦，俄罗斯族人在居民中的比例仍有 23.3%。[②] 这种在上百年历史中形成的物质和文化联系是一种深厚的积淀，在某种意义上，它对中亚与俄罗斯关系模式的构成、对中亚与其他国际主体的关系都起着重要作用。这一积淀可能会减少，但不会很快消失，而且不可能完全消失。可以断定，由于这种历史的原因，也由于现实的原因，俄罗斯在中亚国家外交中将长期是一个特殊因素，中亚与俄罗斯也将长期保持特殊关系。

中亚安全问题突出，这里是指非传统安全，首先是指恐怖主义和极端主义。中亚处于国际恐怖主义和极端主义活跃的链条上，外有国际恐怖主义的渗透和影响，内有本地区恐怖主义的活动，这使中亚始终处于恐怖主义和极端主义的阴影之下。宗教极端主义对中亚的安全威胁具有特别严重性，原因在于中亚是穆斯林地区，中亚国家实行世俗政权，而宗教极端主义的目标是推翻世俗政权，建立哈里发国家，也就是宗教国

① Martha Brill Olcott, Asia's Overlooked Middle. Canergie Endowmenti for International Peace, *International Economic Bulletin*, June 2009.

② 根据哈萨克斯坦 2010 年公布的最新人口统计结果，http://kz.mofcom.gov.cn/aarticle/ddgk/zwjingji/201002/20100206778911.html。

家。与中亚毗邻的阿富汗是中亚最大的外部安全威胁，阿富汗问题的久拖不决对中亚也是长期的安全问题。

简而言之，中亚地区具有比较强烈的地缘政治属性和含义，它是冷战结束之后新出现的一个地缘政治区域，又拥有丰富的具有战略意义的石油和天然气资源，大国在这一地区云集，竞争激烈。由于特殊的历史背景，中亚地区内部结构不定型，对外发展趋向具有较大的可变性，俄罗斯因素有特别作用。经济和安全是中亚地区特别突出的问题，中亚国家对此有最突出的需求。所有这些因素都对上海合作组织的发展具有影响。

成员构成是对上海合作组织有着重大影响的又一因素。上海合作组织的成员构成比较特殊。它的特别之处在于成员国的差距巨大，这种差距表现在从自然禀赋到政治文化属性的多个方面，形成明显的反差。由差异如此巨大的国家构成一个组织不能不说是一个特别现象。

当观察上海合作组织的成员国时，首先会强烈感到它们是大小十分悬殊的国家。以疆土来说，俄罗斯国土面积1707多万平方公里，是世界上最大的国家；中国国土面积960万平方公里，是世界上第三大国家。而吉尔吉斯斯坦国土只有19万多平方公里，塔吉克斯坦的领土面积不到15万平方公里，最大和最小相差近120倍。以人口数量而论，中国有13亿多居民，是世界上人口最多的国家，俄罗斯人口数量也有约1.45亿，而塔吉克斯坦只有600多万人，吉尔吉斯斯坦只有500多万，最多和最少的差距达到230多倍。即使是与中亚人口最多的乌兹别克斯坦相比，差别也有50倍之多。从综合国力来看，2010年中国国民生产总值达到6万亿美元之多，而吉尔吉斯斯坦和塔吉克斯坦都不到60亿美元，相差也有千倍。军事力量的差距也同样巨大。俄罗斯和中国都是核国家，俄罗斯还是仅次于美国的世界第二大军事强国，两国的武装力量有百万和几百万之多，而中亚国家军队数量最少的只有万人左右。

上海合作组织成员国在宗教和文明上也多种多样。上海合作组织一共只有6个成员国，但主体宗教就有三种，而且是完全不同源不同质的宗教。中国以儒教为文化传统的基础，是典型的东方文明国家。俄罗斯以东正教为根基，属于斯拉夫文明，在更广的意义上属于西方文明。中亚国家则信奉伊斯兰教，在文明范畴上属于伊斯兰世界。文明是当代国际政治中的一个重要因素。1993 年，亨廷顿提出了“文明冲突论”，认为今后国际冲突的基本根源将不再是意识形态，而是文明的差异。自此之后，文明因素在当代国际政治受到越来越大的关注。“9·11”事件的爆发，随后发生的阿富汗战争和伊拉克战争，以及美国与伊朗的对峙似乎也为“文明冲突论”提供了注脚。尽管“文明冲突论”受到许多批评，它本身也确实有可质疑之处，但文明特别是宗教文明对国际政治的重大影响却是不能否认的。这一因素的意义之大，用欧盟的例子就可充分显示出来。欧盟是一个政治组织，相近的宗教文明也是其重要基础，并成为欧盟的一个重要特征。到目前为止（2011 年），所有的欧盟成员国都是以基督教为主要信仰的国家，这使得欧盟在宗教文明上保持着一致，在更广义的层次上是保持着文明的共同性。非基督教文明国家进入欧盟不是没有可能，但极其困难。信奉伊斯兰教的土耳其与欧洲比邻而居，它与欧洲有着传统的密切联系，是北约成员国，并把在政治上融入欧洲作为国家的发展方向。土耳其在 1987 就提出加入欧盟的申请，1999 年开始取得候选国的资格，2005 年关于土耳其加入欧盟的谈判才正式启动。土耳其加入欧盟的过程如此艰难曲折，除了政治、领土纠纷等问题外，宗教的不同也是一个重要原因。上海合作组织则不同，它从一开始就包括了不同的宗教和文明，它没有宗教和文明上的共同性基础，这不是优点，也不是缺点，这种情况在地区组织的实践中也不是首创和特例，但它却是一个重要的特点，它对于上海合作组织发展模式的选择有重要意义。

上海合作组织成员国是不同政治制度的国家，相应地，它们的政治文化也不同。中国保持着共产主义的意识形态，实行共产党的领导和社会主义政治制度。俄罗斯则相反，它在意识形态和政治制度上抛弃了社会主义，接受了西方政治文化的基本概念，实行着西方式的选举制和多党制的政治模式。中亚国家的政治制度在形式上也是以西方模式为范本，但在实质上杂糅着不同成分，特别是有着浓厚的中亚传统色彩。西方有的分析把中国、俄罗斯、中亚国家都看作是集权主义国家，从而把它们等而观之。这种观点还进而把上海合作组织看作是集权主义国家的组织，或是保护集权主义政权的组织，以此认定上海合作组织在政治上的共同性。这种看法是不正确的。从政治模式的类别来说，中国、俄罗斯、中亚国家的政治模式不仅是很不相同的，而且是不相通的，甚至是相互抵触的。举一个最简单的例子，中国不能接受俄罗斯所实行的政治制度和政治理念，反之，俄罗斯也无法接受中国的政治制度和政治理念。

对上海合作组织与集权主义的判断也不是没有问题。这种判断有意或无意混淆了两种概念，它把上海合作组织不干涉内政原则理解为维护集权主义，把上海合作组织追求地区稳定解释为对某种政治制度的偏好。不干涉内政是上海合作组织的基本原则，地区稳定是上海合作组织的重要目标，这些都是从上海合作组织成立之始就确定下来的，与集权主义没有关系。在实践层面上，地区稳定与成员国的稳定和国家政权的稳定难以分开，因此追求地区稳定客观上倾向于成员国家的政治稳定和政权稳定，但这与政治制度和政治个人没有直接因果关系。吉尔吉斯斯坦2005年的“郁金香革命”可为佐例。尽管“颜色革命”被认为是美国对原苏联国家进行民主改造的产物并且不受上海合作组织欢迎，但上海合作组织在“郁金香革命”中并没支持当权派，也没有反对反对派。这里，支配着上海合作组织的最重要的思想是不干涉内政和维持稳定。可以断定，不管各成员国国内是什么政治制度，不管是什么政党和政治人物执政，上海合作组织不干涉内政和追求稳定的导向是一样的。

上海合作组织的成员结构还有一个特别之处，即它有中国和俄罗斯这两个大国。也许，这是它在成员构成上最引人注目的一个特点。中国和俄罗斯共为上海合作组织成员有许多含义。从不同的角度，所看到的含义也不一样。从中国和俄罗斯的角度看，这是两国在中亚战略沟通与合作的平台及体现。从中亚国家的角度看，这给它们提供了在中俄之间平衡的杠杆。从上海合作组织的角度看，这既使它具有平衡性，也极大地增加了它的能量，有人将其比喻为上海合作组织的“双核”或“双发动机”。而从西方的角度看，它看到的是两种启示：一方面是中俄针对美国和北约的联盟；另一方面是中俄的矛盾性结构。总而言之，中国和俄罗斯的共同参与是使上海合作组织与众不同的重要原因。

最后，决定着上海合作组织特点的基本因素还有它的诉求。用更简单的话来说，就是上海合作组织是为什么目的成立的，它想解决什么问题，它的基本目标是什么。上海合作组织的诉求与其时代、地域、成员因素有密切关系，这些因素综合地影响了它的诉求。同时，诉求也是一种主观认识，它也是上海合作组织的主动选择。

上海合作组织给自己规定的基本目标是：加强相互睦邻友好，维持地区和平稳定，推动建立民主公正合理的国际政治经济新秩序，打击三股势力和贩毒、非法移民及其他跨国犯罪，开展区域内多领域合作，促进地区发展，保证人权及基本自由，发展与其他国家和组织的关系，在和平解决国际冲突中相互协助，共同应对21世纪的新挑战。[①] 简而言之，上海合作组织的诉求对外是发展合作关系，推动新的国际政治经济秩序的形成；对内是解决地区的非传统安全问题和进行区域合作。

在上海合作组织的实践中，它的重心是在对内部分。在过去的10年中，上海合作组织在很大程度上显示出以内向为主导的倾向。它关注的首先是本地区内部的发展与管理，它要解决的主要是地区内部的问题。它没有外部的参照系，不把外部国家和组织作为对象和参照，不把超地区的问题列为具体目标。在对外关系和外部问题上，上海合作组织以阐释其政治态度和原则为主，但不是把它们作为要具体解决的问题，很少付诸于具体政策和行动。上海合作组织的具体政策和行动所及都是在内部议题上，诸如边界安全，反对恐怖主义、极端主义、分裂主义三股势力，各个领域的经济合作，人文合作，以及禁毒、反非法移民、打击跨国犯罪、减灾、防止大规模瘟疫流行，等等。随着上海合作组织的发展，未来它的外向型程度可能会增强，但内向型仍将是它的基本特征。当然，如果上海合作组织向周边扩展，它的内向范围也将随之扩展。

## 二、上海合作组织的模式

根据以上对时代、地域、成员、诉求四个要素的分析，可对上海合作组织的模式做一轮廓性描述。

---

① 《上海合作组织宪章》，2002年6月17日。

后冷战时代的新型组织是上海合作组织的政治特征。这是时代对上海合作组织的要求和规定，舍弃这一规定性，则上海合作组织的政治基础将发生动摇。上海合作组织是在不对抗、不针对第三国的口号下走到一起的，各成员国都是为了合作而来，假如它后退为冷战时代的组织，各成员国联系在一起的政治纽带将断裂，上海合作组织内在凝聚力将减弱，甚至可能出现政治涣散。因此，新型政治组织是上海合作组织所必须坚持的政治模式，这一模式使它在国际政治发展潮流中占有制高点，是使它与众不同的标志，也是它政治资本和政治魅力产生的来源。

当然，这不意味着上海合作组织可以沉湎于理想主义的美好幻想。上海合作组织以后冷战时代的潮流为方向，但在严峻的现实面前，上海合作组织应以现实主义的态度面对。现实中的世界还不是理想的世界，从冷战向后冷战时代的过渡进行得极其曲折和艰难，国际政治的运作还在冷战和后冷战规则的交织中挣扎，后冷战时代的真正实现到目前为止还在半途之中。因此，上海合作组织以后冷战时代为精神导引，以面向新政治时代为理想追求，但它却不能超越时代，也不能以理想主义的愿望来代替现实和解决现实问题。这就是说，上海合作组织应有后冷战时代的精神，但也需要现实主义的态度和方式。

面对国际政治中冷战遗留气氛的徘徊不去，上海合作组织的基本出发点应是制约新冷战的发生和发展，而不是刺激它的发生和发展。这有两方面的含义：一方面是上海合作组织不加入到新冷战之中，不以自己的行为加剧矛盾和冲突；另一方面是上海合作组织要用积极的方式去影响形势，即以建设性的态度和方式参与到重大过程中。这也意味着上海合作组织不应取旁观者的角色，它应有自己的立场、政策、作用。中立和置身事外既不是制约冷战的有效方式，也使上海合作组织作为独立国际角色的地位降低。

上海合作组织的基本议题应为综合的地区问题。作为一个以中亚为地理政治基础的组织，上海合作组织不能不以地区问题为中心。更具体些说，安全和经济是中亚地区最突出的问题和需求，安全和经济合作自然也应成为上海合作组织的基本功能。上海合作组织集安全与经济合作于一体，这在其他地区组织是不多见的。一般地区组织多是侧重于某一方面，或是侧重于政治，或是侧重于经济，或是侧重于安全。如欧盟的基本领域是政治和经济，欧洲地区安全则是北约的基本职能。东盟也是以政治和经济合作为主。而上海合作组织的功能是综合性的，它从横向和纵向上涵盖了极其广阔的范围。除了安全和经济之外，上海合作组织后来又增加了人文合作，这既为推进安全和经济合作所需，也有独立的意义。在每一合作领域之内，又延伸到众多次领域，如安全领域中的边界安全、反恐、禁毒、反非法移民、反跨国犯罪、信息安全，等等；经济领域中的交通、能源、电信、农业、旅游、水利、环境保护，等等；人文合作中的文化、教育、体育、旅游，等等。可以说，上海合作组织在机制功能上有不受限制的开阔性，它的这一特点有其利，也有其弊，这与中亚地区的特点有关系，也是上海合作组织的一个特点。

这里会出现一个问题，即上海合作组织不仅仅是中亚国家的组织，它的两个重要成员中国和俄罗斯都不是中亚国家，以中亚地区的需求来规定上海合作组织的功能设置是否忽视了中国和俄罗斯的利益？中国和俄罗斯的需求应如何得到体现？显然，中国和俄罗斯的需求与中亚国家有所不同，但是，以中亚地区的需求为上海合作组织的功能目标应是它的原则。上海合作组织不是中国和俄罗斯构成的组织，如果它是由中国和俄罗斯构成的组织而没有中亚成员的话，它在机制功能上将是一个十分不同的组织。那么，中国和俄罗斯的需求在上海合作组织中应如何体现？这里，需要把中亚国家和中亚地区有所区别，尽管它们有密不可分的联系。中亚国家的需求自然不能反映中国和俄罗斯的需求，但中亚地区的需求则可把中国和俄罗斯包括在内。也就是说，中亚地区的需求中也包含了中国和俄罗斯的需求。

上海合作组织的成员构成赋予了它最全面的地区代表性，它包括中国、俄罗斯和大多数中亚国家，以及蒙古、伊朗、印度和巴基斯坦四个观察员国。这一构成使上海合作组织具有了成为这一地区最有代表性地区组织的资质。这是上海合作组织的定位模式。五个中亚国家中除了奉行中立政策的土库曼斯坦外都是上海合作组织的成员国，中国和俄罗斯作为与中亚相连的两个大国，从南北两面与中亚连为一体，它们山川相缪，江河相通，与这一地区有着息息相关的联系。从地缘政治上说，中国和俄罗斯是对中亚影响最大的两个邻国。从经济关系上说，中国和俄罗斯对中亚有着最重要的影响，同时，中国和俄罗斯也是中亚通向外部世界的主要出口。从安全上说，除了边界安全之外，由于恐怖主义的出现，中国、俄罗斯、中亚国家面对着共同的敌人和威胁。由此，中国和俄罗斯是与中亚有最密切联系的大国，这一地区的发展与中国和俄罗斯有不可分割的关系，这一地区的安全和经济问题没有中国和俄罗斯的参与也难以真正解决。因此，包括了中国、俄罗斯、绝大多数中亚国家及其周边的蒙古、印度、巴基斯坦、伊朗的上海合作组织具有结构上的权威性。此外，土库曼斯坦和阿富汗也与上海合作组织保持着良好关系，并被经常邀请参加上海合作组织的活动。由此，上海合作组织有理由也有可能以地区的代表性组织为定位。如果说这一地区真正需要产生一个地区代表的话，那上海合作组织最有资格来担当，如果上海合作组织也不能担当，那其他组织的可能性就更小了。

由于上海合作组织由实行着不同政治制度和政治文化的国家组成，由于各成员国有着不同的宗教信仰和文明文化，因此非意识形态化不能不是上海合作组织的政治原则。西方有看法认为上海合作组织是没有意识形态和价值观的组织，如果这是指上海合作组织不以意识形态为尺度，这种说法有一定的道理；如果这是指上海合作组织没有道德原则，那这种看法是不正确的。上海合作组织不要求意识形态的一致，它表现的是政治文化上的包容性和宽容精神，而不是放弃道德原则。在一定意义上，这是更高的道德、更高的意识形态和价值观。在一个多元文化的世界上，国家要和睦相处就必须相互宽容，而人类的和睦相处比追求意识形态的一致有更高的价值。从这个角度说，上海合作组织也有自己的价值观，即不同意识形态、不同宗教文化国家的相互宽容、尊重、合作。

上海合作组织成员国在幅员、人口、国力上的悬殊造成了巨大的鸿沟，填补这条鸿沟有两种方式，平等是政治上的解决方式，大国提供更多公共产品是经济上的解决方式。因为上海合作组织成员国差距极大，所以政治上的平等就更为重要。差距客观上使大国拥有更大的影响力，这是自然和不可避免的，但不应因此形成政治权利上的不平等。对中亚国家来说，政治平等是上海合作组织吸引力的重要因素，否则，它们就难免有沦为大国政治附庸之感，对上海合作组织的兴趣也自然降低。不过，在经济权利上，上海合作组织却不能追求表面的平等，不能要求小国提供像大国一样多的资源。大国因其有更大的能力，应该在上海合作组织公共产品的提供上有更大贡献，应该对此承担更大的责任。在某种意义上，这也是大国拥有更大政治影响力的交换，因此综合来说也是平等的。

运作形式对上海合作组织的模式选择也是不可忽略的内容。目前国际上有两种很有代表性的地区组织运作模式：一种是欧盟模式；一种是东盟模式。欧盟模式的特点是成员国以相近的价值观和国内政治经济制度为基础，成员国主权让渡大，对成员国有政治经济和意识形态要求标准，政治经济一体化程度深，联盟拥有共同的对外政策，各成员国的外交政策需与联盟的外交政策相一致。东盟模式的特点是成员国不以相同的意识形态和国内政治经济制度为基础，成员国主权让渡小，对成员国没有严格的政治经济意识形态要求标准，政治一体化程度较弱，经济一体化超过政治一体化，联盟主张协调的外交，但对各成员国的外交政策没有制约。欧盟和东盟形成两种不同的模式是由其不同的政治、经济、历史、文化和地区特点决定的。

根据上海合作组织的特点，上海合作组织宜采取类似东盟的模式，不过上海合作组织将要走的更可能是自己独特的发展道路。上海合作组织成员国的意识形态不同，国内政治和经济制度存在明显差别，对外政策各有坐标。联系上海合作组织成员国的基础是“非政治化”的实际利益，因此，上海合作组织应以实际利益作为联系各国的纽带和主要推动力，制定共同的原则立场，但不强求在外交政策上的一致。上海合作组织有许多不同于其他地区合作组织的特点。这个组织的成员差异极大，有中国和俄罗斯这样人口众多国土辽阔的国家，也有人口只有几百万的小国。各国的综合国力悬殊，政治和社会制度不一，宗教和文化不同，经济发展水平不齐。上海合作组织起源于解决边界问题，它融安全合作和经济合作于一身，而且其安全概念又不同于传统的概念。这个组织地处特别的地区，面对特别的形势，要解决特别的问题。上海合作组织形成于冷战之后，它的指导原则和精神也独树一帜，与冷战时期的思维方式有根本差别。所有这些因素，都使上海合作组织将会根据自身的特点发展，形成自己独特的发展模式。对于上海合作组织来说，这个发展模式不是现成和已经设定的，它需要在其发展过程中去寻找，根据实际需要和可能去修正和完善。

世界上国际和地区组织众多，各组织的紧密程度各异，有松散型的，也有紧密型的。从上海合作组织的实际情况看，它应属于半紧密型的组织。上海合作组织不是联盟，在国内政治制度、意识形态和对外政策上没有一致要求，因此它不可能是一个紧密型组织。同时，上海合作组织也不应只是一个论坛，它是一个有宪章、有行动纲领、有执行机制的组织，它有一致性和约束性要求，各成员国有相应的权力，同时也有相应的义务和责任。由此，半紧密型形态最适合上海合作组织的特点和性质。上海合作组织各成员国能力差别较大，各国国内政治、经济条件十分不同，对外政策也有明显差异，因此张弛适度，总体上约束性适中，这样最有利于上海合作组织的生存和发展。而且，这也使上海合作组织有较大余地，有利于增强这一组织的生存弹性。上海合作组织的合作囊括政治、安全、经济、人文等多方面领域，根据实际需要和可能，上海合作组织在某些领域一致性要求可以高一些，在另外一些领域则可以相对更松散一些。而从纵向的角度说，上海合作组织的组合程度应是动态的，即随着上海合作组织的发展，它的紧密程度也应从低向高渐进。

从国家和地区组织的实践来看，国际或地区合作组织同时容纳安全和经济两个功能在操作上比较困难。许多地区组织在功能上或是以政治经济为主，或是以安全为主，如欧盟的主要功能是政治经济，北约的主要功能是军事安全，东盟的主要功能也是政治经济。上海合作组织同时具有政治经济安全功能，而且在上海合作组织发展议程中具有同等重要性，但政治经济合作与安全合作的特点有很大不同，在操作上有一定难度，特别是未来上海合作组织如果扩大的话，这个问题会更突出。为了解决这一问题，上海合作组织各个领域的合作可以相对独立，根据政治经济合作和军事安全合作的不同特点确定发展战略、策略、方式、途径。政治经济合作和军事安全合作可以共同发展，但不必同步和同样。这对于上海合作组织开展与其他国家和组织的合作也有方便之处，使上海合作组织的对外合作更易操作，更有弹性。

综上所述，可对上海合作组织做如下概述：它以后冷战精神为政治理念，以地区代表为身份定位，以多元文明为共处基础，以平等为相互关系准则，以地区问题和区域合作为基本议题，以“软约束”为组织制度，以差异性为发展途径。这些特征的综合即为上海合作组织的模式。

# 第二章　上海合作组织的形成和演进

欲对上海合作组织有较深的认识，了解它的形成过程和原因是必要的。与此同时，更为重要的是探寻推动上海合作组织形成的背后逻辑。在一定程度上，这可解释上海合作组织为什么会成立、它成立的目的是什么。不过，这是一种静态的视角，它可以看清过去，但不一定能指明未来。如同许多其他地区组织一样，上海合作组织也是逐步发展起来的。它在形成之初有基本的设想，但它的形态、功能、议题等一直在演进。演进表现为动态的过程，它显示着上海合作组织的发展轨迹和方向。这是认识现时的上海合作组织的重要视角，也为展望未来的上海合作组织提供了可能。

关于上海合作组织成立的过程和原因，国内外已写了很多，在此不多展开，而只做一简要的勾勒。这里主要是叙述上海合作组织的演进。本章回溯了到2011年为止上海合作组织的全过程，以年度为时间单位，以重大活动为基本内容，以文件文本为分析依据。应该说明的是，政治文件中文字表述的变化不一定都有重要意义，它有时是偶然的，有时可能仅是由于技术性的原因，但文件文本仍是体现上海合作组织思想演进的基本载体。这里虽然是对过程的回溯，但主要目的却不是为了重现过程，更主要的目的是从中观察到上海合作组织机制功能的发展变化，以及它的思想理念的演进脉络。

## 一、上海合作组织形成的原因

上海合作组织的形成不是出于必然，而是源于历史的机缘。

上海合作组织由“上海五国”演变而来。“上海五国”即中国、俄罗斯、哈萨克斯坦、吉尔吉斯斯坦、塔吉克斯坦。这5个国家原没有形成国家联合的政治经济或历史文化原因，它们在政治上走着不同道路，在经济上不是重要伙伴，就是在地理上，虽然是邻国，但实际上非常分散，一般也不把中国、俄罗斯和中亚作为一个地区来看待。中、俄、哈、吉、塔之所以能成为“上海五国”，是由于边界谈判使它们走到了一起。

中苏边界谈判是一段漫长曲折的历史。中俄在1689年签订了两国的第一个边界条约，即《尼布楚条约》。其后，又在19世纪签订了《中俄瑷珲条约》（1858年），《中俄北京条约》（1860年）和《中俄勘分西北界约记》（1864年），以及其他一些较小的边界条约。这些条约划定了中俄之间的边界。但在几百年时间里，两国的边界从没有勘定过。中苏建交之后，两国关系热烈，边界问题被搁置，但边界问题并没有解决。20世纪60年代中苏关系恶化后，两国边界问题被提上议事日程。1964年2月，中苏举行了第一次边界谈判，这次谈判双方就东段边界走向达成口头共识，但没签署正式协议。1964年10月，赫鲁晓夫下台，勃烈日涅夫执政，谈判中断。

中苏再次举行边界谈判是在5年之后。1969年3月，在中苏关系十分恶劣的情况下，两国在珍宝岛爆发了武装冲突。珍宝岛事件后中苏武装对峙，战争有一触即发之势，两国都极为紧张。当时，中苏已经长期没有高层来往，苏联部长会议主席柯西金以出访途经的名义，提出与中国领导人会见。中国总理周恩来破例与柯西金在北京机场进行了临时会晤。随后，当年10月中苏边界谈判重新启动。这次边界谈判持续了9年，但没有取得实质性结果。1979年苏联入侵阿富汗，中苏边界谈判再次中断。

1985年戈尔巴乔夫就任苏共总书记后，提出了外交政策的“新思维”，开始改善对华关系。在这一背景下，1987年2月中苏第三次开始边界谈判。这一轮谈判进展顺利，两国都认真地希望解决边界问题。双方就东段边界走向的大部分问题达成协议。1989年5月，中苏草签了《中苏东段边界协定》。在这个基础上，1990年4月，两国政府又签署了《关于在边境地区相互裁减军事力量和加强军事领域信任的指导原则的协议》。1991年5月，在中国国家主席江泽民访苏期间，中苏正式签署《中苏东段边界协定》。

但在中苏尚未签署西段边界协议之时，1991年12月，苏联发生了解体。原中苏边界变为中国与俄罗斯、哈萨克斯坦、吉尔吉斯斯坦、塔吉克斯坦四国的边界。原中苏边界西段基本都在中国与新独立的中亚三国之间，总长约3000公里。在这种情况下，中俄哈吉塔五国商定将把中苏边界谈判继续下去，但在形式上仍是双边谈判，中国为一方，俄哈吉塔为另一方。中俄哈吉塔由此开始了共同工作，这是“上海五国”的源头。试想，如果在苏联解体之前中苏已经解决了全部边界问题，五国也就没有了在一起工作的必要，“上海五国”也许就不会出现了。

1996年4月26日，中俄哈吉塔五国元首江泽民、叶利钦、纳扎尔巴耶夫、阿卡耶夫、拉赫莫诺夫在上海签署了《关于在边境地区加强军事领域信任的协定》。“上海五国”第一次在媒体上出现，这也就是“上海五国”的起源。“上海五国”并不是这个机制的正式名称，它是西方记者为简便起见而起的称呼，这个称呼抓住了这一机制最明显的外部特点，因而得到广泛流传并为公众接受。

选择上海为签字地点是出于政治考虑。北京是中国的首都，五国元首在中国首都签订这一文件虽未尝不可，但在政治上会给人以中国为中心的印象，这不利于突出它的平等精神。上海不是中国的政治中心，但它又是中国最有代表性的城市之一。在上海举行这一活动，既增添了政治平等的意味，又能体现出中国的特征。这个选择使上海成为未来的组织的名称。

“上海五国”首次首脑会晤取得了巨大成功。受到合作成功的鼓舞，会晤做出决定，五国首脑会晤将继续进行，每年举办一次，在五国轮流进行。这一决定被证明具有历史重要意义，它引导着“上海五国”向机制化方向发展，是形成上海合作组织关键第一步。

2001年，“上海五国”决定将论坛性质的会晤机制转变为地区组织。2001年6月14日，中国、俄罗斯、哈萨克斯坦、吉尔吉斯斯坦、塔吉克斯坦、乌兹别克斯坦六国元首发表联合声明，宣布乌兹别克斯坦加入“上海五国”。6月15日，六国元首发表宣言，宣布上海合作组织成立，六国同为发起国和成员国。由此，上海合作组织正式诞生。

成立上海合作组织被证明是在一个恰当的时间做出的正确决定。仅仅不到三个月后，就发生了“9·11”事件，国际形势剧烈变化，深刻影响了中亚地缘政治。如果上海合作组织不是在2001年6月成立的话，它的命运很可能会有不同；即使成立，它的过程也可能曲折得多。

以“上海”来命名这一组织也非偶然。从理论上说，它可以有多种选择，如“上海六国”，或是“中亚合作组织”、“欧亚合作组织”、“亚欧合作组织”等，但这些名称都有不尽意之处。“上海六国”不像是一个组织的名称，况且这个组织未来不一定只有六个国家。“中亚合作组织”政治含义过窄，地理限制明显，不适合这个新的组织，而且中亚国家已经成立了中亚经济合作组织。“欧亚合作组织”或“亚欧合作组织”政治含义又过宽，有偏离中亚重心之意，并且已有欧亚经济共同体存在。上海是“上海五国”的发源之地，又是这个组织诞生的城市，以“上海”来命名它顺理成章。这个称呼具有开放性，对它的功能、定位、地域、范围等没有限定性含义。中国显然是这个名称最主要的倡议者和推动者。

上海合作组织的成立是由多种因素推动的。

从根本上说，上海合作组织成立是“上海五国”发展的自然结果。“上海五国”在5年时间里不断推进，形成了向前发展的自动力，上海合作组织出现是水到渠成。

上海合作组织在2001年形成，而不是在更早或更晚的时间，这是一种巧合。2001年是“上海五国”的一个时间节点。从1996年开始，“上海五国”轮流在各成员国举行首脑会晤，到2001年正好是一个循环的结束。它面临着一个问题：是保持现状还是进行改变？“上海五国”有多种选择。一种选择是不做改变，按原模式开始新一轮会晤。另一种选择是创造一种新模式，建立地区组织。还有一种可能就是不再进行活动，也即停止它的存在。

“上海五国”的选择将决定它的命运。事实上，没有任何一方提出过停止合作，因此，真正的选择是在保持原机制和创建新机制之间进行。各方对此都进行了酝酿准备，学术界也有讨论和争论，并存在不同看法。有俄罗斯学者认为，从长远角度看，“上海五国”可转变为地区组织，但目前它的基础还很脆弱，形成地区组织的条件还不成熟，过快转变和设定过高目标会导致严重问题，因此不应急于转变为地区组织。① 中国学术界的主流观点则倾向于成立地区组织。一些中亚国家学者也认同这一看法，如哈萨克斯坦总统战略研究所对外政策和国际关系室主任图库莫夫认为："'上海五国'已经超出了最初的目的和范围，把它变成有效的地区联合的时机已经成熟。"②

"上海五国"做出的选择是成立地区组织。这一选择不是没有风险。论坛与合作组织有着质的差别。地区组织需要按照确定的宗旨、目标、结构、机制、规范运作，它必须能够长期存在，必须要有可持续的议题，必须达到具体的目标，必须使参与者承担义务和责任。这都增加了它的生存风险和发展难度。但是，如果不转变为地区组织，"上海五国"不会有宏大前景。论坛是一个自由的讲台，不是实质性合作的机制，如果"上海五国"继续停留在论坛的水平，那它只能自我重复，难以产生重大成果，并很快会陷入空转和涣散。

"上海五国"的 5 年合作使中俄哈吉塔的相互关系有了很大发展，相互了解和信任增加，合作的愿望增强，这是上海合作组织能够成立的政治条件。

到 2001 年，"上海五国"自身的状况与它形成之初也已十分不同。"上海五国"最初的议题只是边界和边界地区安全问题，随着这些问题的解决，它的议题开始扩展，转向地区安全、经济以及人文领域。这需要更高层次的合作机制，论坛的形式已不能适应这种变化。这是上海合作组织成立的机制需要。

更为重要的是，到 2001 年，"上海五国"各国以及乌兹别克斯坦都出现了对地区安全和经济合作的重大需求，其中又以安全需求更为迫切。这种情况的出现与阿富汗形势有关。1989 年苏军撤出后，阿富汗陷入了长期内战。1996 年，阿富汗国内形势发生了重要转折，塔利班

---

① 俄罗斯战略研究所所长科诺金和俄罗斯美国加拿大研究所副所长博加图洛夫持此种观点，见之于 2001 年 4 月 26—27 日上海国际问题研究所组织的第二次中亚问题国际研讨会上的发言。

② E. 图库莫夫："中亚地区安全和'上海五国'"，《中亚形势与上海合作组织国际研讨会论文集》，俞新天、赵华胜主编，上海国际问题研究所，2003 年，第 69 页。

在内战中打败了其他力量，控制了国家政权。

塔利班支持宗教极端势力，包括中国、俄罗斯和中亚的宗教极端势力，这使它直接成为各国的安全威胁，也造成了它与各国的关系紧张。在这一背景下，寻求集体安全保障是最好的办法，这是推动上海合作组织成立的现实需求。此外，经济合作也是不能忽略的因素。

在解读上海合作组织成立的原因时，西方有一种普遍的看法，认为它是为抗衡美国的影响而建立的。从西方的角度来看，它的理解有其道理。不管是“上海五国”还是上海合作组织，它们形成的时机有一个相似的背景，即它们都是在中俄关系处于高峰、中美和俄美关系处于低谷的时期。1996 年“上海五国”成立时，正是中俄关系的快速上升时期，1996 年中俄宣布为战略伙伴，两国关系达到了高潮，随后形成了“上海五国”。这时中美关系仍处在 1989 年后的冷淡期，俄美关系则正在从 1993 年宣布的“战略伙伴”高峰滑向“冷和平”的低谷。2001 年上海合作组织成立时，中美和俄美关系更加恶化。在此之前，中美和俄美关系中发生了一系列严重事件。1999 年，美国轰炸机轰炸了中国驻南斯拉夫大使馆，炸死了中国外交人员，导致中国国内反美情绪高涨，引起了两国关系的危机。2001 年 4 月，中美军用飞机在中国海南岛附近海域发生撞机，一架中国歼击机被撞毁，飞行员遇难，美国侦察机被撞坏，被迫降落在中国机场，机组人员被扣留，中美关系因此陷于困境。在俄美关系方面，美国不顾俄罗斯的强烈反对，在 1999 年发动了对南斯拉夫的战争，俄美关系达到冰点。与此同时，北约进行了第一轮东扩，引起了俄罗斯的强烈反应。此外，美国威胁退出 1972 年的反导条约，使俄美之间的战略武器平衡机制面临解体。这是俄美关系特别阴郁的一个时期。在 1996 年“上海五国”首脑会晤时，曾有国外媒体报道，在中国国家主席江泽民举行的宴会上，叶利钦总统对美国做了激烈抨击，这也反映出美国因素的确有一定影响。美国因素推动了中俄接近，而中俄接近又对“上海五国”和上海合作组织的成立有重要作用。尽管如此，美国因素只是上海合作组织形成的次要因素，它不是上海合作组织成立的决定性原因。

最后，中国也是上海合作组织成立的重要因素。中国最积极地推动成立上海合作组织，它在这一过程中起到了关键作用。没有中国的主动倡议和推动，上海合作组织不一定能够在2001年成立。

以上所有这些因素构成了上海合作组织成立的基本原因、条件和背景。

## 二、上海合作组织的演进

鉴于上海合作组织与“上海五国”之间的内在关系，不能不把“上海五国”作为上海合作组织发展的一个不可分割的阶段。“上海五国”是上海合作组织的雏形，它成立的1996年也应是上海合作组织的起点。1997年4月24—25日，举行了“上海五国”形成后的第二次元首会晤，地点是在莫斯科。这次峰会仍是边界安全谈判的继续，它的内容是签署边界安全的又一重要文件——《在边境地区相互裁减军事力量的协定》。这次峰会基本没有涉及边界问题之外的多边合作问题。

1998年是“上海五国”的一个转折点，这个转折对后来上海合作组织的形成具有重大意义。1998年7月3日，在哈萨克斯坦的阿拉木图举行了第三次“上海五国”峰会。这次峰会出现了两个重大变化：一个变化是俄哈吉塔不再作为共同的一方，而是各自作为一方参与“上海五国”的活动。这意味着从这时起“上海五国”才真正成为五国的合作，而此前是五国两方之间的对话。另一个变化是峰会的主题发生了重大转变，边界和边界安全退出了议事日程的主项，多边安全和经济合作成为主题。

这次峰会以五国外长的名义发表了联合声明，提出了新的合作设想，表达了对某些重大地区问题的态度。其基本内容包括：五国的合作是开放的，不针对第三国；五国愿就重大国际和地区问题进行深入磋商；五国一致表示反对任何形式的民族分裂主义、民族排斥和宗教极端主义，五国将联合打击国际恐怖主义、有组织犯罪、偷运武器、贩卖毒品等犯罪，不允许利用本国领土从事损害伙伴国主权和安全的活动；发展经济合作，改善投资环境；重视交通和能源合作，加强和鼓励油气管道和交通领域的大规模长期合作；对阿富汗问题表示不安，对南亚核试验后的形势严重关切；呼吁必须建立公正合理的国际政治经济新秩序；积极评价中亚无核区的倡议，支持哈萨克斯坦提出的亚洲相互协作和建立相互信任措施会议的构想；根据需要，五国将举行专家级、外长级、政府首脑和国家元首级的会晤。①

阿拉木图联合声明之所以有特别意义，在于它是五国在边界问题之外第一个综合性政治文件。这个文件第一次正式表述了多边合作构想。可以看出，它已经提出了后来上海合作组织发展的基本方向，涉及到了上海合作组织的许多基本问题。这个文件的形式和构成特点也为后来上海合作组织的政治文件所延续。它由几部分必不可少的内容构成，包括对本机制工作的评估、安全问题、经济合作、地区形势、对国际重大问题的看法。文件的构成是各方主张的综合，反映着各方的特别关注和利益，同时也反映着各方的影响力程度。例如，打击民族分裂主义，不允许利用本国领土从事损害他国利益的活动、发展经济合作、建立国际政治经济新秩序等，这是中国外交熟悉的语言，应是中国所提出的。阿富汗问题、反毒、反跨国犯罪等是俄罗斯的特别关切，应为俄罗斯所提出。关于亚信、中亚无核区、建设油气管道等条目则应为哈萨克斯坦的提议。②

1999 年 8 月 25 日在吉尔吉斯斯坦首都比什凯克举行了第四次“上海五国”峰会。这次峰会重申了阿拉木图峰会的所有思想，又比阿拉木图峰会有实质性进展。它推进了合作的机制化和思想的系统化，增加了新的政治内容，并启动了五国的联合行动进程。

比什凯克峰会确定五国将建立地区协作机制，促进地区安全和经济发展。峰会提出将进行国家元首、政治首脑、外长、国防部长、经济和文化部门负责人的会晤和磋商机制。与阿拉木图峰会相比，增加了国防部、经济部门和文化部门，范围显著扩大，表明了五国有兴趣加深合作。峰会决定成立五国联合磋商小组，作为准备高层会晤的工作班子，这是后来上海合作组织协调员和外长理事会的前身。

比什凯克峰会第一次使用了反对国际恐怖主义、民族分裂主义、宗教极端主义的提法，不过尚未把这三个概念作为一个整体，而是分别叙述。武器走私、贩毒和非法移民也被列为主要打击的目标。这是在“上

---

① 《中俄哈吉塔阿拉木图联合声明》，1998 年 7 月 3 日。

② 建设中哈石油管道最早是哈萨克斯坦在 1997 年提出的，当时它的态度远比中国积极，故推断这一条内容应为哈萨克斯坦而不是中国提出。

海五国”政治文件中第一次出现非法移民问题，峰会还第一次提出了在打击这些犯罪上联合行动的问题。

比什凯克峰会特别表述了关于相互关系和国际关系的原则看法。它表示支持世界多极化，这一表示有重要的象征意义。但是，它修正了阿拉木图联合声明中“必须建立公正合理的国际政治经济新秩序”的提法，改为“推动建立公正合理的国际政治、经济新秩序。”这两字之差含义有很大不同。“推进建立”可以理解为辅助的行为，是一个渐进的过程，而“必须建立”则是必须完成的确定目标。这一改动反映出五国在这一问题上更为冷静和客观。

比什凯克峰会还提出了一个新观点，就是反对以人权为理由干涉他国内政。这是五国在国内政治上相互支持的表示，后来也成为上海合作组织的一项原则。

“上海五国”在2000年有新的发展，它突出表现在向“组织化”方向的转变。2000年3月30日，“上海五国”国防部长在阿斯塔纳举行会晤，这不仅是五国国防部长的第一次会晤，也是“上海五国”第一次部长级会晤，它启动了“上海五国”政府部长级对话的过程。2000年7月4日，在杜尚别举行了第一次“上海五国”外长会晤，乌兹别克斯坦的代表也被邀请与会。这是乌兹别克斯坦后来加入上海合作组织的起始。国防部长和外长会晤是构建“上海五国”多层次框架构的开始，意味着合作在向更为务实、具体的方向发展。2000年7月5日，“上海五国”在杜尚别举行了第5次峰会，也是它的最后一次峰会。

在2000年大大丰富了“上海五国”合作的构想，它体现在五国国防部长和外交部长的联合公报中，特别是反映在五国元首的杜尚别联合声明中。

国防部长联合公报的核心内容是确定了五国将在军事—政治领域进行合作，以发展在军事领域的相互信任和友好，共同维护地区和平和稳定。联合公报有三方面特别引人注意的内容：它首次提出了“互利、互信、平等、合作”的新型安全观概念，这是后来的“上海精神”的萌芽。它首次提出了五国举行联合演练的可能性，设定目标是预防危险军事活动，打击贩毒、走私武器等跨国犯罪，打击国际恐怖主义，以及抢险救灾等。它对国际和地区安全问题给予特别关注，所涉及的国际和地区问题比之以前更为广泛，包括推进多极化，反对霸权主义和强权政治，强化不扩散核武器制度，维持《反弹道导弹条约》，反对在亚太地区部署战区导弹防御系统，支持中亚无核区倡议，关切阿富汗局势等。它首次提出反对霸权主义和强权政治、维护反导条约、反对部署战区反导系统。它首次把支持中国在台湾问题上的立场纳入进去。国防部长公告也首次把民族分裂主义、宗教极端主义和恐怖主义作为一个完整的概念，但在排序上民族分裂主义居首，宗教极端主义居中，恐怖主义居后。

外交部长联合公报也产生了一些新概念。它提出了建立平等合作、互信互利基础上的不结盟、开放的、不针对第三国的新型国家关系。这后来也成为上海合作组织对外关系的准则。外长公报把“三个主义”表述为民族分裂主义、国际恐怖主义、宗教极端主义，这与国防部长公报又有所不同，它不仅更完整，而且把国际恐怖主义向前移动了一位，从最后一位移到了中间。外长公报第一次提出在反对民族分裂主义、国际恐怖主义、宗教极端主义问题上签署相应条约和协定。这是后来上海合作组织《打击恐怖主义、分裂主义、极端主义上海公约》的先声。外长公报表示五国将加强在国际战略问题上的合作，提出反对任何形式的“新干涉主义”。在重申支持中国在台湾问题上的立场一条中，加上了支持俄罗斯在车臣问题上的立场。外长公报还宣布今后外长会晤将每年举行一次，这将是“上海五国”第一个机制化的政府部长会晤机制。此外，还将成立“上海五国”的国家协调员理事会，作为“上海五国”的工作机构。

杜尚别峰会与以往历次峰会在与会者构成上有了不同。1999 年 12 月，俄罗斯总统叶利钦突然辞职，随后俄罗斯在 2000 年 3 月举行大选，普京成为俄罗斯新总统。他代替叶利钦出席杜尚别峰会，这是 5 年来五国元首第一次出现人员变化。另外，乌兹别克斯坦总统卡里莫夫作为观察员参加了杜尚别峰会。乌兹别克斯坦与中国没有边界，它没有参与边界谈判，因此也未参与“上海五国”进程。这是乌兹别克斯坦总统首次参加“上海五国”元首会晤，也是“上海五国”首次邀请其他国家元首参加峰会，它意味着乌兹别克斯坦向加入这个机制又迈进了一步。

杜尚别声明是对“上海五国”的理念与合作最系统和最完整的一次表述。它比上一年的比什凯克声明充实了许多，就篇幅来说增加了约50%。杜尚别声明有20条内容，而前一年的比什凯克声明是12条。

杜尚别声明宣布五国决心深化在政治、外交、经贸、军事、科技和其他领域的合作，鼓励在文化领域的合作，这表明“上海五国”合作向全方位展开。

杜尚别峰会在“上海五国”的机制建设上有重要建树，它确认了国防部长不定期会晤机制，确立了外交部长定期会晤机制，同意成立“上海五国”国家协调员理事会，建议举行文化部长会晤，准备举行政府首脑会晤，支持建立地区反恐机构。

杜尚别声明支持五国国防部长提出的就预防危险军事行动举行联合演习和演练，以加强五国在军事领域的信任。更进一步，声明第一次提出将视情况在五国框架内举行反恐和反暴力活动联合演习。这与预防危险军事行动的联合演练在性质上有所不同。后者旨在增强相互间的军事信任，是保证相互安全的措施，而前者是针对相互之外的安全威胁，是联合反对特定的某种危险。声明还要求定期召开五国执法、边防、海关和安全部门负责人会晤，并制定相关的多边纲要和签署协定。

在经济合作领域，对能源合作有所强调，并首次提出水资源合作和环境保护问题。中国提出了希望五国支持中国西部大开发。

在国际和地区问题上，杜尚别声明继承了此前的基本立场，但在被认为是针对美国的表述上缓和了语调。它没有使用国防部长和外交部长公报中的“霸权主义”、“强权政治”、“新干涉主义”等术语，而代之以反对任何国家和国家集团出于私利垄断全球和地区事务。同时，声明提出反对任何可能导致本地区形势复杂化的冲突、威胁和外来干涉。这是“上海五国”的政治文件中第一次明确表示反对外来干涉，在“上海五国”国防部长公报中曾提到地区安全不应受外部势力破坏，但没有提出反对外来干涉的概念。此前“上海五国”也一直重申反对以人权为由干涉国家内政，但这与反对外来干涉在含义上有区别。反对外来干涉不仅包括了反对干涉内政，而且包括了反对外部势力对地区安全稳定的负面影响，它含有把外部破坏性势力隔离在地区之外的意味。[1]

从“上海五国”的发展过程可以看到，它已经为上海合作组织的成立奠定了基础，为它做了必要的理论和组织准备。

2001年是从“上海五国”向上海合作组织的转变之年，也即上海合作组织的成立之年。2001年6月15日，上海合作组织成立仪式在上海举行，这是上海合作组织的首次峰会。上海峰会发表了《上海合作组织成立宣言》，宣告上海合作组织正式成立。宣言阐述了上海合作组织的基本目标、功能、原则。

根据宣言，上海合作组织的基本宗旨有四个方面：其一，加强相互信任和睦邻友好。其二，鼓励成员国在各领域间的合作。其三，维护和保障地区和平、安全和稳定。其四，建立民主、公正、合理的国际政治经济新秩序。换一种说法，上海合作组织有四个作用，分别是：保证成员国间的相互安全和友好；推动各领域的务实合作；承担地区安全稳定的责任；参与和影响后冷战时期新国际秩序的形成。

在对内关系上，上海合作组织提出以“上海精神”为准则。“上海精神”被表述为“互信、互利、平等、协商、尊重多样文明、谋求共同发展”。

在对外关系上，宣言申明它的原则是不结盟、不针对其他国家、对外开放，并表明了其他国家加入的可能性。

在合作的方向上，宣言提出三个方面：落实《打击恐怖主义、分裂主义、极端主义上海公约》，以及打击非法贩卖武器、毒品、非法移民等；启动贸易和投资便利化谈判，制定多边经贸合作纲要；在地区和国际事务中进行磋商和协调行动，在重大地区和国际问题上相互支持和密切合作。

宣言规定上海合作组织峰会每年举行一次，并定期举行政府首脑会晤。此外，它决定成立上海合作组织国家协调员理事会。

不过，在上海合作组织成立之时，它尚未来得及制定其最重要的法

---

① 《中俄哈吉塔国防部长阿斯塔纳联合公报》，2000年3月30日；《中俄哈吉塔外交部长联合公报》，杜尚别，2000年7月4日；《中俄哈吉塔元首杜尚别声明》，2000年7月5日。

律文件，即该组织的宪章。宪章的制定和签署留到下一年度的元首会晤。

上海峰会签署了《打击恐怖主义、分裂主义、极端主义上海公约》。这是一份重要的文件，它的签订具有实质性意义。签订这一公约，表明各国对恐怖主义、分裂主义、极端主义形成了共同认定，也表示着共同打击三股势力不仅是政治上的承诺，而且有法律上的责任。公约对恐怖主义、分裂主义、极端主义做了定义，对合作的范围和形式做了详细说明，对应承担的责任义务也有规定。公约第一次使用“恐怖主义、分裂主义、极端主义”这个概念，去掉了三个词原来带有的“国际”、“民族”、“宗教”三个限定词，使这一概念更为科学。在排序上恐怖主义上升到了第一位。恐怖主义从三个概念排序的最后一步一步地移到第一位，这反映了反恐具有最大共性。分裂主义和极端主义在各国的表现程度差别很大，对有的成员国来说甚至不是严重问题，但反恐是各国的共同关注。至此，这个概念的表述固定化，以后没有再发生过变化。

与上海峰会进行的同时，举行了上海合作组织国防部长会议，这是上海合作组织的首次国防部长会晤，是自“上海五国”以来的第二次国防部长会晤。这次会晤发表了国际部长联合公报。与 2000 年阿斯塔纳公报相比，这个公报较为泛化，针对性不强，对国际问题的表述大为缓和，总的来说没有新的发展。

2001 年 9 月 14 日，上海合作组织政府总理第一次会晤在阿斯塔纳举行。会晤举行前 3 天刚刚发生了“9・11”事件。总理们就“9・11”事件发表了联合声明，表明了上海合作组织谴责恐怖袭击、支持国际反恐的立场。这次会晤的主要成果有：启动了总理会晤机制，并宣布这一机制将定期化；签署了《关于开展区域经济合作基本目标和方向及启动贸易和投资便利化进程的备忘录》，这个名称冗长的文件的意义就是 6 国将研究区域经济合作问题，各国同意推动这一进程。

如果说 2001 年是上海合作组织的成立之年，那么，2002 年则是它的制度建设之年。这一年上海合作组织最重要的进展是制定《上海合作组织宪章》。随着宪章的诞生，上海合作组织才具有了法律和制度的基础，它才成为一个真正的组织。

《上海合作组织宪章》是 2002 年 6 月 7 日在圣彼得堡峰会上签署

的，这也是这次峰会最大的成果。宪章的主要内容包括：宗旨和任务、原则、合作方向、机构设置，以及有关的程序性和技术性条款。

在宗旨和任务中，主要部分已见诸于此前上海合作组织的文件，包括加强相互信任和睦邻友好，发展多领域合作，维护地区和平安全与稳定，推动建立民主、公正、合理的国际政治经济新秩序，打击三股势力和贩毒、走私武器等犯罪活动以及非法移民，鼓励开展有效的区域合作，促进地区发展，提高人民生活水平等。此外，也有部分新增加的内容：在参与世界经济进程中协调立场；促进保障人权和基本自由；在和平解决国际冲突中相互协作；共同寻求21世纪出现的问题的解决办法。

在表述上，可注意到的一个变化是在三股势力之后，上海合作组织打击的第一对象改为“毒品”，而此前一直是非法贩卖武器，这两个目标交换了位置。俄罗斯和中亚国家对打击毒品尤为重视，毒品在俄罗斯和中亚国家已是严重的社会问题，它们一直坚持把打击阿富汗毒品放在重要地位。在非法移民的表述上，使用的是“以及非法移民”一词，在语气上比过去有所减轻，使之与贩毒和走私武器有所区别。移民问题主要是存在于俄罗斯、哈萨克斯坦等与中国的关系中。俄哈等国视中国移民为严重问题，中国是移民的输出国，中国支持打击非法移民，但反对侵害本国公民在国外的合法权益，也不赞成把这一问题扩大化。这种表述是双方折中的结果。

宪章中的原则主要是对成员国相互关系原则的规定，它的基本内容已多次见诸于此前的文件，如相互尊重主权、独立、领土完整，互不侵犯，不干涉内政，不使用武力和以武力威胁，不谋求单方面军事优势，相互平等，和平解决分歧，不针对其他国家和组织，等等。它有一些新增加的内容，强调“在相互理解及尊重每一个成员国意见的基础上寻求共识”，这突出了对每一个成员国的意见和利益的关照，其用意应是对中小成员国的关照。原则中还有“在利益一致的领域逐步采取联合行动”，这显示上海合作组织不会强求成员国采取共同行动，每个成员国有保持独立的地位和外交的自由。

在合作方向中，它指出了十个方向，其中涉及地区安全的有两个：一个是维护地区和平安全；另一个是打击三股势力，打击非法贩卖毒品、武器，以及非法移民。涉及国际合作的也是两个：一个是“就共同关心的国际问题，包括在国际组织和国际论坛上寻求共识”；另一个是“就裁军和军控问题进行协调”。这两个合作方向都有不易理解之处。对一个组织来说，在国际问题上以寻求共识为目标显然是过低的标准，这甚至不能称之为合作，把它作为合作方向就目标更低。把协调裁军和军控作为合作方向也是比较突兀的，它没有解释这指的是国际军控还是成员国的裁军，但不管是指什么都与上海合作组织关系不大。

合作方向的主要部分是经济等领域的务实合作，包括交通、能源、水资源、预防和消除自然灾害后果，以及司法、科技、教育、卫生、文化、体育、旅游等领域的合作。在区域经济合作中，提出的目标是推动贸易和投资便利化，逐步推动商品、资本、服务和技术的自由流通。值得注意的是，对上海合作组织区域经济合作的目标表述不是经济一体化，而是四个要素的自由流通。而且，在这四个要素中没有劳务的自由流通。还有一点也引人注意，即在合作方向中没有列入国防和军事领域的合作。

在程序和技术性部分，宪章确定了上海合作组织的机构和机制，它们是国家元首会议，政府首脑会议，外交部长会议，各部门领导会议，国家协调员理事会，地区反恐机构，秘书处。此外，宪章对相关事宜作了规定。

总的来说，上海合作组织宪章综合了它发展的基本成果，但也带有某种不确定性和过渡性的痕迹。它的宗旨任务和原则相对比较完整和清晰。它的原则是国际通用的规范，但特别强调了每个成员国的独立性，显示出上海合作组织成员国对相互关系的敏感和谨慎。它的合作方向条理性不是很强，显得纷杂和琐碎，这表明它是由各方意见汇集而成，各方的主张都被纳入，但没有形成主要方向。这也说明虽然有宏观的共识，但在具体合作问题上还没有成熟的框架。①

除了签署《上海合作组织宪章》，圣彼得堡峰会还发表了元首声明。元首声明对上海合作组织的宗旨原则作了更详细和更直接的阐

① 《上海合作组织宪章》，2002 年 6 月 7 日。

释，表达了对当前重大国际问题的看法。它提出国际社会需要建立以互信、互利、平等、协作为基础的新型安全观，也即把上海合作组织提出的安全观推之于国际社会。它表示反恐应在国际法基础上进行，不能把反恐等同于反对某种宗教和国家，不能采取双重标准。它还指出应铲除恐怖主义滋生的社会基础，包括消除贫困、失业、愚昧、歧视等，这也就是综合反恐的概念。它还表示反对在人权问题上的双重标准和以人权为由干涉内政。声明特别重申要加强联合国在国际事务中的作用，提高联合国在维护国际安全上的权威。在美国发动了阿富汗战争并控制了阿富汗的形势下，上海合作组织的上述立场显然都是有针对性的。此外，元首声明还对阿富汗问题、亚太地区发展、东盟、朝鲜半岛问题、印巴问题、中东问题等表达了看法。这是上海合作组织少有地对如此广泛的地区问题表达看法，不过大致还是仅限于它的大周边范围。

2002 年是上海合作组织活动比较频繁的一年，它在上年启动的大部分会晤机制都继续活动，同时出现了一些新的机制或活动样式。

2002 年 1 月 7 日，在北京举行了外交部长非例行会议，阿富汗形势是举行这次非例行会议的主要原因。按照惯例，例行外交部长会议通常在上海合作组织峰会前一个月举行，主要是为峰会做准备。非例行性会议则需两个以上成员国提出，并且得到所有成员国的同意。举行非例行会议一般是为商讨某些特别重要或突然出现的问题。这一次非例行会议的特别议题是阿富汗问题。会议发表了外交部长联合声明，这个联合声明的主要内容是关于阿富汗问题的，它系统和全面阐述上海合作组织对阿富汗问题的立场。虽然上海合作组织一直关注阿富汗问题，但专门针对阿富汗的政治文件并不多。

《上海合作组织成员国关于地区反恐机构的协定》也在 2002 年达成，它也是在圣彼得堡峰会上签订的。协定对即将成立的上海合作组织地区反恐机构的地位、运作、以及规章制度做了规定。协定规定地区反恐机构将设在吉尔吉斯斯坦首都比什凯克。

2002 年 5 月 15 日，在莫斯科举行了上海合作组织第二次国防部长会晤。会晤后发表的联合公报说，上海合作组织将继续巩固军事领域的合作，保障各国军队间的合作。国防部长们同意建立长期机制和机构，将组成高官委员会，继续保持国防部长和总参谋部代表的定期会晤。成立国防部联合专家小组，研究举行联合军事演习问题。[①]

2002 年 5 月 24 日，上海合作组织“比什凯克小组”执法安全部门领导人在阿斯塔纳会晤，乌兹别克斯坦未参加。会晤后发表《上海合作组织五国执法安全部门领导人反恐声明》。

上海合作组织在 2002 年的又一个标志性进展是举行了第一次联合反恐军事演习。这次演习于 2002 年 10 月 10 日在中吉边境地区进行，参加者只有中国和吉尔吉斯斯坦两国，两国参加的军队人数为数百人，动用了 10 余辆装甲车和数架直升飞机。虽然这次演习的规模很小，但它是上海合作组织框架内联合军事演习的开端，而且还是中国军队第一次与外国军队联合举行实兵演习。

2002 年 11 月 23 日，上海合作组织外交部长会议在莫斯科举行，这是年度例行会议，除了国际问题外，会议讨论了一些具体问题，包括在北京建立秘书处、在比什凯克建立地区反恐机构、上海合作组织预算等。

2002 年上海合作组织还举行了第一次交通部长会议。这次会议于 11 月 21 日在吉尔吉斯斯坦首都比什凯克进行，会议达成了《上海合作组织成员国交通部长第一次会议纪要》和《上海合作组织成员国交通部长第一次会议联合声明》两个文件。这次会议启动了上海合作组织交通部长会议机制。

除了上述活动以外，2002 年上海合作组织的活动还有 9 月 12 日就“9·11”事件一周年发表外交部长声明，11 月 23 日公布了《上海合作组织与其他国际组织及国家相互关系临时方案》。

不过，虽然按制度上海合作组织政府首脑会议应每年举行一次，但 2002 年总理会晤没有举行。

2003 年上海合作组织的活动略显减少。这一年上海合作组织的主要精力是用在自身机构和机制的建设上，即把规定设立的机构成立起

① 《上海合作组织国防部长会晤联合公报》，2002 年 5 月 15 日。

来，主要是上海合作组织的秘书处和地区反恐机构。同时，把经济合作的构想付诸实施，初步形成上海合作组织经济合作框架。

2003 年上海合作组织峰会于 5 月 29 日在莫斯科举行。峰会发表的元首宣言认为，上海合作组织即将结束初创阶段，开始独立自主地在国际生活中发挥作用。这就是说，上海合作组织把 2001 年到 2003 年这段时间作为它的初创时期，从 2004 年开始，上海合作组织将是一个机构完整的组织，它将开始正常运转，在国际上展开活动和施展影响。上海合作组织做出这个判断，是基于它决定在 2004 年 1 月 1 日之前启动它的两个常设机构——秘书处和地区反恐机构。这两个机构是上海合作组织宪章规定设立的，但直到 2003 年都未能成立。

莫斯科峰会宣言对上海合作组织的成立和发展给予了积极和肯定的评价。它认为，上海合作组织将成为维护地区安全与稳定、推动世界和平与发展的重要力量。宣言对国际问题的表述基调高昂，它提出尊重和促进多样文明，共同发展；要推动世界经济的平衡和可持续发展，实现普遍繁荣。它呼吁在全世界范围开展应对新威胁的广泛合作，形成在联合国主导下的应对新挑战的全球战略；它提出国际社会应共同探索建立一个各国都能接受的 21 世纪国际安全体系。

莫斯科元首会议批准了首任上海合作组织秘书长的人选，中国获得殊荣，原中国外交部副部长张德广担任这一职务。

上海合作组织于 2003 年 9 月 23 日在北京举行了第二次政府首脑会晤，这次会晤最重大的成果是通过了《上海合作组织成员国多边经贸合作纲要》，这也是上海合作组织 2003 年最有实质性的进展。这一纲要酝酿已有 2 年之久，它的意义可类比于《打击恐怖主义、分裂主义、极端主义上海公约》之于上海合作组织的安全合作，即为上海合作组织的经济合作制定了一个框架和规范。纲要由三部分组成，分别是基本目标、优先合作方向和实施机制。在基本目标上，纲要制定了短中长三个时期的目标。近期的目标是推动投资贸易便利化。中期到 2010 年，它的目标是开展大规模经贸合作。远期到 2020 年，它的目标是逐步实现货物、资本、服务、技术的自由流动。在优先合作方向上，纲要确定的领域是能源、交通、电信、农业、旅游、银行信贷、水利和环境保护，以及促进中小企业实体间的直接交流。[①]

应该说，中国是多边经贸合作纲要的主要推动者，中国的看法在纲要中也得到基本体现，但不是中国的所有设想都被纲要采纳。中国总理温家宝在总理会议之前曾提出三点倡议，其一是推进贸易和投资便利化，其二是确定若干大的经济技术合作项目，把交通、能源、电信、农业以及家电、轻工、纺织等领域作为优先方向。其三是确立长远目标，逐步建立上海合作组织自贸区。[②] 可以看出，纲要在大方向上与中国的主张吻合，但在具体问题上与中国的提议不完全一样，它的目标也较中国的设想为低，例如家电、轻工、纺织等未列入优先方向，但在长期目标上，纲要提出的货物、资本、服务、技术的自由流动在形式上高于自贸区。

除了多边经贸合作纲要外，北京总理会议还批准了上海合作组织2004年年度预算、上海合作组织常设机构人员编制及工资、上海合作组织地区反恐机构设置和人员编制等文件。2004年度预算是上海合作组织的第一个正式预算。它的总额是380万美元，为起步预算，以后可增加。出资比例考虑到了各国的财政收入、国民生产总值、外汇储备等因素，确定俄罗斯和中国各承担24.5%，哈萨克斯坦承担21%，乌兹别克斯坦15%，吉尔吉斯斯坦9%，塔吉克斯坦6%。[③] 上海合作组织秘书处编制为30人，各国按出资比例分配名额，中国和俄罗斯分别是7人，哈萨克斯坦6人，乌兹别克斯坦5人，吉尔吉斯斯坦3人，塔吉克斯坦2人。地区反恐机构的预算分摊、人员编制和构成与秘书处相同，但考虑到消费水平较低的原因，预算额比秘书处低。

2003年9月4日，应乌兹别克斯坦的请求，上海合作组织在塔什干举行外交部长非例行会议。塔什干非例行外长会议被认为有两个目的：一是为了检查上海合作组织常设机构的落实情况；二是为了协调参加第

---

① 《上海合作组织成员国多边经贸合作纲要》，2003年9月23日。

② 上海合作组织成员国总理会晤，温家宝提三倡议，http://www.people.com.cn/GB/shizheng/1024/2104056.html。

③ Касьянов отдал деньги в бюджет шанхайской организации сотрудничества, Елена Лашкина, Пекин. “Российская газета” – Федеральный выпуск №3304 от 24 сентября 2003 г. http://www.rg.ru/2003/09/25/Kasyanovotdaldengi.html.

68 届联大会议的立场。[1] 在这次非例行会议发表的公报中，公布了地区反恐机构总部将从比什凯克改至塔什干。而在 4 个月之前的上海合作组织首脑会议上，地区反恐机构总部还是确定在比什凯克。公布解释说这一变动将优化中亚反恐力量的配置和协作，更有利于打击恐怖主义，[2] 这是因为在比什凯克已经有集体安全条约组织的反恐中心。不过，更重要的因素可能还是乌兹别克斯坦提出了这样的要求，上海合作组织愿意对乌兹别克斯坦显示出的积极性给以鼓励。基于同样原因，外长会议还确定乌兹别克斯坦将是 2004 年上海合作组织的主席国。按照以俄文字母排列的正常次序，乌兹别克斯坦担任主席国应是在 2006 年。

2003 年上海合作组织举行了代号为“联合－2003”的联合反恐演习。演习于 2003 年 8 月在中哈边境地区进行。这是上海合作组织的首次多边联合演习，除了乌兹别克斯坦没有参与外，中哈吉俄塔 5 国的约 1000 名军人参加了演习。

此外，2003 年 9 月，在圣彼得堡举行了上海合作组织第二次交通部长会议。上海合作组织第二次总检察长会议也于 9 月 4 日在比什凯克举行。在这次会议上决定总检察长会晤将每年举行一次。

2004 年被认为是机制化建设阶段结束和进入全面合作阶段的一年。[3] 这就是说，从 2004 年开始，上海合作组织作为一个机构将正常运转，它的重心也转到正常的工作上来。

2004 年 1 月 15 日，上海合作组织秘书处正式成立。秘书处的办公场所位于北京亮马河桥地区，为一栋三层楼房，占地面积 2300 平方米，由中国政府无偿提供。2004 年 6 月 17 日，上海合作组织地区反恐机构正式启动。地区反恐机构的地点在塔什干市郊，也是一栋三层楼房，由原来的一所俄语学校改造而成。地区反恐机构由理事会和执委会组成，

---

① Специальный представитель Президента России по делам Шанхайской организации сотрудничества Виталий Воробьев: 1 января 2004 года ШОС станет полноформатной международной организацией. Interfax, 06 сен. 2003.

② 《上海合作组织外长非例行会议联合公报》，2003 年 9 月 5 日，http://www.sectsco.org/CN/show.asp? id = 165。

③ 见《上海合作组织成员国元首塔什干宣言》，2004 年 6 月 17 日。

理事会由各方代表组成，是地区反恐机构的政治领导机关，执委会则是日常行政执行机关。原乌兹别克斯坦国家安全局副局长卡西莫夫被任命为首任执委会主任。虽然两个常设机构的成立比原计划有推迟，但它们毕竟在2004年成立起来并进入工作状态，这对上海合作组织来说是一重要进展。

2004年上海合作组织峰会于6月17日在塔什干举行。这次峰会发表的联合宣言内容比较简单，基本是对上海合作组织工作的总结评价和希望要求，国际和地区问题有所涉及，但主要是针对恐怖主义和安全问题，对其他问题没有突出强调。总的来说，塔什干峰会宣言在内容上比较平淡，在政治上比较温和。这次峰会也有一些引人注目之处。在这次峰会上，中国国家主席胡锦涛宣布向上海合作组织成员国提供总额为9亿美元的优惠出口买方信贷支持，中国的这一举动引起了很大反响。作为大会主席即乌兹别克斯坦总统卡里莫夫的客人，阿富汗总统卡尔扎伊也首次应邀与会。蒙古在这次峰会上被接受为观察员，它成为上海合作组织的第一个观察员。蒙古总统也出席了塔什干峰会。

上海合作组织在2004年公布的比较重要的文件是《上海合作组织观察员条列》。制订观察员条例的政治用意在于显示上海合作组织的开放性，它的实践意义是扩大对外联系，为与外国国家建立关系提供一种方式。值得注意的是，对观察员申请国的要求只有一项标准，即尊重成员国主权、领土完整和平等，承认组织的宗旨和原则，并无任何其他的限制性要求，包括地域上的要求。[①] 因此，从理论上说，观察员几乎没有标准，它对所有国家开放，问题只在于上海合作组织元首理事会是否接受。

2004年上海合作组织在推动经贸合作上比较活跃。2004年9月23日在比什凯克举行了总理会晤，主题是讨论自上年签署多边经贸合作纲要以来的落实和进展情况。比什凯克总理会议签署了《〈上海合作组织成员国多边经贸合作纲要〉落实措施计划》，这一计划确定了11大类127项合作内容。2004年举行了两次经贸部长会议。启动了电子商务、海关、采用技术规则、标准和合格评定程序、过境潜力和投资四个工作

① 《上海合作组织观察员条例》，2004年6月17日。

组。2004 年 11 月 1 日，在塔吉克斯坦首都杜尚别举行了第三次交通部长会议。这次会议的重点是讨论建立国际运输通道问题，会议同意在 2005 年上半年制订完成《为国际公路运输创造有利条件政府间协议》草案，其中包括 8 个议定书。此外，上海合作组织提出了设立发展基金和成立实业家委员会的设想。

在安全领域，上海合作组织在 2004 年没有组织军事演习，也没有举行国防部长会晤。它的新进展是准备建立安全会议秘书定期会晤机制，同时它还提出进行执法和安全部门的联合反恐演习。

2004 年上海合作组织签订的其他文件还有：《关于合作打击非法贩运麻醉药品、精神药物及其前体的协议》（2004 年 6 月 17 日），《上海合作组织特权与豁免公约》（2004 年 6 月 17 日），《上海合作组织外交部协作议定书》等。

2005 年在上海合作组织发展过程中是不平凡的一年。这一年中亚地区出现“颜色革命”的形势，给上海合作组织带来了挑战。上海合作组织的行动也引起了前所未有的国际关注。虽然从名义上说，上海合作组织自成立起就已出现在国际舞台上，但到 2005 年之前，它从未成为国际舆论的焦点。

2005 年 7 月 5 日的上海合作组织阿斯塔纳峰会和它的宣言引起了重大国际反响，特别是招致了美国的明显不满，从而成为一个国际事件。原因有两个：一是宣言提出国际反恐联盟有必要确定从上海合作组织成员国撤军的时间表；二是上海合作组织邀请伊朗参与其活动。这两条都被美国认为是反美的举动。“9·11”事件后，美国在中亚建立了两个军事基地，一个是在乌兹别克斯坦，另一个是在吉尔吉斯斯坦。它们都是上海合作组织成员国。上海合作组织的宣言等于是要求关闭这两个美国基地。伊朗是美国的死敌，是美国孤立和打击的重点对象，上海合作组织把伊朗接纳其中也等于是在美伊对立中支持了伊朗。

事实上，就整个阿斯塔纳宣言来看，都充溢着比较强烈的政治情绪，尤其是在国际政治领域，这与上年的莫斯科宣言相比就更为明显。与莫斯科宣言一样，阿斯塔纳宣言的主要内容也分为三大部分：一部分是对上海合作组织工作的评价总结；一部分是对国际和地区重大问题的立场看法；还有一部分是关于上海合作组织今后的任务和计划。在国际和地区部分，宣言首先重申了平等、相互尊重、不干涉内政、非对抗、超越意识形态的国际关系主张。宣言要求充分保障各国人民选择自己发展道路的权利，必须尊重各国人民历史传统和民族特点，坚持所有国家主权平等，认为公正合理的世界秩序应该是建立在互信、睦邻、真正伙伴关系、不谋求垄断和主导国际事务的基础上，强调国际法应是国际政治的主导和准则。

不难看出，阿斯塔纳宣言的这部分内容与2005年在中亚出现的“颜色革命”形势有密切关系，这是理解阿斯塔纳宣言的重要背景。2005年在吉尔吉斯斯坦发生了“郁金香革命”，在乌兹别克斯坦爆发了安集延事件，这造成了中亚地区的动荡。上海合作组织各国普遍对形势的发展感到担心，对美国推动“颜色革命”不满。阿斯塔纳宣言的这部分内容也是针对于此。在一定意义上可以说，它是对“颜色革命”的反应。

阿斯塔纳峰会在安全领域提出了一些细化的合作措施，包括形成地区安全稳定事态的联合应对机制，协调各国安全保障的法律，制订确定恐怖组织和人员的统一标准，监控与恐怖主义组织有关的资金流动，在大众媒体领域建立应对新威胁的机制，防范信息恐怖主义，等等。

阿斯塔纳峰会接纳了印度、巴基斯坦、伊朗为观察员，上海合作组织的观察员增加到四个。蒙古总统恩赫巴亚尔、巴基斯坦总理阿齐兹、伊朗副总统阿雷夫和印度外交部长辛格参加了阿斯塔纳峰会。

2005年上海合作组织在国际上引起特别关注，还因为“和平使命-2005”军事演习。“和平使命-2005”是中俄两国的联合演习，但它与上海合作组织也有某种关系。这次军事演习于2005年8月在俄罗斯远东和中国山东地区举行，演习持续了一个星期，参加的军兵种包括陆、海、空军和空降兵、海军陆战队，两国参演的军人近万人，动用了坦克、战斗机、直升机、战略轰炸机、大型战舰等重型武器。中俄两国国防部长都出席了军演，上海合作组织其他成员国和观察员国也派代表观摩。这次演习因为规模大、动用了战略轰炸机等重型装备而在美国和西方引起了特别的解读，它被理解为上海合作组织向地缘政治化发展的一个迹象。

2005年上海合作组织总理会晤是10月26日在莫斯科举行的。这次会议的规模也首次扩大，除上海合作组织成员国外，印度外交部长辛格、伊朗第一副总统达乌迪、蒙古总理额勒贝格道尔吉、巴基斯坦总理阿齐兹作为观察员代表参加会议。莫斯科总理会议通过了《上海合作组织银行间合作（联合体）协议》。银联体成立被认为是上海合作组织在经济合作领域的一个发展，它标志着上海合作组织开始走向区域金融合作。成立银联体的宗旨是为上海合作组织成员国支持的项目提供融资及金融服务。银联体只是一种俱乐部式的关系，不是法律实体。它有一个由各方代表组成的理事会，主席由各国轮流担任，任期一年。理事会每年召开年会，商讨有关业务。银联体成员有哈萨克斯坦开发银行、中国国家开发银行、俄罗斯外经银行、塔吉克斯坦国家银行、乌兹别克斯坦对外经济活动银行，（吉尔吉斯斯坦储蓄结算银行在2006年后加入银联体）。中国国家开发银行行长陈元当选为首任主席。此外，莫斯科总理会议还通过了《上海合作组织政府间救灾互助协定》。

2005年上海合作组织的活动密集。2月19日在比什凯克举行了经贸部长会晤。4月，上海合作组织秘书处与独联体执委会签订谅解备忘录，双方同意在反恐、经贸、人文领域合作。同月，上海合作组织秘书处与东盟秘书处也签署谅解备忘录，确定在经济、金融、旅游、环保、反恐和打击跨国犯罪等领域合作。6月在阿斯塔纳举行了第二次安全会议秘书会议。7月，上海合作组织第一次文化部长会议在哈萨克斯坦举行，并举办第一届六国文化艺术节。9月在中国西安举办了首届欧亚经济论坛。11月4日，根据俄罗斯的倡议，成立了上海合作组织—阿富汗联络小组。

不过，2005年上海合作组织没有签订计划中的《为国际公路运输创造有利条件政府间协议》，交通部长会议在连续3年进行后首次中断。自2002年之后，国防部长会也议连续3年没有举行。

2006年对上海合作组织具有标志性意义，因为它是上海合作组织成立5周年。还是在2005年的阿斯塔纳峰会上，上海合作组织就决定要组织纪念性活动，并决定打破正常举行峰会的次序，把2006年上海合作组织峰会放到它的起源地上海举行。

上海峰会选择在2006年6月15日举行，也即是与5年之前相同的一天。峰会的会场是在黄埔江边的国际会议中心。这次峰会进行得极为隆重，东道主做了精心的准备，安排了丰富的节目。为了举办这次峰会，上海市进行了环境美化，整治绿地，更新霓虹灯，装饰路边房屋，布置了近300万盆花卉。在东方明珠电视塔前的环岛，白鸽造形环绕着镂空地球仪，象征着世界和平。在黄浦江边，用2万余盆6种不同颜色的鲜花和植物组成两组大型花坛，象征着“六国和谐”。峰会期间，在黄浦江畔燃放了大型烟花，各国艺术家在上海大剧院进行了表演。为了保证峰会顺利进行，上海部分地区实行交通管制，市民安排放假，共出动了6万警力进行安保。

这也是上海合作组织规模最大的一次峰会，除了6个成员国总统外，印度石油和天然气部长德奥拉、伊朗总统内贾德、蒙古总统恩赫巴亚尔、巴基斯坦总统穆沙拉夫作为观察员代表出席，阿富汗总统卡尔扎伊、独联体执委会主席鲁沙伊洛、东盟副秘书长比利亚科塔作为客人列席。伊朗总统内贾德参加峰会尤其引人注目，特别受到美国和西方的关注。

2006年上海峰会发布了10份各类性质的文件，是历次峰会发布文件最多的一次。它们是：《上海合作组织成员国元首理事会第六次会议联合公报》、《上海合作组织五周年宣言》、《上海合作组织成员国元首关于国际信息安全的声明》、新修改的《上海合作组织秘书处条例》、《上海合作组织成员国打击恐怖主义、分裂主义和极端主义2007年至2009年合作纲要》、《关于在上海合作组织成员国境内组织和举行联合反恐行动的程序协定》、《关于查明和切断在上海合作组织成员国境内参与恐怖主义、分裂主义和极端主义活动人员渗透渠道的协定》、《上海合作组织成员国政府间教育合作协定》、《上海合作组织实业家委员会决议》以及《上海合作组织银行联合体成员行关于支持区域经济合作的行动纲要》。

元首联合公报主要是对本次峰会的说明，《上海合作组织五周年宣言》则是对上海合作组织成立5年来的政治总结和政治声明。宣言把上海合作组织定义为睦邻友好的重要机制，文明对话的典范，推动国际关系民主化的积极力量。它认为“上海精神”丰富了国际关系的理论和实践，对建立新型国际关系模式具有非常重要意义。它承认建立21世纪新型国际秩序的进程缓慢而不均衡，表示将为建立互信、互利、平等、相互尊重的新型全球安全框架做出贡献。它强调必须尊重和保持世界文明和发展道路的多样性，不能输出社会发展的具体模式。应该说，宣言的基本观点都已见诸于其先前的文件，它的关注点主要是在上海合作组织与世界的关系上，而不是上海合作组织自身的事务。在对国际形势的判断上比以前谨慎，它没有再用建立或推动建立国际政治经济新秩序这样的表述。可以感到，上海合作组织已不是把自己作为国际秩序建设的独立和中心力量，而是参加者之一。公报和宣言都提出的一个新设想是将缔结多边长期睦邻友好条约，并将研究建立地区冲突预防机制。建立地区安全预防机制的想法在上次峰会已出现，在这次峰会上更为成型了。宣言表示，当出现威胁地区安全稳定的紧急情况时，成员国将立即联系并就如何共同应对进行磋商。

因成立5周年的缘故，上海合作组织在2006年的活动特别多，并出现了一些新的机制和形式。

4月26日，上海合作组织国防部长会议在北京举行。这是上海合作组织成立以来的第三次国防部长会晤，也是自2002年以来的第一次。这次会晤发表的联合公报主要是表达一些原则性的立场，具体合作问题涉及较少。它的一个具体结果是决定于2007年在俄罗斯举行下一次上海合作组织联合反恐演习。另外，决定继续并强化国防部长、军队总参谋部代表和国防部国际军事合作部门领导定期会议的机制，确定上海合作组织防务部门合作的主要方向。这也表明，合作的方向和内容是影响国防部门合作的重要问题。

5月30日，上海合作组织成员国首次议长会议在莫斯科举行，这是上海合作组织框架内议会之间接触的开始。议会合作对上海合作组织的意义在于促进立法部门的沟通和理解，有利于使上海合作组织的法律性文件在各国得到批准通过。议长会晤发表了联合声明，但主要内容是对上海合作组织发展的肯定和支持，关于议会合作问题谈及不多。它提出按商定时间举行议长领导人会晤，举行议会各专业委员会间的磋商，但没有确定固定的会晤机制。

6月14日，上海合作组织实业家委员会成立，并举行了上海合作组织工商论坛。实业家委员会由各国的实业家组成，它邀请各国有实力的实业家参加，它的主要功能是推动各国实业家之间的直接交流接触，推动经贸合作的开展。实业家委员会在莫斯科设秘书处，理事会主席由俄罗斯上院副议长梅津采夫担任。

8 月 24 日，上海合作组织经贸部长会议在塔什干举行。在上海合作组织的部长会晤机制中，除了外长会晤外，经贸部长会晤是最多的，也是运转最正常的。它每年举行一次，没有中断过。2006 年是上海合作组织第五次经贸部长会晤，此外还曾举行过经贸部长的非例行会议和经贸部门领导人会晤。

8 月 22 日，在杜尚别举行了上海合作组织总检察长会议。9 月 21 日，第一次上海合作组织最高法院院长会议在上海举行。这意味着司法系统也进入到了上海合作组织的合作框架中。司法合作的主要目标也是增加司法领域的协调，以更有效地打击三股势力和跨国犯罪。

2006 年上海合作组织总理会晤是 9 月 15 日在杜尚别举行的。除了总结上年度工作和批准下年度预算等例行工作外，这次总理会晤也提出了一些新任务，包括研究俄罗斯提议的成立能源俱乐部问题，签署政府间海关互助协定，举行海关部门领导人会议，制定环境保护和合理利用自然资源构想，举行环保部长会议等。

2007 年上海合作组织最重要的进展是签署了《上海合作组织成员国长期睦邻友好合作条约》，这也是 8 月 16 日比什凯克峰会最主要的成果。就条约的内容而言，它并不是新提出的思想，所有内容都已见诸于此前的文件。签订这一条约的意义在于：它把上海合作组织所提出的政治原则、安全协作和各领域合作以法律形式加以确定，使之成为相互关系和多边关系的具有法律意义的基础。每一个参加上海合作组织的国家都自然是条约的缔约国，受到其约束。条约的基本性质是发展缔约国间的友好与合作，不进行和支持敌视其他缔约方的活动。不过，条约不具有联盟的性质。如一缔约方受到威胁，它可与其他缔约方磋商，但没有其他缔约方必须采取行动的规定。

此外，峰会通过了《上海合作组织成员国政府间文化合作协定》。这一协定由 4 月 24 日在杜尚别举行的上海合作组织文化部长会议提交。

比什凯克峰会又增加了新的参加者，土库曼斯坦总统别尔德穆哈梅多夫作为主席国客人列席会议。土库曼斯坦是中亚国家中唯一没有加入上海合作组织的国家，并且也没有参与过上海合作组织的活动。2006年12月，土库曼斯坦总统尼亚佐夫去世。2007年2月，别尔德穆哈梅多夫正式继任总统。他在刚刚就任总统后就列席了上海合作组织峰会，这也是土库曼斯坦第一次参与上海合作组织的活动。这给发展上海合作组织与土库曼斯坦关系带来了希望。此外，联合国副秘书长帕斯科也应邀列席会议。

比什凯克峰会发表了联合公报和《比什凯克宣言》。公报照例是对峰会和上海合作组织一年工作的总结，而宣言表达了对重大国际和地区问题的立场。《比什凯克宣言》的核心内容之一是描述了它希望构建的国际安全框架的基本要素，它包括：平衡地反映各国的利益；各国有权自主选择发展道路；通过政治和外交手段解决冲突；维护文明的多样性。与此相吻合的是，中国国家主席胡锦涛在峰会发言中表示，当前最大的挑战，“是本组织成员国能否有效维护各自的主权、安全、发展利益”[①]。这表明外部干涉的威胁仍使上海合作组织颇为担忧。宣言表示，中亚安全首先应依靠本地区和已有的地区国际组织。这应该是指上海合作组织、欧亚经济共同体和集体安全条约组织。宣言对能源合作给予了特别的强调，认为加强能源合作具有特殊意义，上海合作组织需在能源领域建立可靠和互利关系，并认为这对地区和全球安全和稳定都有意义。上海合作组织虽一直重视能源合作，但把它与地区和全球安全相联系还是少见的。这表明上海合作组织对能源合作的认识超出了经济的范围。

2007年上海合作组织总理会晤于11月2日在塔什干召开。塔什干总理会议签署了《上海合作组织成员国政府海关与合作和互助协定》，不过它更多地是提出了一系列任务和要求，包括落实E－40国际公路项目，完成《上海合作组织成员国政府间国际道路运输便利化协定》草案的制订，完成《上海合作组织环保合作构想》草案的制订，研究铁

① 胡锦涛主席在上海合作组织成员国元首理事会第七次会议上的讲话，2007年8月16日。

路运输领域合作，启动农业、卫生、旅游合作等。

2007年上海合作组织举行了“和平使命－2007”联合反恐演习。演习于2007年8月在俄罗斯的车里雅宾斯克地区进行。它的规模比“和平使命－2005”小，参演的兵力是4000多人，但参加的国家是最多的一次，除了乌兹别克斯坦外，其他成员国都派出了战斗部队参加，乌兹别克斯坦派出军官参加了导演部和联合战役指挥部的演练，但未参加实兵演练。

2007年4月12日在莫斯科举行了上海合作组织第二次最高法院院长会议。5月25日在比什凯克举行了安全会议秘书会议，6月27日又在比什凯克举行了国防部长会议。2007年10月5日，上海合作组织秘书处与集体安全条约组织秘书处签订谅解备忘录，双方同意在国际和地区稳定、反恐、反毒、打击跨国犯罪等领域合作。这些都表明，2007年上海合作组织在安全领域的合作发展良好。

但其他一些领域的合作进行得比较缓慢，特别是交通领域。自2004年以后，交通部长会议陷于停顿，《上海合作组织成员国政府间国际道路运输便利化协定》没有出台。显然，交通合作遇到了较大的困难。

2008年，上海合作组织受到了多个事件的强烈影响，包括中国的汶川大地震，西藏暴乱事件，北京奥运会，俄罗斯与格鲁吉亚的战争，俄罗斯承认阿布哈兹和南奥赛梯独立，世界金融危机爆发等。这些事件吸引了上海合作组织的很大注意力。

2008年，上海合作组织峰会在杜尚别举行。峰会召开的日期是8月28日，正好是在俄格爆发冲突的20天之后。尽管峰会有自己的议程，但舆论的注意点却是在上海合作组织对俄格战争的立场上。不过，杜尚别峰会虽然不能完全绕开俄格事件，但还是完成了正常的议程。

杜尚别峰会也是发表了联合公报和元首宣言两个文件。这次峰会涉及了国际上关注的一些新议题，包括经济危机下的金融政策，应对全球气候变化，开发新能源等。这次峰会在人权问题上做出了积极表态，它表示上海合作组织尊重人权，保障少数民族的权利，愿就人权的国际条约问题进行国际交流。这些表态与国际上对上海合作组织的批评有关系，它显示出上海合作组织在人权问题上欲采取主动的姿态。

杜尚别峰会在对外合作方面有积极姿态。它表示要进一步扩大国际交往，愿研究与其他国际组织建立合作关系的可能，要提升与观察员国的合作水平。杜尚别峰会通过了《上海合作组织对话伙伴条例》。制定这一条例的目的是“为同世界上其他相关国家和国际组织开展互利合作创造条件”。对话伙伴国是在成员国、观察员国之后的又一合作层次，它较之观察员低，适用面也更广。如果说观察员在一定程度上是上海合作组织的内部伙伴的话，那么对话伙伴则是上海合作组织的外部伙伴。按照对话伙伴条例，任何国家和组织，只要赞同上海合作组织的宗旨和原则，愿与它建立平等互利关系，都可以申请成为上海合作组织的对话伙伴。成为对话伙伴不意味着可参加上海合作组织的峰会和总理会晤，它的合作形式和内容需由双方以备忘录形式专门约定，但对话伙伴可参加上海合作组织一般的高官和学术专家会议。对话伙伴条例的出台对上海合作组织的主要意义在于：这为与它没有直接关系的国家或组织发展关系提供了一种形式。2008 年年底，上海合作组织在北京与欧盟、欧安组织和其他非本地区组织就合作问题举行了磋商，这应属于发展对话伙伴关系的活动。

杜尚别峰会就上海合作组织扩大问题做出表态，峰会决定成立特别专家组，综合地研究上海合作组织的扩大问题。从理论上说，上海合作组织从未否定过扩大的可能，但扩大问题基本是处于冻结状态。杜尚别峰会的表态可以说是上海合作组织在这一问题上出现松动，原因是内部和外部都有扩大的要求。在一定意义上，这是上海合作组织扩大过程的开始，虽然这个过程可能会持续较长时间。

2008 年上海合作组织总理会议于 10 月 30 日在阿斯塔纳举行。这次总理会议给人留下较深印象的是各方确认了重点方向，它们是优化贸易和投资环境，提供能源利用效率和开发清洁能源，应用创新技术，推进交通运输项目，深化海关合作，开展卫生合作。不过，这都不是新的倡议。

2008 年上海合作组织举行了一系列部长级会议。5 月 15 日在杜尚别举行了国防部长会议。这次会议签署了《上海合作组织成员国国防部合作协定》，并发表了《上海合作组织成员国国防部长会议联合公报》。5月19日在阿斯塔纳举行了第三次上海合作组织最高法院院长会议。6月23日在比什凯克市和乔尔蓬—阿塔市举行了上海合作组织文化部长会议。9月24日第七次经贸部长会议在北京召开。10月22日第二次教育部长会议在阿斯塔纳举行。会议通过了《上海合作组织教育部长宣言》，签订了关于批准上海合作组织大学的建立和运作及其实施计划意向备忘录。上海合作组织大学计划于2009—2010年开学。

此外，上海合作组织还提出了下一步准备建立的机制，包括环保部门、农业部长、公安和内务部长的会晤机制。

2009年上海合作组织在合作理念和机制上有新的发展。俄罗斯是2009年上海合作组织的主席国，这一年的上海合作组织峰会于6月16日在俄罗斯的叶卡捷琳堡举行。由于这次峰会和金砖四国峰会相继在叶卡捷琳堡举行，金砖四国会议引起的国际注意更大，这多少降低了上海合作组织峰会所受到的关注。不过，叶卡捷琳堡峰会还是有充实的内容的。

叶卡捷琳堡峰会宣言提出了17条要点，是历次峰会宣言中要点较多的。它有一些值得注意之处。宣言首先指出，上海合作组织将利用不断增长的潜力和威望，把共同寻找解决全球和地区问题的有效途径作为首要任务。这显示出上海合作组织意欲更多地进入国际舞台。由于叶卡捷琳堡峰会是在全球金融危机背景下举行的，它提出了建立更加公平、公正、包容、有序、兼顾各方利益、使全球化惠及各国的国际金融秩序。宣言要求就应对国际金融危机问题加强合作，认为迫切需要加强贸易投资合作，提出的重点包括落实大型项目，扩大地区交通、通信能力，加强基础设施建设，建立现代国际物流、贸易和旅游中心，应用创新技术，推动能源合作等。

叶卡捷琳堡峰会签署了《上海合作组织反恐怖主义公约》，这被认为是上海合作组织反恐合作水平提升的体现。峰会批准了《上海合作组织关于应对威胁本地区和平、安全与稳定事态的政治外交措施及机制条例》，这一条例的意义在于完善上海合作组织就国际问题进行磋商、协调立场和开展合作的机制。此外，峰会还签署了《上海合作组织成员国保障国际信息安全政府间合作协定》和《上海合作组织成员国反恐专业人员培训协定》。

叶卡捷琳堡峰会接受了白俄罗斯和斯里兰卡作为上海合作组织对话伙伴，这是上海合作组织 2008 年通过《上海合作组织对话伙伴条例》后的首次运用。不过，虽然从理论上说几乎任何国家都可是上海合作组织的对话伙伴，但在实践上对话伙伴关系应是有影响的国家或组织。如果对话伙伴不是影响很大，则这种关系无论对上海合作组织还是对对话伙伴国来说都意义不大。

在叶卡捷琳堡峰会上，中国提出将再向上海合作组织成员国提供 100 亿美元的信贷支持，以帮助上海合作组织成员国应对金融危机。中国在 2004 年首次向上海合作组织成员国提供了 9 亿美元信贷，这一次增加到了 100 亿美元，力度大大提高，成为这次峰会的一个亮点。

另一个引起注意的是，俄罗斯在这次峰会上提出了在上海合作组织框架内建立统一结算单位的想法，其形式可类似于欧洲货币单位。俄罗斯认为，未来上海合作组织统一结算单位有可能发挥更重要的功能。同时，俄罗斯也表示了卢布在未来成为储备货币的可能性。[①]

2009 年上海合作组织总理会晤于 10 月 14 日在北京举行。总理会议批准了《上海合作组织成员国关于加强多边经济合作、应对全球金融经济危机、保障经济持续发展的共同倡议》，这是上海合作组织各国共同应对国际金融危机的努力。这次总理会议再次强调要开展科技合作，制订和实施一批科技领域的共同计划和项目。总理会议确定将更多的政府部门纳入到上海合作组织的合作机制中，包括科技部门领导人会晤机制，农业部长会晤机制，财长和央行行长会晤机制等。这次总理会晤通过了《上海合作组织地区防治传染病联合声明》等文件。

2009 年上海合作组织的一项值得关注的活动是召开了第四次交通部长会议。交通部长会议在 2002、2003、2004 年举办三次后中断，期

---

① Пресс－конференция по итогам заседания Совета глав государств － членов Шанхайской организации сотрудничества, 16 июня 2009 года. http://www.kremlin.ru/appears/2009/06/16/1623_ type63377type63380type82634_ 217895.shtml.

间有四年没有按期进行，中国为恢复交通部长会晤机制多次呼吁，终于在2009年得以实现。这次交通部长会议于11月10日在北京进行，除了上海合作组织成员国和观察员外，还特邀阿富汗、联合国亚太经社会、亚洲开发银行的代表出席了会议，上海合作组织实业家委员会和银联体也派代表出席会议。这次会议达成了一系列共识，但没有签署延宕已久的《上海合作组织成员国政府间国际道路运输便利化协定》，会议同意就此继续努力。

2009年上海合作组织新启动了两个部长会晤，一个是公安内务部长会议，另一个是财长和央行行长会议。首次公安内务部长会议于5月18日在叶卡捷琳堡举行，这次会议签署了多项合作文件，包括《关于商签上海合作组织成员国政府间打击跨国犯罪协议的决议》、《关于反洗钱合作的决议》、《关于合作保障上海合作组织成员国境内石油和天然气管道安全的决议》以及《关于上海合作组织公安内务部门法制局长会议的决议》。这是上海合作组织安全合作在范围上继续延伸的显示。

上海合作组织首次财长和央行行长会晤于12月9日在阿拉木图召开。这次会议主要内容是围绕着应对金融危机和克服其后果展开的。会后发表了联合声明，表达了合作的必要性，并表示将视情况安排新的会晤，但未确定把这一会晤机制化。

此外，上海合作组织第七次总检察长会议、国防部长会晤、第四次安全秘书会晤也分别于4月13日、4月29日和5月20日在莫斯科举行。文化部长会晤、实业家委员会等也在2009年举行了活动。

2009年上海合作组织还有一个引人注目的动向，就是在阿富汗问题上特别活跃，这在上海合作组织与阿富汗问题一章中再叙述。

2010年上海合作组织峰会于6月10日在塔什干举行。除了成员国领导人外，蒙古总统额勒贝格道尔吉、巴基斯坦总统扎尔达里、印度外长克里希纳、伊朗外长穆塔基作为观察员国代表参加，另外，阿富汗总统卡尔扎伊、土库曼斯坦总统别尔德穆哈梅多夫作为主席国客人列席。联合国副秘书长、联合国欧洲经济委员会执行秘书库比什，独联体执委会主席、执行秘书列别杰夫，集体安全条约组织秘书长博尔久扎，欧亚经济共同体副秘书长穆萨塔耶夫，东南亚国家联盟副秘书长赛亚甘·西苏冯也列席会议。不过，由于吉尔吉斯斯坦尚未形成正式政府，它的国家领导人没有与会，由外交部长卡扎克巴耶夫代替。

按照惯例，塔什干峰会发表了元首宣言和会议公报。这次峰会通过了一个重要文件，即《上海合作组织接收新成员条例》。为制订这一条例，上海合作组织用了两年时间，进行了10余次磋商。条列的颁布是上海合作组织向扩大成员迈出的实质性一步，它为新成员的加入提供了标准和程序基础。在此前的时间里，每当涉及到扩大问题时，上海合作组织都以没有标准为解释。此后，扩大面临的问题将不再是技术性的，而将是政治性的。

塔什干峰会还批准了《上海合作组织程序规则》，这一文件意在提高上海合作组织的效率、完善内部机制。峰会期间还签署了《上海合作组织成员国政府间农业合作协定》和《上海合作组织成员国政府间合作打击犯罪协定》。

考虑到下一次峰会将是上海合作组织成立10周年，塔什干峰会决定举行隆重纪念活动。但与上海合作组织5周年纪念不同的是，10周年纪念将不在上海，而是在哈萨克斯坦首都阿斯塔纳。

2010年的上海合作组织总理会晤于11月25日在杜尚别举行。中俄哈塔总理与会，代表吉尔吉斯斯坦参加会议的是总统和代总理奥通巴耶娃，乌兹别克斯坦派副总理参加会议。会议发表了联合公报，评价了它所做和应做的各项工作，重申必须遵守《〈上海合作组织成员国多边经贸合作纲要〉落实措施计划》规定的各项共识落实期限，提议研究铁路运输合作问题，建议加强非资源和民生领域的合作。

2010年9月，上海合作组织举行了第三次教育部长会议，这次会议是在俄罗斯的新西伯利亚市召开的，除了乌兹别克斯坦之外的其他5个成员国参加了会议。这次会议的主要议题是审议通过2011年至2012年教育合作实施清单。同时，继续推动成立上海合作组织大学。上海合作组织大学将由中国、俄罗斯、哈萨克斯坦、吉尔吉斯斯坦、塔吉克斯坦的教育机构共同组建，它的形式类似于共同项目，而不是一个单独的实体学校。

2010年上海合作组织又新增加三个部长级会晤：一个是科技部长会晤，第一次科技部长会议于2010年5月在北京举行；另一个是农业部长会晤，首届农业部长会晤2010年10月在北京举办；还有一个是卫生部长会晤，第一届卫生部长会议于2010年11月在哈萨克斯坦的阿斯塔纳举行。这三个会晤使上海合作组织的部长级会晤机制大大增加，显示出上海合作组织在科技、农业和卫生领域向专业性和机制性发展，同时，也表明上海合作组织在走向国家间的全面合作，特别是国计民生领域的合作。

上海合作组织在2010年的一项重大活动是“和平使命－2010”联合军演。这次演习于2010年9月在哈萨克斯坦进行，前后持续了16天，演习规模为5000多人。中俄哈吉塔各派出约1000人的兵力，乌兹别克斯坦没有参加。中国出动了最先进的歼－10战机和99式坦克，俄罗斯也派出了坦克、火炮和战机等重型武器。这是上海合作组织以“和平使命”命名的第四次联合演习，如果把其他军事演习也算上，则是在上海合作组织框架内进行的第7次军事演习。

上海合作组织在2010年还举行了一系列其他活动，包括2010年4月在塔什干举行的第五次安全会议秘书会议，2010年6月在北京举行的第六次上海合作组织银联体理事会会议，以及上海合作组织外长、协调员、地区反恐机构的理事会议等。

2010年上海合作组织的重大活动较多，除了例行的首脑会晤、总理会晤、外长会晤外，还举行了大规模军事演习，多个新的部长级会晤。不过，在一系列重要问题上，实质性突破并不多，比如经济合作、交通运输、成立上海合作组织银行等。此外，吉尔吉斯斯坦的奥什事件对上海合作组织带来了重大影响。一方面，它造成了上海合作组织的内部问题。吉是上海合作组织成员，成员国出现动荡和混乱对上海合作组织的内部稳定是极大威胁。另一方面，奥什事件也是对上海合作组织的挑战，如何应对地区不稳定成为上海合作组织很大的难题。

2011年是上海合作组织成立10周年，上海合作组织赋予了这个日期特别的历史和象征性意义，决定把2011年作为上海合作组织的纪念之年，总结其10年的历程，规划其下一阶段的发展，旨在承前启后，给上海合作组织注入新的动力。

在这一思想指导下，2011年上海合作组织峰会也以10周年纪念为主题。这次峰会于2011年6月15日在哈萨克斯坦首都阿斯塔纳召开，与10年前上海合作组织成立是同一天。除了上海合作组织成员国元首外，伊朗总统内贾德、巴基斯坦总统扎尔达里、印度外长克里希纳、蒙古总统办公厅主任巴特图勒嘎作为观察员国代表与会，阿富汗总统卡尔扎伊作为主席客人也参加了会议。

这次峰会发表了《上海合作组织十周年阿斯塔纳宣言》和《上海合作组织十周年成员国元首理事会会议新闻公报》。《宣言》是一份政治总结性文件，它对上海合作组织的发展做了全面评价，对它的政治主张和基本功能再次进行了阐述，同时表达了对当前某些重大国际问题的看法。

《宣言》认为，成立上海合作组织是正确的战略选择，它经受住了历史的检验，上海合作组织已经成为具有重要影响的多边组织。《联合公报》把上海合作组织表述为深化睦邻友好伙伴关系的重要机制，维护地区安全和推动社会经济发展繁荣的有效多边机制，开展文明间对话的典范，推动国际关系民主化的积极因素。

《宣言》评价了上海合作组织的成功，它列举了六个方面，分别是国家元首和政府总理定期会晤机制；在打击三股势力和非法贩毒、贩卖武器、跨国犯罪上的有效合作；通过和实施长期经贸合作；深化人文合作；常设机制高效运转；发展对外关系。

在表述上海合作组织未来的发展方向时，《宣言》指出打击三股势力仍是上海合作组织安全合作的主要优先方向。同时，上海合作组织对国际信息安全和极端主义思潮泛滥表示了特别担忧。

在阿富汗问题上，上海合作组织支持阿富汗成为“独立、中立、和平、繁荣的国家”，而在2010年上海合作组织塔什干峰会宣言中，文件的用语是支持阿富汗成为“和平和稳定的国家”。这一字面的变化与阿富汗形势有关，随着美国撤军的开始，阿富汗政府将接管全部安全和行政职能。在这一形势下，上海合作组织不仅希望未来的阿富汗是和平和稳定的，而且希望它是独立和中立的。

《宣言》表示，提高人民的民生和福祉是上海合作组织最重要的目标。这是对上海合作组织根本目标的新表述，在以往包括上海合作组织宪章在内的政治文件中，经常写到提高成员国人民的福祉，但没把它表述为最重要目标。对于经济合作，《宣言》和《联合公报》都指出今后将重视交通、通信、农业生产、创新与节能技术、贸易和旅游等领域的大型联合项目。

在对外关系和政策方面，《宣言》提出建立属于所有国家不可分割的安全空间；要求严格遵守《不扩散核武器条约》；反对破坏国际战略稳定；主张和平利用外空。《宣言》特别强调联合国在国际事务中的核心地位，把与联合国的合作作为优先方向。鉴于北非正在发生的动荡，《宣言》呼吁通过政治对话和平解决问题，认为应根据国情和历史文化特点推动民主发展，充分尊重有关国家独立、主权和领土完整，恪守不干涉内政原则；《宣言》还认为，上海合作组织已经成为亚太地区多边组织关系网络中的重要成员。①

总的来说，阿斯塔纳宣言所蕴含的信息更多是继承和继续，而较少有新起点新阶段之感。它没有明确确定上海合作组织未来的目标和任务，没有要求上海合作组织未来应发展到什么状态。它对上海合作组织的目标和功能使用的是定性的表述，而不是定量的表述。例如，2010年上海合作组织塔什干峰会宣言表示，上海合作组织决心“将本组织建设成为维护地区和平、稳定，促进地区繁荣的可靠保障”②，而阿斯塔纳宣言的用语有所不同，它表示“上海合作组织将有效地实现既定目标与任务，维护本组织所在地区的和平、稳定和繁荣”。再例如，它不再要求“尽快落实”经济合作项目，而是表示实施经贸合作纲要“有助于促进上海合作组织成员国经济增长”。这些行文用语的差别不一定表明实质的变化，它可能更适合纪念性宣言这样一种政治文件，不过，它也在一定程度上反映出制定这一文件的氛围。

《宣言》的重点是在安全和国际部分，对经济合作有些轻描淡写。

---

① 《上海合作组织十周年阿斯塔纳宣言》和《上海合作组织十周年成员国元首理事会会议新闻公报》，2011年6月15日。

② 《上海合作组织成员国元首理事会第十次会议宣言》，2010年6月10－11日，塔什干。

这或是因为经济合作是总理会晤的主要议题，首脑会议并不以此为重。不过，地区安全威胁的严峻，特别是阿富汗局势的不确定性，使各国对安全问题更加关注。俄罗斯和哈萨克斯坦等都特别强调安全合作。俄罗斯总统梅德韦杰夫在阿斯塔纳峰会的发言中指出，应对地区安全和稳定问题是上海合作组织的核心任务。[①] 哈萨克斯坦官方媒介也表示，作为上海合作组织年度主席国，它把保证地区安全和稳定放在优先首位。[②]《宣言》或多或少也可能反映了这种倾向。

上海合作组织扩大问题是阿斯塔纳峰会广受关注的问题。但是，这次峰会没有做出扩大成员的决定。它通过了《关于申请国加入上海合作组织义务的备忘录范本》，并表示将对扩员问题继续进行必要的法律和其他准备。

2011 年上海合作组织另一最重要的活动是总理会晤。会晤于 2011 年 11 月 7 日在圣彼得堡举行。除了例常的经贸合作问题外，这次总理会晤的重要议题是讨论国际和地区经济形势，并对上海合作组织未来的经济和人文合作做出规划。[③] 这次会晤的成果体现在《关于世界和上海合作组织地区经济形势的联合声明》和《上海合作组织成员国政府首脑（总理）理事会会议联合公报》上。《联合声明》对国际金融经济危机的后果表示了担忧，要求建立开放、普惠和公正的国际经济金融秩序，强调了新兴市场经济国家参与解决全球性问题的必要性，指出了上海合作组织在稳定地区经济中的积极作用，肯定了上海合作组织加强经济合作的重要性。[④] 这一联合声明可说是上海合作组织成员国对国际和地区经济形势的共识。《联合公报》的突出之处是在对上海合作组织经

---

① Д. Медведев: Выступление на заседании Совета глав государств - членов ШОС в расширенном составе, 15 июня 2011 года. Казахстан, Астана. http://www.president.kremlin.ru/transcripts/11578.

② Председательство Казахстан в ШОС - новая веха развития организации. 09.06.2011. http://www.sco2011.kz/news/1442/.

③ 外交部就温家宝总理出席上海合作组织成员国总理第十次会议举行中外媒体吹风会。2011 年 11 月 1 日，http://www.fmprc.gov.cn/chn/pds/ziliao/zt/dnzt/wjb_sh10hy/t872738.htm。

④《上海合作组织成员国关于世界和上海合作组织地区经济形势的联合声明》，2011 年 11 月 8 日，http://www.fmprc.gov.cn/chn/gxh/tyb/zyxw/t874872.htm。

济合作总方向的表述上。它特别重申了2011年上海合作组织元首峰会强调的把提高各国福祉和改善民生作为重要任务之一，要求集中精力，制订和落实交通、通信、科技、创新、节能、农业、贸易和旅游等领域的联合项目，促进成员国国民经济现代化，走上创新轨道，保证可持续经济发展。[①] 总的感觉是，上海合作组织在继续推进经济合作上达成了认识上的一致，但对发展方向上的表述有所不同，侧重点似乎有所调整，有比较多的俄罗斯影响。这次总理会议还责成制订《进一步推动项目合作的措施清单》，并签署了《上海合作组织银联体中期发展战略(2012—2016)》。

2011年上海合作组织的安全合作机制活动较多。2011年3月，国防部长会晤在阿斯塔纳举行，第6次安全会议秘书会晤和第2次公安内务部长会晤在4月举行，6月，总检察长进行了会晤。尤为引人注目的是，2011年4月，上海合作组织在上海举行了首次总参谋长会晤。这一会晤由中方倡议，其主要内容是对上海合作组织的防务合作进行总结，并规划下一步防务安全领域的合作。

2011年5月，在上海合作组织的框架内，在新疆喀什举行了“天山-2号”联合反恐演习。中国、吉尔吉斯斯坦和塔吉克斯坦三国参加。“天山-2号”演习的假设背景是对从中亚潜入新疆的恐怖分子进行定点清除。[②] “天山”系列反恐演习是执法部门也即公安系统主导的。首次“天山”反恐演习在2006年进行，地点是在新疆的伊犁，这是执法部门在时隔5年后再次举行的反恐演习。

除此之外，2011年上海合作组织的重要活动还有：9月在杜尚别的紧急情况部门领导人会晤，10月在杜尚别的经贸部长会晤和在莫斯科的卫生防疫部门领导人会晤，11月在莫斯科举办的上海合作组织“教育周”活动等。上海合作组织第5次交通部长会议也于10月在莫斯科召开，但会晤没有透露有重大成果达成。同月，上海合作组织能源俱乐部的工作机构也进行了第一次活动。

---

① 《上海合作组织成员国政府首脑（总理）理事会会议联合公报》，2011年11月8日，http：//www.fmprc.gov.cn/chn/gxh/tyb/zyxw/t874879.htm。

② 公安部：新疆反恐演习主要针对东突回流迹象，2011年5月7日，http：//mil.news.sina.com.cn/2011-05-07/0840646078.html。

2011 年对上海合作组织还有两件有重要意义的事情，即土耳其提出了申请，希望能够成为上海合作组织的对话伙伴，而阿富汗则提出了成为上海合作组织观察员的申请。[①]

① Интервью Спецпредставителя Президента Российской Федерации по делам ШОС К. М. Барского агентству《Интерфакс》, Москва, 1 ноября 2011 года. http: // www. mid. ru/brp_ 4. nsf/0/AC5EC2628F593B704425793D0039DD5F.

# 第三章　上海合作组织经历的重大冲击

上海合作组织自诞生之后，历经了数次重大冲击。这些冲击都是由与本地区或成员国有关的重大事件带来的。到目前为止，所有的冲击都不是来自上海合作组织自身的发展议程和过程，而是由外部因素或是成员国的内部问题引起。每一次冲击对上海合作组织都是一次考验，它们或者是导致上海合作组织的外部环境突然变化，或者是使上海合作组织成员国内部出现严重问题，或者是对上海合作组织提出在其议程之外的重大问题。这对上海合作组织造成了重大压力，上海合作组织往往被置于预料不到的境地中，面临困难的政策选择，对局面的应对往往处于被动。

冲击是对上海合作组织的挑战，它也构成了上海合作组织发展的历程。每一次成功地从冲击中走出都使上海合作组织向前一步，使它的经验有所增加，基础有所巩固，自信心有所增强。过去的经验表明，冲击是上海合作组织会经常面对的局面，这是由地区和成员国形势的易变性造成的。今后上海合作组织仍将会遇到冲击，它们的原因和性质可能会更多样。

到目前为止，在上海合作组织所经历的冲击中，最主要的有“9·11”事件、俄格战争、“颜色革命”以及2010年吉尔吉斯斯坦的政治动荡。

## 一、“9·11”事件与上海合作组织

“9·11”事件是迄今为止对上海合作组织最大的一次冲击，它发生

得非常突然，影响范围最广，程度也最深。

2001 年 9 月 11 日，美国发生了极为罕见的大规模恐怖袭击。这场袭击不仅震惊了美国，也震动了全世界。美国迅速把目标锁定为基地组织，决心向基地组织宣战，不惜一切复仇。阿富汗顿时成为国际政治的焦点。阿富汗是基地组织的大本营，阿富汗塔利班政权与基地组织是盟友。美国要求塔利班交出基地组织的领导人本·拉登，但为塔利班所拒绝。美国开始准备一场以阿富汗为目标和战场的战争。庞大的军事力量开始向阿富汗集结，与此同时，美国在外交上也组织国际反恐的联合阵线，布什总统宣称，“要么和我们站在一起，要么反对我们”[①]，要求世界各国必须在支持和不支持美国之间做出选择。在美国的强大旋风下，世界的风向都转向了美国。

2001 年 10 月 7 日，以“持久自由行动”（Operation Enduring Freedom）为代号的美国对阿战争开始。到 11 月中旬，塔利班政权被推翻。

从“9·11”事件爆发到塔利班政权垮台，在 2 个多月的时间里，中亚形势发生了急剧变化，上海合作组织突然面对着一种始料未及的形势。

“9·11”事件之后，美国军事力量进入了中亚，并在中亚建立起军事基地。2001 年 10 月 5 日，美国国防部长拉姆斯菲尔德访问乌兹别克斯坦，代表美国与乌签署协议，美国获得租用乌兹别克斯坦汉纳巴德军事机场的许可（Karshi - Khanabad，美国文献通常简称为 K2），美国可在此部署不超过 1500 人的军队，基地使用的期限没有规定。同日，载有美国第 10 山地师官兵的飞机抵达汉纳巴德机场。汉纳巴德机场原为前苏联的军用机场，距阿富汗边界约 200 公里，从这里起飞的飞机可在两小时内到达阿富汗的任何地点。这是美国在中亚的第一个、也是最重要的一个军事基地。2001 年 12 月 5 日，美国又同吉尔吉斯斯坦达成协议，获准租用吉尔吉斯斯坦首都比什凯克近郊的玛纳斯机场，期限为一年。12 月 16 日，首批美国军人和战机进驻玛纳斯基地。

美军进驻中亚是为支持阿富汗战争，而且，美国表示驻军是暂时

---

① “You are either with us or against us,” November 6, 2001. http://archives.cnn.com/2001/US/11/06/gen.attack.on.terror.

的。但是，军事存在从来不是简单的军事问题，它总是含有重大的政治和地缘政治意义。在中亚这个前苏联的腹地，在过去的100多年里只有俄罗斯军队，从来没有其他国家的军队驻扎。当涂着美军标志的军机和身着美式军服的士兵大批出现在这里时，中亚的地缘政治历史改变了。它标志着俄罗斯在这个地区的军事“特权”从此结束，美国和北约打开了它的大门。中亚位于俄罗斯和中国之间，俄罗斯把它看做是自己的“后院”，中国把它视为战略后方，美国军队出现在这一地区，对中国和俄罗斯的地缘政治意味不言而喻。不管在政治还是地缘政治上，美军进入中亚都体现了美国的强势，暗示着俄罗斯和中国的弱势。

“9·11”事件后，美国与中亚国家关系普遍提升。由于阿富汗战争的需要，美国对中亚国家的重视空前提高。美国政要开始频繁出入中亚各国，美国对中亚的援助大幅度增加，美国对中亚民主状况批评的调门降低，中亚领导人不断被邀请访问白宫，美国与中亚各国的政治关系也被重新定位。

2002年3月，乌兹别克斯坦总统卡里莫夫首次正式访问美国。这次访问的最大政治成果是将两国关系宣布为战略伙伴。在访问期间的一次讲话中，卡里莫夫总统表示：“美国认为需要多长时间，就可以留在乌兹别克斯坦多长时间。换句话说，打垮恐怖组织需要多长时间，就可以留多长时间。”① 美国对乌兹别克斯坦给予了回报。在两国总统的联合声明中，这样一段话尤为引人注目：“美国将高度关切外部对乌兹别克斯坦共和国安全和领土完整的威胁。如果出现这种情况，美国将与乌兹别克斯坦紧急磋商，在符合美国宪法程序的基础上采取适当反应。”② 这暗示着美国将为乌的安全提供某种保障，消除乌兹别克斯坦的后顾之忧，它针对的显然不仅仅是恐怖主义。同时，乌兹别克斯坦成为美国在中亚最大的受援国。“9·11”事件后，乌从美国得到1.72亿美元援助，

① Elizabeth Wishnick, Growing U. S. Interests in Central Asia, October 2002. http://www. strategicstudiesinstitute. army. mil/Pubs/display. cfm? pubID = 110.

② Declaration on the Strategic Partnership and Cooperation Framework Between the United States of America and the Republic of Uzbekistan. http://www. fas. org/terrorism/at/docs/2002/US – UzbekPartnership. htm .

远超出任何其他中亚国家。乌还是唯一得到补加军事援助的中亚国家，数额为 2500 万美元。①

美哈关系同时得到提升。2001 年 12 月，哈萨克斯坦总统纳扎尔巴耶夫对美国进行工作访问。两国把双边关系定义为新的关系，意为赋予两国关系以新质。在纳扎尔巴耶夫和布什的联合声明中，两国总统表示将致力于“加强两国长期的战略伙伴关系与合作”②。2002 年 4 月，美国承认哈萨克斯坦为市场经济国家，这是独联体国家中的第一个。

2002 年 9 月和 12 月，美国分别与吉尔吉斯斯坦和塔吉克斯坦发表总统联合宣言，强调美国与吉塔加强长期的战略伙伴关系。这样，在中亚 5 个国家中，美国与其中的四个都定位于长期的战略伙伴。

“9·11”事件后，俄美关系急剧升温。2001 年 2 月小布什政府执政后，俄美关系向着更冷淡的方向下滑。布什就任总统不久，美国宣布驱逐 50 名俄罗斯驻美外交官，这是俄美冷战以来最大的一次驱逐外交官事件，显示了美国对普京内外政策的不满。2001 年 5 月 1 日，布什在美国国防大学发表讲话，清楚地表示要突破 1972 年反导条约的限制。2001 年 6 月 16 日，普京和布什在斯洛文尼亚首都卢布尔亚纳第一次会晤。会晤没有取得重大成果，美国继续坚持退出反导条约的立场，美国总统国家安全事务助理赖斯说，不管同俄罗斯一起还是没有俄罗斯，美国都要按自己的计划做。

“9·11”事件的发生改变了俄美关系的方向。这一改变的主动推动者是俄罗斯。在恐怖事件发生后，普京在所有的外国领导人中第一个给布什打电话表示慰问。9 月 24 日深夜，普京在电视上发表讲话，提出了俄罗斯的 5 点政策：1. 俄罗斯将与国际反恐联盟进行情报合作；2. 俄罗斯准备向美国提供用于人道主义物资运输的空中走廊；3. 俄罗斯不反对中亚国家向美国提供机场；4. 俄罗斯准备参加搜寻—救援性质的国际军事行动；5. 俄罗斯准备支持阿富汗拉巴尼政府，向阿富汗北方

---

① Elizabeth Wishnick, Growing U. S. Interests in Central Asia, October 2002. http: //www. strategicstudiesinstitute. army. mil/Pubs/display. cfm? pubID = 110.

② Joint Statement by President Geroge W. Bush and President Nursultan Nazarbayev on the New Kazakhstan American Relationaship, December 21, 2001.

联盟提供武器和军事装备。①

这5点声明意义重大，它是俄罗斯的一次重大政策选择，也是俄罗斯的一次重大政策转折。它表示俄罗斯将参与国际反恐合作；俄罗斯将站在美国一边，并向美国提供支持和协助；俄罗斯同意在军事上向美国开放中亚，不反对美军进入中亚；俄罗斯将介入阿富汗战争，支持推翻塔利班政权。

在俄罗斯做出积极合作姿态后，俄美关系迅速升温。2001年11月，普京首次访问美国。这次访问气氛热烈，布什称这是俄美关系漫长历史的新篇章，两国宣称将发展新型的俄美关系。访问期间，布什邀请普京夫妇到他德克萨斯的农场做客。这是布什总统第一次邀请外国首脑到他的农场，他表示，只有朋友他才邀请到自己家，这是显示美俄关系的亲密。2002年5月，布什对俄罗斯进行了首次访问，俄美宣布建立新战略关系。这是即1993年之后俄美再次宣布两国关系为战略伙伴。舆论对俄美关系一片乐观，有看法说这是自二战结束之后俄美第一次站在同一条战壕里，两国关系已近似于盟友。

这些变化对上海合作组织提出了一系列严峻问题。

其一，美国对这一地区进入的深度和广度都是历史性的，它产生了战略性的重要意义。美国有选择地同除伊朗之外这一地区的所有国家改善了关系，包括传统上关系冷淡的国家，也包括因政治制度和政治文化原因受到美国批评的国家。美国的进入也是全面的，扩展至军事、政治、经济所有领域。由于美国在摧毁塔利班政权中的主导作用，由于美国在中亚地区的影响大幅度上升，由于美国在中亚和高加索存在的实质性加强，由于美国同印度、巴基斯坦关系的改善，以及美国同土耳其传统盟友关系的巩固，美国第一次在外交上形成了大中亚地区概念，美国也成为这一地区外交资源最多、影响最大的国家。

在这种情况下，上海合作组织的安全合作还有没有前途？在中亚地区的安全安排和结构中，它是否会被边缘化？这是对上海合作组织提出的第一个问题。

---

① Текст выступления Владимира Путина по поводу ситуации в мире после терактов 11 сентября. 24 сентября, Москва, Кремль. http://www.newsru.com/russia/24Sep2001/putin_ full. html.

其二，在美国与中亚国家关系拉近的情况下，在中亚国家明显向美国倾斜的情况下，它们对上海合作组织的需求和热情是否会减低？它们是否还需要上海合作组织的安全保障？

“9·11”事件之后，有两个因素使中亚国家对上海合作组织的安全需求有所变化。其一是塔利班政权的垮台。塔利班政权被击溃之后，恐怖主义对中亚国家的威胁虽然没有根除，但危险的程度大为降低。在“9·11”事件发生之前，塔利班是悬在中亚国家头上的达莫克利斯之剑，它随时可能出兵中亚，对中亚国家构成了直接危险，塔利班对中亚恐怖主义势力的支持是中亚恐怖主义势力的重要依赖，同时，塔利班政权还是中亚地区毒品、走私等有组织犯罪活动源头。塔利班政权的被粉碎，使由于塔利班的存在而形成的对中亚国家安全的威胁大大减小，中亚地区的安全形势出现好转。恐怖主义、分裂主义和极端主义虽然还依然存在，但它们对中亚国家政权的威胁已不是生死存亡的威胁，其特点有所变化，其尖锐性和迫切性程度也有所减轻。安全形势的变化，使中亚国家对安全的需求相应发生变化，在某种程度上这表现为对上海合作组织作为一个安全机制的需求和依赖程度的降低。

中亚国家对上海合作组织安全需求变化的另一个因素是美国在中亚的直接军事存在。“9·11”事件之后，美国在乌兹别克斯坦、吉尔吉斯斯坦获得了军事基地，哈萨克斯坦也为美国后勤性质的军事活动开放了机场，美国武装力量有史以来第一次直接部署到中亚地区。美国在中亚的军事存在为中亚国家提供了一个新的、而且是十分强大的安全保障。在此之前，独联体集体安全条约和上海合作组织是中亚地区的两个基本安全机制，此外还有北约的和平伙伴计划。由于美国军事存在所提供的新安全保障的出现，使中亚国家增加了对美国的安全依赖和期望。[①]

其三，中俄关系对上海合作组织有关键性影响，俄美关系异乎寻常

---

① 中亚学者阿布杜拉扎科夫认为，中亚地区安全保障由四个因素构成：以美国为首的反恐联盟，北约的和平伙伴关系计划，独联体集体安全条约和上海合作组织。这样一种安全保障体系符合中亚国家的利益。见阿布杜拉扎科夫向2002年5月上海国际问题研究所举办的第三届“中亚形势与上海合作组织”国际研讨会提交的论文“不确定时代的两难选择——上海合作组织能否成为新的合作模式?”。

的升温是否会影响中俄关系？它对上海合作组织将产生什么影响？

“9·11”事件为俄罗斯调整对美关系提供了契机，俄罗斯从中得到了收益。由于俄罗斯敏捷地利用了“9·11”事件之后国际形势的变化，俄罗斯的国际地位明显提高。此前不久，俄罗斯还处于要被从大国俱乐部开除出去的尴尬境地，但在国际反恐的背景下，俄罗斯充分利用了其地缘优势，成为阿富汗战争中的关键角色之一，摆脱了国际政治中的次要角色的形象。

俄罗斯避开了与美国形成战略对手的可能，促使美国把战略主攻方向移向它方。在国际反恐中，俄罗斯取代欧洲成为美国最主要的合作伙伴，美国对俄罗斯的战略需要增加。在美国 2002 年 9 月出台的国家战略安全报告中，俄罗斯被定位为战略伙伴。这使俄罗斯的战略负担减轻，战略资源增加，战略机动空间扩大。

就具体结果来说，俄罗斯与美国和西方关系改善，使俄美达成了新的削减战略进攻武器协议，俄罗斯与北约形成了新的“20 国”合作机制，美国和欧盟承认俄罗斯为市场经济国家并许诺帮助俄罗斯尽快加入世贸组织。

其四，由于上海合作组织的作用不突出，它的行为能力受到怀疑。在这种情况下，上海合作组织是否还有足够的吸引力和凝聚力？它的作用和地位是否能够保持？

上海合作组织在“9·11”事件后的声音确实比较微弱，没有发挥突出作用。如一位美国学者所说：“在“9·11”事件美国的恐怖袭击后，中亚国家迅速与美国在反恐战争中合作。而上海合作组织除了发表反恐声明外无所建树。”① 造成这种状况有多方面的原因。

从技术的角度看，上海合作组织刚刚成立，尚未正常运转起来。上海合作组织还没有章程，没有工作机构，没有运作机制。从技术层面说，它还没有成为一个真正的组织。面对“9·11”事件之后急剧变化的形势，上海合作组织难以进行有组织的反应。

从功能的角度看，上海合作组织原先所设定的目标、任务及其

---

① Elizabeth Wishnick, Growing U.S. Interests in Central Asia, October 2002. http: //www.strategicstudiesinstitute.army.mil/Pubs/display.cfm? pubID = 110.

手段和途径是针对与“9·11”事件之后完全不同的形势，对于“9·11”事件之后反恐斗争形势和手段的变化没有准备。

上海合作组织不是联盟性质的合作组织，它的主要功能是协调各国的反恐活动、经济合作和边界安全，它没有协调各国对外政策的任务和功能。“9·11”事件之后中亚国家外交的核心问题不是反恐问题，而是外交决策问题，是如何与美国合作的外交问题。在这一问题上，各国都有自己的利益和尺度。从政治上说，上海合作组织既支持在阿富汗反恐，就没有理由反对与美国合作。乌兹别克斯坦从本国的利益考虑向美国提供军事基地，上海合作组织既不可能反对，也没有能力约束。

从各国政策的角度看，由于“9·11”事件之后中亚形势急剧变化，美国直接冲到了打击阿富汗塔利班的最前线，并以自己划线迫使各国表明对美国的立场和与美国合作的态度，上海合作组织各国除了在9月13日发表了总理联合声明外，基本上是各自行事，没有采取过重要的联合行动。中国对上海合作组织在“9·11”事件之后的局势中应该发挥什么作用和能够发挥什么作用态度谨慎。俄罗斯主要是通过双边渠道和以俄为主导的地区机制来处理中亚事务和与中亚国家关系，如独联体和集体安全条约。中亚国家对美国有政治需要和现实需求，尤其是乌兹别克斯坦和哈萨克斯坦两个地区大国，在对美、对俄、对华关系上采取的是“平衡外交”，它们对美国有自己的独立立场和政策，美国对它们有巨大利益，因而也有巨大影响，在某些方面，美国的影响超过了上海合作组织。它们在不同程度上欢迎美国更深地介入中亚地区。因此，在突然出现与美国合作的机会时，中亚国家不感到有必要通过上海合作组织。

面对这些尖锐问题，上海合作组织的前景蒙上了一层阴影。在“9·11”事件后的最初一个时期，西方舆论界对上海合作组织的评论一片悲观，可以说，消极的看法是西方舆论的主流。伦敦皇家国际问题研究所俄罗斯—欧亚项目主任诺伊·阿里森教授评论说：“2001年的‘9·11’事件后，这个组织（指上海合作组织——作者）的中亚成员国与美国达成双边协议，参加了在这一地区以美国为领导的反恐行动，特别是乌兹别克斯坦对上海合作组织作为地区安全保障的兴趣降低，这个组织实际上在相当大程度上丧失了自己的意义。"[①] 更悲观的看法则认为，上海合作组织在"9·11"事件后实际上已经瓦解。[②] 即使是在俄罗斯和中亚国家学术界中，悲观的观点也很普遍。俄罗斯科学院美国加拿大研究所副所长博加图罗夫认为，以反恐为主要目标的上海合作组织在"9·11"事件后的中亚反恐行动中无所作为，说明上海合作组织的成立操之过急，它的前途大有问题。[③]

确实，"9·11"事件给上海合作组织带来一系列消极结果，增加了上海合作组织发展的难度和复杂性。在政治上，上海合作组织的向心力减低和弱化。乌兹别克斯坦的政治重心转向美国，哈萨克斯坦更多打起"美国牌"，吉尔吉斯斯坦和塔吉克斯坦受美国的影响也很大。中亚国家均强烈主张上海合作组织"非政治化"，意即在政治上不要有针对美国之意。在安全问题上，塔利班垮台后，上海合作组织共同的反恐目标消失。各成员国对上海合作组织及各自利益的定位出现犹豫和彷徨，对上海合作组织前景的信心有所降低。

但是，尽管遭遇到种种消极因素，上海合作组织还是成功地渡过了这段充满不确定因素的时期。2002 年 6 月，上海合作组织第二次首脑会议在圣彼得堡举行，所有成员国元首都参加了会议，并都肯定了将继续发展上海合作组织的立场。在上海合作组织圣彼得堡首脑会晤后，中亚各国领导人均对上海合作组织给予了积极评价。哈萨克斯坦总统纳扎尔巴耶夫表示哈政府完全支持上海合作组织；吉尔吉斯斯坦总统阿卡耶夫认为上海合作组织经受住了时间的考验，已经成为独一无二的国际机制；塔吉克斯坦总统拉赫莫诺夫希望与上海合作组织扩大合作；乌兹别克斯坦总统卡里莫夫也认为，如果上海合作组织能够适应"9·11"事件之后形势的变化，它有可能成为一个有权威的国际组织。[④] 在这次会议上，通过了上海合作组织最重要的文件——《上海合作组织宪章》。

---

① Рой Аллисон. Центральная Азия и Закавказье: Региональное сотрудничество и фактор российской политики. Московский центр Карнеги. 2004. 10. с. 11.

② С. Кортунов. Росийско – американское партнерство и вызовы 21 века. 《международная жизнь》, 2002. 4. с. 69.

③ 博加图罗夫 2001 年 11 月在上海国际问题研究所举办的第二届中俄关系国际研讨会上的发言。

④ 各成员国领导人在会议上的讲话。

圣彼得堡会议是一个标志性事件，它标志着上海合作组织仍在按自己的轨道运行，它的议事日程没有改变，也标志着“9·11”事件没有中断它的发展，更没有使它夭折。在这次首脑会议之后，认为上海合作组织将要瓦解的看法就不多了。

上海合作组织之所以未如一些学者预测的那样陷入危机甚至消亡，原因也是多方面的。

在“9·11”事件发生后，上海合作组织在政治上顺应大势，而不是逆势而动。这保证了上海合作组织政治上的正确，为各成员国的政治一致提供了空间，避免了内部出现政治分裂的可能。在“9·11”事件发生时，恰逢上海合作组织总理会议举行之际。上海合作组织总理在9月14日发表联合声明，对恐怖袭击表示极大愤慨，对恐怖主义进行强烈谴责，并表示愿与国际社会合作进行反恐斗争。这一声明具有重要意义。它确定了上海合作组织的政治立场，表明它将站在国际反恐阵线一方，同时，它意味着上海合作组织不反对成员国与美国合作。后来，许多成员国与美国在阿富汗战争中密切合作，这并未与上海合作组织出现抵牾，上海合作组织没有发生政治上的矛盾，其原因也在此。

“9·11”事件虽然对上海合作组织带来了冲击，但没有动摇上海合作组织存在的基础，上海合作组织的宗旨原则、思想精神、目标任务没有一项被证明是错误和过时的，相反，它证明了上海合作组织所赖以生存的思想和原则基础的正确性。上海合作组织所主张的一切——从安全合作到经济合作——都符合地区的需要。反对恐怖主义、分裂主义、极端主义是上海合作组织的核心理念，也是上海合作组织安全合作的中心，“9·11”事件对上海合作组织的这一思想是极大的肯定，而不是否定。因此，在“9·11”事件过去之后，上海合作组织的政治基础依然稳固。

作为地区合作机制，上海合作组织的议事日程具有不可替代性。美国影响的提高，美国作用的增强，美国与该地区国家关系的接近，所有这些都只表明美国参与地区事务能力的增加，但它不能代替地区组织的功能和作用。地区组织是地区国家间合作的形式，美国与它们的双边关系无法涵盖其内容。

从根本上说，上海合作组织为这一地区政治、经济、安全发展所客观需要。区域合作是当今世界发展的一种自然过程，也是全球化过程中的一个部分，上海合作组织则是区域合作的一种形式。上海合作组织虽是由于特殊的历史机缘而出现的，但它客观上适应了地区的需要，在解决了边界问题后，又成为地区合作的平台。就此而言，不管美国因素如何发展，它也不能取上海合作组织而代之。

上海合作组织从解决边界问题开始形成，保障边界地区安全是上海合作组织的重要功能之一，这个功能是这一地区其他合作机制所没有和不能承担的。上海合作组织都是邻国或近邻，因此，上海合作组织成员国都十分重视这个组织对边界地区安全和稳定不可替代的作用。这一点并不因"9·11"事件的发生而有任何改变。对上海合作组织的放弃或损害，间接地涉及到各国对边界安全有关协议的承诺和尊重，也关系到各国边界地区长期安全和稳定的保障。同时，上海合作组织也具有相互保证安全的功能。上海合作组织所倡导的共同安全、平等安全、以合作求安全的新安全观念不仅是这一组织与其他国家和国家集团建立安全关系的原则，也是上海合作组织成员国之间在安全领域相互关系的原则。这一原则为上海合作组织成员国提供了可靠的相互之间的国家安全保障。

上海合作组织的两大主题——反恐和经济合作仍将是这一地区的长期需要。塔利班政权虽然已被粉碎，中亚国家面临塔利班入侵的直接威胁基本消除，不过中亚地区恐怖主义、分裂主义、极端主义还远未根除。这一点，即使西方学术界也不否认。[①] 三股势力的彻底消灭需要长期的、综合性的措施和各国共同合作。在这一方面，上海合作组织具有明显的优势。在经济合作领域，虽然上海合作组织尚未给各国带来显著的实际利益，不过上海合作组织经济合作总的趋势是在逐步加强，成员国对它寄予希望。

虽然上海合作组织在"9·11"事件之后没有充当重要角色，不过上海合作组织仍有自己的特点和优势。在塔利班政权被摧毁之后，中亚

---

① 比如美国耶鲁大学的Pauli Jones Luong和特拉维夫大学的Erika Weintbal认为，从长期角度看，即使对阿富汗塔利班的军事行动顺利结束，乌兹别克斯坦伊斯兰极端主义势力更可能是加强，而不是减小。Pauli Jones Luong and Erika Weintbal："New Friends, New Fears in Central Asia," *Foreign Affairs*, March/April 2002, p. 64。

地区反恐斗争将重新回到非军事的常规轨道，解决政治、经济、社会等长期和综合性问题将重新恢复为反恐斗争的主要内容，上海合作组织在这一些方面具有优势。在阿富汗战争结束后，中亚地区安全形势也将会有所改变，大规模恐怖主义威胁的程度将会减小，安全制度建设和经济合作的需求提高，上海合作组织有能力在这些领域发挥重要作用。

因此，尽管“9·11”事件后美国在中亚的存在来势汹涌，但没有任何成员国提出过不再需要上海合作组织。

中亚各国在“9·11”事件之后虽不同程度地加深了与美国的关系，但没有改变平衡和多方位外交政策。中亚国家外交政策的调整，其性质是在平衡和多方位外交框架内向美国的偏移，但不是完全倒向美国。包括与美关系改善幅度最大的乌兹别克斯坦也表示，它同美国的军事合作关系不会损害其他大国的利益，也不会影响与中国和俄罗斯的关系。地处中国和俄罗斯之间的中亚国家在外交上不能不顾及这两个大国的意愿和利益。中亚国家所追求是安全保障和经济利益，在大国关系问题上，中亚国家无意挑起大国在这一地区发生冲突，它们更愿大国在这一地区保持相对平衡，这对中亚国家最为有利，也能为它们带来更多的实惠。

俄美关系的变化没有对中俄关系造成实质性消极影响，也未改变俄罗斯对上海合作组织的态度，俄罗斯仍坚持推动上海合作组织发展的政策。

“9·11”事件之后俄罗斯外交的调整虽然带来了某些好处，但它的局限性随后也逐渐显露出来。俄美关系的“蜜月”只持续了不太长的时间，从2002年初开始，两国关系开始降温，矛盾和竞争凸显。美国对俄罗斯的回报远低于俄罗斯的期望，俄罗斯对美国的失望和不满越来越多。

美国单边主义的趋势不仅没有如预料的那样减弱，反而更加增强。美国固执地坚持退出了反导条约。俄美2002年5月达成的削减战略武器协议，也并非完全是美国的让步和妥协。布什在执政之初即有意单方面削减美国的战略武器。北约依然实施了新的东扩，而且越过了俄罗斯所坚守的红线，即后苏联空间，到达俄罗斯边境。美国在中亚的军事存在越扎越深，没有很快撤走的样子，美国许诺的临时驻军越来越像是长期的。美国在摧跨塔利班后，又将目标指向伊拉克、伊朗、朝鲜。这显示出美国的战略目标不仅是反恐，也有意于地缘政治。而且，这三个国家都是俄罗斯的友好国家，对俄罗斯有重要利益。美国继续支持旨在绕开俄罗斯的里海能源输出设想。在美国的支持下，巴库－杰伊汉石油管线在2002年9月开始修建。该管线的修建对俄罗斯在中亚和高加索地区将产生深远影响，其意义不仅是经济上的，而且是政治和战略上的。

所有这些因素使上海合作组织经受住了“9·11”事件的冲击。不仅如此，“9·11”事件在一定意义上对上海合作组织的发展也有所促进。它使上海合作组织的目标更加具体化，使上海合作组织的发展过程更为简化，使它的发展有更明确的针对性。

## 二、“颜色革命”与上海合作组织

“颜色革命”是对上海合作组织又一次始料不及的冲击，它虽然不像“9·11”事件那么强烈，但对上海合作组织也是一次不曾想到的挑战。“颜色革命”是从2003年开始在一系列原苏联国家发生的政治事件，它的基本形式是反对派指责当政者或对方选举舞弊，不承认选举结果，组织大规模的群众抗议示威，直至进行重新选举或迫使当权者下台，使反对派赢得胜利，最终实现政权更换。

“颜色革命”是原苏联国家的国内政治运动，但它有明显的大国背景，有显而易见的大国关系内容，对地区政治有直接的重大作用。“颜色革命”有明显的政治导向性，它的政治倾向是亲美反俄。美国是推动这一过程的外部力量，它是反对派的政治支持者和资金提供者，因此反对派通常都有亲美的政治标签。

“颜色革命”首先发生于格鲁吉亚。2003年11月，格鲁吉亚举行议会大选。初步计票结果显示支持时任总统谢瓦尔德纳泽的竞选联盟领先。反对派指责当局舞弊，组织数万人集会示威，要求重新投票。随着事态的发展，反对派进一步提出总统下台的要求。反对派冲进了议会，最终迫使谢瓦尔德纳泽辞职。在随后于2004年1月和3月举行的总统和议会选举中，反对派赢得了绝对胜利，反对派领导人萨卡什维利当选为总统。这次事件被称为“玫瑰革命”。萨卡什维利出现在公众面前时都手持一朵玫瑰，由此得名。

2004年，乌克兰发生了“橙色革命”。事件是由总统大选引起。2004年10月31日，乌克兰举行总统大选。在第一轮投票中没有任何候选人胜出。11月21日，举行了第二轮总统大选，时任总理亚努科维奇以3个百分点的优势战胜反对派总统候选人尤先科。消息传出，反对派阵营一片哗然，它们指责中央选举委员会舞弊和篡改选举结果，随即开始在乌克兰首都基辅市中心组织大规模抗议示威，人数最多时达到20多万。反对派领导人宣布将进行无限期的抗议活动，呼吁总动员和总罢工，要求召开拉达（乌克兰议会）特别会议和取消选举结果。更激进的领导人号召占领总统办公厅，让尤先科强行就任总统。一些反对派政治组织和地方权力机构宣布尤先科是乌克兰总统。迫于形势的压力，乌克兰最高法院宣布选举无效。12月26日，举行了新的总统选举，被认为亲俄的亚努科维奇失败，反对派领导人尤先科当选乌克兰总统。这次事件之所以被称为“橙色革命”，是因为橙色是反对派的标志性颜色。

“颜色革命”对地缘政治形势产生了极大影响。在“颜色革命”后，格鲁吉亚、乌克兰在外交政策上都进行了重大调整，其共同特点是在不同程度上放弃了原来在俄罗斯和西方之间保持的相对平衡，明确地表明它们在政治和安全上面向西方，谋求尽快加入西方的政治和安全体系。这一政策的结果是使俄罗斯在这一地区的存在和影响受到严重削弱，俄罗斯与格乌两国的矛盾加深，双边关系更加复杂化。格鲁吉亚原本就向往西方，而与俄罗斯格格不入，“颜色革命”后更加明显。萨卡什维利就任格鲁吉亚新总统后，他的主要目标就是使格鲁吉亚脱离俄罗斯的“轴心”，进入西方的轨道。萨卡什维利总统公开表示，“格鲁吉亚已经跨过了临界点，现在它已经成为对欧洲非常重要的国家……我们不会无所事事，静待事态的发展。我们将会竭尽全力，来摧毁存在于这一空间上的帝国……格鲁吉亚在后苏联空间树立了榜样，它创造出了全新的国际现实”。[①] 格鲁吉亚强烈要求俄罗斯提早撤出在格鲁吉亚的巴统和阿哈尔卡拉基的军事基地。在谈判未果的情况下，格鲁吉亚议会通

---

① У грузинского президента после получения от США очередных 65 млн долларов сильно поднялось настроение. http：//www. strana. ru. 2005. 03. 30.

过决议，限期俄罗斯从这两个军事基地撤走，迫使俄罗斯妥协。美国对格鲁吉亚新政权给予高度评价，布什总统在2005年5月访格时把格鲁吉亚称之为“自由的灯塔”。① 乌克兰在“颜色革命”后立刻宣布北约是乌克兰的战略伙伴，并把加入北约提上了议事日程，在2005年2月乌克兰与北约的首脑会议上，乌克兰新总统尤先科明确表示乌克兰启动加入北约的准备行动计划。乌克兰与北约签署了《加强乌克兰—北约合作：近期措施》的文件，准备与北约实施密切的全面对话。随后，乌克兰的高级官员重新提出了黑海舰队问题，认为俄罗斯在克里米亚半岛的驻军损害了乌克兰的利益。② 与此同时，乌克兰对参与以俄罗斯为中心的经济一体化的热情明显降低。③ 由于“颜色革命”后格鲁吉亚和乌克兰在外交政策上向西方的转变，西方代替俄罗斯成为这些国家主导性的外部因素，它们在不同程度上成为西方影响范围的一部分。

“颜色革命”对俄罗斯主导的独联体也提出了严峻挑战。“颜色革命”后，由于独联体国家进一步分化，独联体内部在政治上已经陷于四分五裂。独联体本来也不是一个由抱有共同的政治意愿和理想的国家组成的组织。对于一些国家来说，它是与俄罗斯彻底“离婚”的过渡，而对俄罗斯来说，它是原苏联国家“复婚”的过渡。“颜色革命”使独联体内部的结构性矛盾尖锐地表现出来。“颜色革命”即使还没有使独联体彻底垮掉，那也已经使它摇摇欲坠。白俄罗斯总统卢卡申科说：“在我工作的10年中，独联体还从来没有经历过这么复杂的时期，现在谈论的都是它已经不再被需要了，它已经分裂了。”④ 2005年8月独联体

---

① Bush congratulates Georgia on Russia troop deal. Crawford, Texas, June 3, 2005, Reuters.

② 乌克兰与俄罗斯在1997年已经就黑海舰队问题达成协议。根据协议，俄罗斯在克里米亚的舰队将驻扎到2017年。2005年2月和3月，乌克兰外长塔拉先科、乌克兰海军司令克尼亚兹、乌克兰安全局局长图尔奇诺夫和尤先科总统先后重新提出俄罗斯在克里米亚的舰队问题。РИА Новости. 2005. 6. 1。

③ 乌克兰参加的以俄罗斯为主导的主要经济一体化机制是俄罗斯、乌克兰、白俄罗斯、哈萨克斯四国组成的经济共同空间。这一机制在2003年9月正式形成。2004年4月，乌克兰批准了四国建立共同经济空间的协议。“颜色革命”后，乌克兰从原来的立场后退，乌克兰总统尤先科在2005年8月表示乌克兰暂时还没有准备好加入这一机制。ЕЭП будут строить три страны. http//www. strana. ru, 2005. 8. 29。

④ http://www. korrespondent. net/main/116959, 20 Mar. 2005.

喀山非正式首脑会晤成了对独联体前景和命运的一次严峻考验，俄罗斯媒体对这次首脑会议的报道不约而同地使用了悲观色彩浓厚的题目，这反映了独联体岌岌可危的处境。① 俄罗斯也充分意识到了独联体的生存危机。普京总统在2005年的国情咨文中没有把独联体框架内的一体化作为俄罗斯的主要战略任务提出来，这在普京历年的国情咨文中是第一次。俄罗斯对独联体的定位也出现了明显变化。普京总统在2005年3月的一次讲话中说："（对独联体）所有的失望都是由于期望过高……实际上，建立独联体的目的是为了使苏联解体的过程能够以最文明的方式进行，尽可能使这一过程缓和，在经济和人文领域的损失尽可能小……独联体从来没有过高的经济性质的任务，没有在经济领域实现一体化的任务……独联体是一个很有用的交流信息的俱乐部，可以讨论各种各样的问题，政治方面的，人文方面的，行政管理方面的。我认为我们不应该丢掉这个机制，它是重要的。"② 不过，普京的这一表述应该说是一种修正了的官方看法。2001年，普京在对独联体10周年进行总结时曾说："独联体作为一个对所有国家都必须的和不可避免的在后苏联空间实行一体化的形式已经形成了。"普京在这次讲话中还认为，独联体不应只是个空谈问题的俱乐部，而应是一个有行为能力的联合体。③ 显然，由于形势的变化，俄罗斯对独联体的政策和看法都发生了重要变化。独联体是唯一维系着除波罗的海三国之外所有原苏联国家的合作机制，是俄罗斯对欧亚地区传统影响的重要象征，也是俄罗斯使原苏联地区（除波罗的海三国之外）保持着某种形式的统一的基本方式。独联体的衰落，意味着俄罗斯在这一地区影响的衰落，也意味着这一地区走向松散化和碎片化。

在独联体走向松散化和碎片化的背景下，建立亲西方的、或是由西方主导的、打破欧亚地区传统界线的新合作机制的设想陆续出现。2005

---

① 比如，《独立报》报道的题目是"独联体最后的庆典"。《消息报》报道的题目是"庆典后的分手"。《生意人报》报道的题目是"独联体领导人为了分手的相聚"。分别见2005. 08. 26，《Независимая газета》，《Известия》，《Коммерсант》。

② Пресс－конференция по итогам российско－армянских переговоров. http：//www. president. ru，2005. 03. 25.

③ Выступление на пленарном заседании Совета глав СНГ. http：//www. president. ru，2001. 11. 30.

年8月，乌克兰总统尤先科和格鲁吉亚总统萨卡什维里发表联合声明，宣布准备建立一个由波罗的海、黑海、里海地区国家组成的合作机制，这个机制将取名为“民主选择共同体”。“民主选择共同体”的核心成员国被认为将是乌克兰、格鲁吉亚、波兰和立陶宛等国。应该说，波罗的海—黑海地区合作的设想并不是新想法，但它的复活无疑受了“颜色革命”的推动，在某种意义上它是“颜色革命”产物，并且带有浓厚的“颜色革命”特有的意识形态色彩,[①] 俄罗斯把“民主选择共同体”建立看作是“美国试图通过自己的卫星国在后苏联空间取代俄罗斯成为这一地区领导的尝试”[②]，是“西方在后苏联空间抵制俄罗斯的政策的又一次尝试”[③]。在中亚地区，一个建立“大中亚合作与发展伙伴关系”的设想也应运而生。提出这一设想的是美国霍普金斯大学尼采高级国际问题研究所的S. F·斯塔尔教授。根据这一设想，“大中亚合作与发展伙伴关系”应是一个以阿富汗为中心、包括阿富汗和所有中亚国家以及周边其他国家的地区合作机制，它的主要功能是计划、协调和实施美国的各种项目安排。斯塔尔教授认为，“大中亚合作与发展伙伴关系”的建立将意味着美国对它在中亚长期利益的认识。[④] “大中亚合作与发展伙伴关系”的突出特点是它不仅打破了狭义的中亚界线，而且有意把中亚的政治中心向阿富汗转移，并由美国主导。

2005年，“颜色革命”浪潮开始进入到中亚。鉴于“颜色革命”之后格鲁吉亚和乌克兰的巨变，鉴于“颜色革命”对欧亚地缘政治形势的重大影响，它在中亚的兴起引起了各大国的高度关注，特别是引起了俄罗斯和中国的担忧。

---

① “民主选择共同体”有浓厚的意识形态色彩，这是“颜色革命”赋予它的鲜明特征。“民主选择共同体”不仅认为它属于欧洲，与欧洲拥有共同的价值观，而且它也以在波罗的海、黑海、里海地区推进民主、保卫人权为使命。Borjomi Declaration，August 12，2005. http：//www. president. gov. ge。

② 俄罗斯政治研究所所长 С. Марков 的评论。见 Коалиция Ющенко – Саакашвили – американский проект. http：//www. strana. ru，2005. 8. 16.

③ 俄外交部未透露姓名的官员的评论。Россия начинает реформу СНГ.《Известия》2005. 8. 24。

④ S. Frederick Starr. A Partnership for Central Asia，*Foreign Affairs*，July/August 2005，p. 165.

2005年2月，吉尔吉斯斯坦举行议会选举。吉尔吉斯斯坦议会实行单院制，不分上下两院。另外，它的全部议席都是通过单一选区产生，没有政党竞争的全国选区。议会共有75个席位。在2月27日的投票中，只有31个选区选出了议员，有44个选区未分胜负。3月13日进行了第二轮投票。在两轮投票后，亲阿卡耶夫总统的议员约占40%—45%，反总统的议员只有约10%—20%，还有40%—45%的议员属于中间派，以阿卡耶夫为代表的当政派取得了压倒性胜利。反对派不接受选举结果，它们指责当局在选举中舞弊，继而要求总统下台，重新选举。选举结束后，反对派领导人纷纷来到南方，组织抗议活动。起初规模不大，影响较小，但3月20日后，形势急剧恶化，在吉尔吉斯斯坦南方突然发生了严重骚乱，反对派冲击当地的内务局（警察局），占领了一些地区政府的行政机构，封锁了当地的机场。吉尔吉斯斯坦总统阿卡耶夫和政府对事件表现得极其克制，呼吁反对派进行政治对话，通过谈判解决问题，并一再重申不会对反对派使用武力手段。反对派不接受阿卡耶夫的提议，局势持续恶化。4月4日，阿卡耶夫被迫辞职。2005年7月，总统大选举行，反对派领导人巴基耶夫当选总统。这次吉尔吉斯斯坦事件被称为“郁金香革命”，源自于吉尔吉斯斯坦盛长郁金香。

紧接着“郁金香革命”之后，2005年5月，在乌兹别克斯坦发生了安集延事件。反政府势力在安集延地区组织集会示威，它们冲击当地政府机关，释放监狱犯人，引发了大规模骚乱。乌政府采取了强力手段镇压，很快平息了事态，但也有大量人员死亡，乌官方公布的数字是169人，西方估计的数字则高得多。

“郁金香革命”和安集延事件使中亚政治局势风雨飘摇，给上海合作组织提出了一系列重大问题。安集延事件不是“颜色革命”，但它的发生客观上与“颜色革命”在中亚的兴起相呼应，共同造成了中亚地区山雨欲来的形势。

“颜色革命”被认为具有美国的背景，根据格鲁吉亚和乌克兰的经验，通过“颜色革命”上台的政权通常会改变国家对外政策，大幅度转向美国。那么，“郁金香革命”会不会也导致这样的结果？新政权会不会改变对上海合作组织的政策和态度？如果吉尔吉斯斯坦重复格鲁吉亚和乌克兰的榜样，则它或是可能抵制上海合作组织，或是成为上海合作组织内部的“另类”，不论出现哪种情况，都将影响上海合作组织内部团结与和谐。

由于中亚脆弱的政治和社会生态，“颜色革命”往往引发社会混乱和骚乱，使整个地区都处于动荡中。这也为极端势力的发展提供了机会。地区安全和稳定的破坏恶化上海合作组织的生存和发展环境。

地区动荡还给上海合作组织提出了另一个难题：在中亚出现由内部政治原因引起的动荡时，上海合作组织应置身事外还是进行干预？保障地区安全和稳定是上海合作组织的应有责任，如果上海合作组织在地区的重大事件中置身事外，它自然会被认为缺乏行为能力，承担不起维持地区稳定的责任。上海合作组织的威望将受到影响，它的行动能力会受到怀疑。如果进行干预，则不仅破坏上海合作组织不干预国家内政的原则，而且可能陷于中亚国家内部的政治、民族和社会纠纷的泥沼中。这种两难的境地使上海合作组织处于尴尬的地位，对它有负面影响，也一直为舆论界所诟病。

最后，“颜色革命”可能导致美国势力在中亚的增长，排挤俄罗斯和中国的影响，使中亚地区转向美国的轨道。吉尔吉斯斯坦是“颜色革命”席卷的第一个中亚国家，但这一浪潮不会自动停止，如果它继续蔓延到其他中亚国家，导致亲美政权在其他中亚国家出现，则可能使中亚地缘政治形势发生重大改观，对于上海合作组织来说，这是一种严重的威胁。

“颜色革命”对上海合作组织的影响很快显现出来。不过，与“9·11”事件不同的是，它的结果完全出人意外。在给上海合作组织造成了威胁的同时，“颜色革命”也在正面意义上强烈地刺激了上海合作组织。2005 年 7 月，上海合作组织在阿斯塔纳举行峰会，这次峰会引起了特别关注和反响。在这次峰会上，上海合作组织提出美国从中亚撤出军事基地问题，并接纳印度、巴基斯坦和伊朗为观察员。这是上海合作组织对美国在中亚军事存在第一次表示排斥态度，也是上海合作组织成员国首次就此达成一致。这意味着“颜色革命”不但没有使上海合作组织涣散，反而促成了上海合作组织成员国在对美关系上的共识，并一致直同意对美国做出强硬反应。

“颜色革命”之所以对上海合作组织产生了相反的效果，得之于多个原因。

“郁金香革命”没有产生亲美政府，新政府不但不反俄，反而表现出更加亲俄的态度，这是分析家所始料未及的。“郁金香革命”持续的时间也较短，在阿卡耶夫总统宣布辞职后，新政权得到了宪法的合法性，国内秩序很快恢复。新政权领导人巴基耶夫作为代总统参加了上海合作组织阿斯塔纳峰会，政权更迭没有给上海合作组织的正常运作带来严重困难。

严格地说来，“郁金香革命”与“玫瑰革命”和“橙色革命”有很大差别，它不是一次原本意义上的“颜色革命”。在所有的“颜色革命”中，反对派都被贴上了民主派的标签，代表着民主自由和人权，革命都被认为是民主性质的。其实，事实并不完全如此。与“玫瑰革命”和“橙色革命”相比，“郁金香革命”与其说是争取民主化的革命，不如说是传统意义上的社会革命，它的民主化成分不多，而更多社会性质的因素。在某种意义上，它更像是一场穷人的造反，而不是为民主的斗争。这与吉尔吉斯斯坦国家和社会的特点很有关系。

在所有的“颜色革命”中，民众贫穷都是社会根源之一。不过，贫穷和贫穷也不一样，就像富裕国家的穷人和贫困国家的穷人，他们之间差别也很大。吉尔吉斯斯坦的贫困问题远比格鲁吉亚和乌克兰严重。不管是在贫困人口的比例上，还是在贫困的程度上，吉尔吉斯斯坦都是很突出的。还在苏联时期，吉尔吉斯斯坦就是最落后的共和国之一。苏联解体后，所有原苏联国家都陷入了长期的经济衰退，对于原本生活水平就很低的吉尔吉斯斯坦来说，持续的经济衰退造成的社会灾难就更加严重。在社会贫困现象严重的背景下，却出现了少数人的暴富，两极分化严重，形成了巨大的反差。政府官员贪污腐败之风泛滥，裙带关系盛行，许多人利用职权大肆聚财敛富，这尤其使广大民众深恶痛绝，不满情绪愈加强烈。

“郁金香革命”的参加者包括许多不同的社会成分，不过大多数是来自社会下层，是贫穷的民众。他们对民主政治并没有多少理解，他们走上街头不是要求民主，而是表达对现状和生活的不满。“郁金香革命”的领导人也不是一般说的民主派。吉尔吉斯斯坦反对派的领导人没有明显的西方背景。巴基耶夫曾是原政府总理，因为2002年贾拉拉巴德州发生的流血冲突引咎辞职，从此成为反对派。库洛夫原来是副总统，后因被控贪污受贿入狱，不过舆论认为他入狱的真正原因是阿卡耶夫铲除竞争对手，库洛夫因此也成为反对派的代表人物。奥通巴耶娃曾担任政府的外交部长，虽然她有在西方国家工作的经历，不过她没有像萨卡什维利和尤先科那样公开表明在政治上将追随西方。“郁金香革命”的领导人可以说都是原总统阿卡耶夫的班底，他们因不同原因与阿卡耶夫分道扬镳，但不是因为在民主问题上的歧见，而是因为一般的国家政治和权力矛盾。他们发动革命与其说是为争取民主，不如说是国内政治斗争。“郁金香革命”虽然得到了美国的支持，但它不带有在俄罗斯和西方之间做出选择的命题。因此，“郁金香革命”后没有出现格鲁吉亚和乌克兰那样的情况，新政权没有倒向美国。

“颜色革命”在中亚扩散的可能对上海合作组织构成了威胁，但首当其冲的是中亚国家。不管是以什么形式，“颜色革命”的最终结果是推翻现任政权。中亚国家看到了“颜色革命”蕴含的巨大危险，它对中亚国家来说意味着不稳定，对执政当局来说则意味着政治生存威胁。在这种情况下，中亚国家以及俄罗斯开始采取种种措施，防止“颜色革命”在本国发生。这些措施起到了作用，在“郁金香革命”后，中亚地区没有出现新的“颜色革命”，对上海合作组织的这一潜在威胁没有变成现实。

“颜色革命”在一定程度上使中亚国家转变了安全认识，改变了它们对美国的态度。在“颜色革命”之前，中亚国家的主要安全威胁是恐怖主义，但“颜色革命”带来了新的安全威胁，虽然它们的含义不一样。在这个过程中，美国的角色也发生了改变。此前美国是中亚国家的安全保障，但现在它变成了危险的来源。在这样的认识下，中亚国家与美国的关系普遍降温，特别是乌兹别克斯坦，它与美国的关系迅速恶化，乌兹别克斯坦关闭了美国的军事基地，转向俄罗斯寻求安全保障。在“颜色革命”的危险面前，中亚国家与上海合作组织靠得更近。

## 三、俄格冲突与上海合作组织

2008 年 8 月 8 日，格鲁吉亚突然对坚持独立的南奥塞梯发起军事进攻，随后俄罗斯出兵格鲁吉亚，俄格战争爆发。8 月 16 日，双方签署停火协议，战争结束，8 月 22 日俄军撤回。8 月 26 日，俄罗斯宣布承认原属格鲁吉亚的两个地区南奥塞梯和阿布哈兹独立。

俄格冲突是一场重大的国际事件，强烈震动了整个国际社会。上海合作组织更是受到这一事件的严重影响，俄罗斯是冲突的主要当事国，这一问题不能不被带到上海合作组织内部，这对上海合作组织来说又是一次意外的冲击。

如何对待俄格冲突和是否支持俄罗斯，这是上海合作组织直接面临的问题。俄格冲突发生的时间恰与上海合作组织杜尚别峰会前后连接。俄格战争 8 月 8 日爆发，俄罗斯 8 月 26 日宣布承认南奥塞梯和阿布哈兹独立，而上海合作组织峰会是在 8 月 28 日召开。这使上海合作组织峰会笼罩在俄格冲突的政治氛围中。处于重大事变之中的俄罗斯急需国际支持，它自然会要求上海合作组织站在它的一边，这使上海合作组织处于困难的状态。作为一个合作组织，它有道义上的责任支持处于困难境地的成员国，但从政治原则出发，上海合作组织不能承认南奥塞梯和阿布哈兹独立。中国存在着台湾、西藏、新疆等问题，从自身的角度，中国不能赞同一个国家支持他国地区的独立。中亚国家也对支持南奥塞梯和阿布哈兹独立持谨慎立场。但上海合作组织必须做出选择，按照一位中亚问题分析家的说法："在杜尚别这个地方，上海合作组织成员国首脑必须做出抉择：他们将和谁在一起？"[①] 这是对上海合作组织的一次重大考验，它蕴含着使上海合作组织走向分裂的风险。

除了迫切的选择，俄格冲突还提出了一些战略性的重大问题，它们对上海合作组织也有挑战性意义。

---

① Виктория Панфилова，ШОС поставит кавказский диагноз России. Странам Центральной Азии предложат определиться с позицией по Южной Осетии，2008 - 08 - 27. http：//www. ng. ru/cis/2008 - 08 - 27/7_ diagnoz. htm.

第一个问题：国际形势是否发生了重大的转折性变化，也即世界是否进入了新冷战。俄格战争发生后，俄罗斯与美国和欧洲的关系急转直下，新冷战之说兴起，不论在俄罗斯还是在美国都有人认为冷战有可能再次发生，这在前一章已有叙述。

新冷战问题对上海合作组织有重大意义。作为一个以“后冷战”为时代特征和精神的组织，新冷战的国际环境将与上海合作组织格格不入，它的定位、宗旨、功能、发展方向都不能不受到其影响。

第二个问题：俄罗斯对外政策是否发生了改变。俄格战争仅仅是俄罗斯的一次短促反击，还是俄罗斯对外战略转变的信号，这是一个重大问题。所谓俄罗斯对外战略的转变，就是俄罗斯准备重塑现行的国际格局和秩序，准备创造新的游戏规则，不惜与美国公开抗衡。

俄罗斯学术界有较为普遍的看法认为：俄格冲突改变了世界，也改变了俄罗斯。俄罗斯政治基金会主席尼科诺夫说：“世界永远不再会是原来的样子。2008 年 8 月 8 日事件和西方对这一事件的反应成为一个转折点。它们看待这个世界的分歧已经绝对不可调和。”① 莫斯科卡内基中心主任特列宁认为，也许说俄格冲突改变了世界是夸大，“但事实上这场战争改变了俄罗斯外交政策。其关键之点是莫斯科不想再接受现行的游戏规则，它准备建立新的游戏规则”。②《全球化中的俄罗斯》主编卢基扬诺夫则大胆地断定，“对普京外交的继承已经结束”。他把俄罗斯外交的转变概括为“从表白和依靠外交手段变为准备单方面行动，完全依靠自己，不管别人是否同意。……这不是临时和一次性的决定，而是一种新的行为模式。延续了 15 年的‘战略伙伴’模式已经被放弃，战略自主（或说单独）取而代之。融入到其他体系不再是俄罗斯的任务，强化自己的影响范围、加强在多极世界中作为‘独立一极’的地位成为被清楚表示的目标”。③

---

① Вячеслав Никонов, Война на Кавказе: чего не хочет понять Запад? Izvestia 03/09/2008.

② Dmitri Trenin, “Russia - U. S. Relations: What Next?” http: //www. carnegie. ru/en/pubs/media/79346. htm .

③ Федор Лукьянов. Конец преемственности 04 - 09 - 2008. http: //www. global-affairs. ru/redcol/10256. html.

这等于是俄罗斯版的“单边主义”。事实上，俄格冲突没有从根本上改变国际格局和力量对比，俄罗斯要走单边主义道路会受到种种制约，但如俄格冲突所表明的，某种有限度和有选择的“单边主义”完全可能，这首先和主要是在原苏联空间。如此，上海合作组织还将可能遇到类似俄格冲突这种情况，上海合作组织也将处于俄美对抗的夹缝中，并被拉向大国对抗的漩涡，这对上海合作组织也是一个挑战。

第三个问题：俄罗斯对原苏联地区的政策是否改变，这包括俄罗斯对原苏联地区的基本看法，它对地区发展的设想，以及它对地区机制的运用。

俄罗斯外交的变化首先会反映到它的地区政策上，甚至可以说俄罗斯外交的变化首先会从它的地区政策开始。在俄格冲突后，俄罗斯有加快发展由它主导的地区机制的思想，包括俄白联盟、集体安全条约组织、欧亚经济共同体、独联体。俄白决定签署统一地区防空系统协定，集体安全条约组织通过了一系列制定和落实合作项目的计划，以便使它的“军事技术合作有更充实的内容”,[①] 此外，集体安全条约组织还准备在中亚部署人数可达万人的联合部队，这些都是明显的迹象。

与此相联系的第四个问题是：俄罗斯要强化它所主导的地区机制，那它对上海合作组织的想法会否有所变化？俄格事件对上海合作组织还是产生了某种消极效果。例如，在紧接着杜尚别峰会之后召开的集体安全条约组织首脑会议上，各成员国给予了俄罗斯明确的支持，这与上海合作组织形成了强烈的反差。有俄罗斯外交高官评论说：“集体安全条约组织不是上海合作组织。在上海合作组织有与中国的复杂问题，而在集体安全条约组织中有我们最紧密和忠诚的经济、安全—政治伙伴。”[②] 可见俄格事件还是或多或少影响了俄罗斯对上海合作组织的心理。

杜尚别峰会确实遇到了问题。俄罗斯提出对预先已达成的文件进行

① 俄总统梅德韦杰夫语。Лидеры стран ОДКБ дали единую оценку событиям на Кавказе. http://www.dkb.gov.ru/start/index.htm，http://www.dkb.gov.ru/start/index.htm。

② Россия дала Грузии коллективную оценку.《Коммерсантъ》, №.159 (3976), 05.09.2008.

修改，希望加入一些新的提法，包括制订在安全和防止冲突中共同行动的条文。但俄罗斯的提议未被中国接受。[①] 峰会的最后文件对俄格冲突使用了较为委婉的表述，在峰会发表的联合宣言中说："本组织成员国对不久前围绕南奥塞梯问题引发的紧张局势深表担忧，呼吁有关各方通过对话和平解决现有问题，致力于劝和促谈。本组织成员国欢迎2008年8月12日在莫斯科就解决南奥塞梯冲突通过的六点原则，并支持俄罗斯在促进该地区和平与合作中发挥积极作用。"[②] 从这一表述可以看出：上海合作组织采取的是第三者的身份，而没有站在任何一方；上海合作组织确实没有给予俄罗斯它所希望的全部支持，它没有谴责格鲁吉亚，没有赞成俄罗斯的军事行动，没有承认南奥塞梯和阿布哈兹独立；但上海合作组织对俄罗斯表示了有限度的政治支持，从而表明它的同情是在俄罗斯一方。

对于杜尚别峰会对上海合作组织的影响评论不一，西方舆论有很悲观的评论，认为由于上海合作组织没有对俄罗斯表示支持，它对上海合作组织的后果将是灾难性的。美国军事学院战略研究所的勃兰克教授评论说："俄罗斯对格鲁吉亚的入侵、占领和肢解对上海合作组织提出了如果不是危机的话也是最大的挑战。"[③] 另一位欧洲学者也认为："格鲁吉亚战争和随后俄罗斯承认南奥塞梯和阿布哈兹独立成为上海合作组织的严重问题……俄罗斯毫无疑问期望获得来自朋友强有力的支持，它的失败可能影响上海合作组织的前景以及俄罗斯与其他成员国的双边关系……这一结果对上海合作组织可能是灾难性的。"[④]

但杜尚别峰会的结果还是平静的，没有出现严重的后果。俄罗斯官

---

① Виктория Панфилова, ШОС поставит кавказский диагноз России. Странам Центральной Азии предложат определиться с позицией по Южной Осетии, 2008 - 08 - 27. http://www.ng.ru/cis/2008-08-27/7_diagnoz.htm.

② 《上海合作组织成员国元首杜尚别宣言》, http://www.sectsco.org/news_detail.asp? id=2349&LanguageID=1。

③ Stephen Blank, "The Shanghai Cooperation Organization and the Georgian Crisis," *China Brief*, Volume VIII, Issue 17, September 3, 2008.

④ Niklas Swanström, "Georgia: The Split That Split the SCO," *CACI Analyst* 09/03/2008. http://www.cacianalyst.org/? q=node/4930.

方对杜尚别峰会的结果没有表示不满，梅德韦杰夫总统在会后说，他对上海合作组织对俄罗斯立场的理解和支持感到满意，并认为上海合作组织在继续巩固。[①] 俄罗斯舆论总体上也是从积极的角度看待杜尚别峰会的结果，把上海合作组织克制的表态理解为对俄罗斯的某种支持。《独立报》的评论认为，杜尚别宣言表明上海合作组织站在俄罗斯一边。[②] 俄罗斯独联体研究所中亚和哈萨克斯坦室主任戈罗津认为，虽然中国和中亚国家的表态克制，但总体上是支持了俄罗斯。特别是在不公开的双边和多边会谈中，各成员国对俄罗斯的支持就更明显。[③] 俄罗斯并不认为它在杜尚别峰会上遭受了失败。上海合作组织在俄格冲突问题上确实遇到了困难，但最终通过磋商达成了可共同接受的结果，上海合作组织没有因此出现对立和关系破裂。后来的形势还表明，国际格局在俄格战争后没有发生根本性改变，世界没有进入新的冷战。俄罗斯对上海合作组织的政策也没有重大变化，它仍然支持继续发展上海合作组织。

虽然如此，仍有看法认为俄格冲突和杜尚别峰会对上海合作组织产生了深刻影响。美国学者 A. 库利相信，2008 年的格鲁吉亚战争是上海合作组织的一个转折点。俄罗斯要求上海合作组织承认格鲁吉亚分裂地区独立，却受到了中国和中亚国家的回绝。那之后，俄罗斯对上海合作组织日渐冷淡。俄罗斯表面上还会说一切都好，但内心里越来越把上海合作组织看作是主要由中国控制的“中国通往中亚国家的后门”。在安全上，俄罗斯开始更倚重于集体安全条约组织。[④]

---

① Д. Медведев. Ответы на вопросы журналистов по завершении заседания Совета глав государств – членов ШОС. августа 2008 года. http：//www. president. kremlin. ru/appears/2008/08/28/1821_ type63377type63380_ 205840. shtml.

② Артур Блинов, ШОС взял сторону Москвы. Одобрение партнерами действий России поможет сплочению организации. http：//www. ng. ru/world/2008 – 08 – 28/100_ shos. html, http：//www. ng. ru/world/2008 – 08 – 28/100_ shos. html .

③ А. Грозин. Россия укрепляет позиции в Центральной Азии. http：//eurasianhome. org/xml/t/expert. xml？ lang = ru&nic = expert&pid = 1709.

④ 王雅平：“上海合作组织的初十年”，《卡内基中国透视》，2011 年 7 月 1 日。http：//chinese. carnegieendowment. org/publications/？ fa =44942.

## 四、吉尔吉斯斯坦动乱与上海合作组织

2010年4月7日，在毫无预兆的情况下，在吉尔吉斯斯坦首都比什凯克突然发生大规模骚乱。大量人群在市中心集会，集会很快发展成为推翻现政权的行动，随即发生了暴力冲突，造成数10人死亡，数百人受伤。集会人群冲击政府大楼，焚烧总检察院，占领了国家电视台。当局宣布比什凯克进入紧急状态，实行宵禁，但当局已经失去了对局势的控制，政府总理乌谢诺夫辞职，总统巴基耶夫不知去向，国家政权已经瘫痪，社会秩序陷于混乱，首都发生了打砸抢烧。当日傍晚，反对派宣布现政权已不复存在，临时政府成立，国家权力已转移到临时政府手中，原政府外交部长奥通巴耶娃为临时政府负责人。这样，在一天之内，吉尔吉斯斯坦政局就以难以置信的速度急剧突变。有人将其称为吉尔吉斯斯坦的第二次“郁金香革命”。

俄罗斯在吉尔吉斯斯坦事件中扮演了重要角色，俄罗斯否认它是这一事件的推动者和支持者，但它的作为显示出它站在反对派一方，对反对派持欢迎和鼓励态度。俄罗斯并不掩饰对巴基耶夫的不满和对临时政府的好感。事件发生的当天，梅德韦杰夫和普京都公开表示了他们的态度。梅德韦杰夫通过总统发言人说：“这是吉尔吉斯斯坦的内政。但这种表达抗议的方式反映了民众对现政权的愤怒。”普京表达了类似的看法：“当巴基耶夫上台的时候，他严厉批评已下台的阿卡耶夫总统搞家族统治，我的印象是，巴基耶夫先生走的是同样的路。”[①] 4月8日，普京与吉临时政府负责人奥通巴耶娃通电话，普京表示：“从两国特殊关系出发，俄罗斯提供了并准备继续提供必需的人道援助。”[②] 4月9日，以吉临时政府副总理阿坦巴耶夫为首的代表团到达莫斯科。俄罗斯接待该代表团，意味着它已经承认吉临时政府。同日，150名俄罗斯伞兵被派往吉尔吉斯斯坦，以加强对俄军事设施的保护。4月14日，俄罗斯宣

① Тимур Рахимов. Беспорядки в Киргизии застали Россию врасплох, 07 апреля, 2010. http://www.utro.ru/articles/2010/04/07/886251.shtml.

② Юлий Бетонов. Киргизские мятежники заручились поддержкой Путина 08 апреля, 2010. http://www.utro.ru/articles/2010/04/08/886416.shtml.

布向吉提供援助，包括 2000 万美元资助，3000 万美元优惠贷款，1500 吨用于春播的种子，还有 2 万吨石油产品。[①] 在此之前，俄罗斯政府从 4 月 1 日停止了向吉出口石油产品。

4 月 15 日，在哈、俄、美以及联合国、欧安组织和欧盟的调解下，临时政府与原总统巴基耶夫达成妥协，巴基耶夫同意辞职，临时政府允许他离开吉尔吉斯斯坦。当日，由哈萨克斯坦空军派出飞机，将巴基耶夫从吉尔吉斯斯坦南方城市贾拉拉巴德接到哈萨克斯坦。俄罗斯显然不准备接收巴基耶夫到俄罗斯避难，白俄罗斯总统卢卡申科表示欢迎巴基耶夫，随后巴基耶夫去了白俄罗斯。

但形势没有就此完全平息。5 月 13 日，在南方的奥什、贾拉拉巴德和巴特肯 3 个州同时发生示威集会，原总统的支持者占领了三州政府，要求恢复原来的政权。随后，临时政府采取措施，夺回三州政府大楼，恢复了秩序。但这一事件表明对抗没有真正停止，反对势力并不接受现状，形势仍然动荡。

6 月 10 日，在南部城市奥什，一群当地吉尔吉斯族和乌兹别克族青年发生斗殴。这起看起来普通的事件迅速发展成一场大规模的种族暴力冲突，临时政府宣布戒严，但不能有效阻止冲突的升级。形势完全失控，杀戮、焚烧、抢劫肆意进行，大批乌兹别克族居民逃离家园，涌向乌兹别克斯坦。骚乱还有从南方向北方蔓延的趋势，这种形势使吉濒临国内战争的边缘。6 月 12 日，吉临时政府向俄罗斯求助，请求俄罗斯派兵平息事态，但俄以骚乱为内部事务为由，未接受临时政府的请求，不过俄表示将提供其他形式的支持。骚乱一直到 6 月 14 日才逐渐平息。按照吉官方的临时统计，这次骚乱造成约 200 人死亡，约 2000 人受伤，造成了 10 多万难民。临时政府总理奥通巴耶娃认为，实际的死亡人数可能比统计高 10 倍。

这一次吉尔吉斯斯坦的“革命”与“郁金香革命”有所不同，它没有明显的意识形态色彩，政权更迭不会导致吉尔吉斯斯坦倒向美国，从这个角度说，事件不会对上海合作组织有直接的政治挑战。但是，就

① 普京责成政府在本周末前向吉尔吉斯斯坦提供援助，http：//rusnews. cn/eguoxinwen/eluosi_ duiwai/20100414/42762250. htm。

对上海合作组织的形象而言，这一事件对上海合作组织的冲击比“郁金香革命”有过之而无不及。上海合作组织在吉事件中的公开表示不多。在导致吉政权变化的冲突中，上海合作组织只做了两件事：一是在4月8日发表秘书长声明，表示对伤亡人员表示慰问，并希望尽快恢复秩序；二是伊马纳利耶夫秘书长在4月21日访问吉尔吉斯斯坦，并与临时政府领导人会谈。这次访问既是为了实地了解局势，更重要的是了解临时政府对上海合作组织的态度，以保证吉能够参加即将召开的上海合作组织峰会。在奥什骚乱中，上海合作组织在6月20日发表声明，对大量人员伤亡表示关切，认为骚乱受到有关势力唆使，希望尽快稳定局势，恢复宪法秩序，实现民族和解。①

吉尔吉斯斯坦事件给上海合作组织造成了两个方面的负面形象：

其一，上海合作组织面对中亚重大局势变化和骚乱无所作为。上海合作组织虽然发表了声明，但这些声明的内容只是表达对事件的关切和希望，并未提出解决问题的现实政策和主张。在这些声明之后，也没有任何具体行动计划的支持。因此，这些声明基本上只有形式上的意义，没有实质性内容，对事件不起实质性作用。

其二，上海合作组织在各方解决危机的活动中被排斥在外，它没有受到重视，它被完全边缘化了。不论是当事国吉尔吉斯斯坦，还是其他国家，都没有认真地提出发挥上海合作组织的作用。吉尔吉斯斯坦向多方要求帮助，但没有向上海合作组织提出请求。俄罗斯、美国、集体安全条约组织、欧安组织等在解决这一事件中受到的重视都比上海合作组织大。

不能不说，这对上海合作组织是严重的负面冲击，它再次显露了上海合作组织缺乏行动能力和资源的弱点。仅用不干预内政来解释上海合作组织的表现是不够的，虽然它也是一个因素。事实上，吉事件已超出了不干预内政概念的范畴，帮助停止大规模族际武装冲突和难民问题也不应被看做干涉内政，而且，这种形势很可能对整个地区安全带来严重后果，比如导致极端势力泛滥。上海合作组织的根本问题还是对这种形

① 上海合作组织就吉尔吉斯共和国南部骚乱发表声明，2010年6月20日，http：//www.sectsco.org/CN/show.asp？id=376。

势缺乏行为能力，而缺乏行为能力的原因是不能形成共同政治意愿，并缺乏资源的支持，包括财力和可用于行动的人员。

还需要看到的是，俄罗斯在吉尔吉斯斯坦事件中是最重要的外部角色，但俄罗斯作为上海合作组织的主要成员，它所启用的机制是集体安全条约组织，而不是上海合作组织。这从一开始就封死了上海合作组织发挥作用的可能。

# 第四章　中国与上海合作组织

本书笔者在《中国的中亚外交》（2008）一书中，已在“中国与上海合作组织”一章中对有关中国与上海合作组织的问题进行了较为详细的论述，笔者的基本观点和看法都已阐明。为避免重复起见，笔者在本章中不再做系统的论述，而只探讨一些未曾写到的重要问题。这些问题包括：中国对上海合作组织的认知，对上海合作组织对中国的效益评估，中国在上海合作组织中面临的问题，以及中国发展上海合作组织的政策等。

## 一、中国对上海合作组织的认知

中国对上海合作组织抱有特别的热情，也是对上海合作组织最为重视的国家，这是因为中国把上海合作组织看作是“迄今为止唯一在我国境内成立、以我国城市命名、总部设在我国境内的区域性国际组织”。[①]由于这个原因，中国不仅视上海合作组织为“自己的”组织，而且也把它作为代表着中国的国际符号。

中国对上海合作组织认识的突出特点，是赋予了它以崇高的价值理想、政治理念和历史使命。换句话说，中国偏重从理想和价值体系的角度来认知上海合作组织。中国把上海合作组织看作是全新的国际关系实践，在这个意义上，它是试图摆脱由西方主导的原有国际关系的理念和

① 外交部长助理：上海合作组织首次纪念峰会意义重大，东方网—文汇报，2006年6月12日。http：//news. sina. com. cn/c/2006－06－12/08109180179s. shtml。

模式，创造出一种新的价值体系和国际关系模式。这一点在上海合作组织成立之初就已经表达出来。在2001年上海合作组织成立大会的讲话中，中国国家主席江泽民对上海合作组织做了这样的评价："上海五国"进程是当代国际关系中一次重要的外交实践。它首倡了以相互信任、裁军与安全合作为内涵的新型安全观，丰富了由中俄两国始创的以结伴而不结盟为核心的新型国家关系，提供了以大小国共同倡导、安全先行、互利协作为特征的新型区域合作模式。它所培育出来的互信、互利、平等、协商，尊重多样文明，谋求共同发展的"上海精神"，不仅是五国处理相互关系的经验总结，而且对推动建立公正合理的国际政治经济新秩序也具有重要的现实意义。[①] 这一评价概括了中国对上海合作组织的理解，它不仅成为中国官方对上海合作组织的标准解释，而且也成为中国学术界解说上海合作组织的基准。具体说，中国认为上海合作组织是后冷战时代新理念的体现，是地区组织的新模式，是新型国家关系的典范，是新国际关系的样板。

在中国认为的上海合作组织的新理念中，新型安全观和"上海精神"是其核心。新型安全观是相对于旧安全观而言。旧安全观是指冷战思维，集团对抗政策，是不管他国安全来保证本国安全，是威胁、压倒和战胜对方。新安全观萌芽于中俄关系中，在1997年《中俄关于世界多极化和建立国际新秩序的联合声明》中，已经提出了建立新型安全观的思想。[②] 上海合作组织最早提出新型安全观的概念是在1998年"上海五国"阿拉木图联合声明中，但未阐明其内涵。在2000年3月"上海五国"国防部长阿斯塔纳联合公报中，首次表述了新型安全观的内涵，是为"互利、互信、平等、合作"。这一表述最终在2003年上海合作组织元首宣言中确定为"互信、互利、平等、协作"。此后，新型安全观的表述基本定型，没有再出现大的变动。

新安全观不仅仅用于上海合作组织内部，它也是上海合作组织提出的建立新国际安全关系的原则。中国和上海合作组织对这一点更为强调，一再重申国际安全关系应建立在"互信、互利、平等、协商"的基

① 江泽民主席在"上海合作组织"成立大会上的讲话，2001年6月15日，http://news.xinhuanet.com/ziliao/2002－06/05/content_425593.htm。

② 《中俄关于世界多极化和建立国际新秩序的联合声明》，1997年4月23日。

础上，摈弃冷战思维，以相互信任求得安全，以相互合作获得安全。中国把新安全观看作是上海合作组织对国际安全建设的理论贡献，它适应于后冷战时代的要求，反映着时代的进步。新安全观无疑在政治上是先进的，在价值体系上是崇高的。它诉诸于人类的良知和理性，体现着公平和公正精神，带有理想主义的色彩。新安全观的实施只能是在共同的政治认识之上，这在现实的国际政治中是非常困难的，但这不否定新安全观的理论意义，而且，作为一种现实政治的主张，它也有积极的政策作用。

“上海精神”是中国重视的上海合作组织的又一核心概念，而且是更重要、更全面、更有代表性的政治和价值概念。“上海精神”以中国城市命名，有明显的中国元素，这更增加了中国对它的热衷。“上海精神”的内容是“互信、互利、平等、协商、尊重多样文明，谋求共同发展”，它在2001年《上海合作组织成立宣言》中首次出现，但它的思想是在“上海五国”时期逐渐形成的。“上海五国”相互关系的发展实践是“上海精神”的起源。五个国家大小差异巨大，历史关系复杂，政治文化和宗教文明不同，这样的五个国家建立友好合作关系的磨合，逐渐形成了一系列相关的思想原则，它被概括为“上海精神”。“上海精神”首先是上海合作组织成员国相互关系的准则，它解决了上海合作组织相互关系的政治原则问题，为上海合作组织保持内部关系的平衡稳定奠定了基础。这一原则极为重要，没有这一原则，上海合作组织的友好合作关系难以长期维持。中国也把“上海精神”对外推广，认为它可是普遍的国际关系准则，是破解国际关系症结的途径，也是中国和上海合作组织的政治主张。特别是在国家不平等问题严重、“文明冲突”频繁发生的情况下，“上海精神”另辟蹊径，提出了新的观念和主张，在政治和道义上处于制高点，又有强烈的针对性和现实性，

中国认为上海合作组织是新型的地区组织。它的新颖之处被认为主要体现在三个方面：其一是新型的相互关系的原则，也即“上海精神”；其二是新的安全理念，也即新安全观；其三是新型的对外关系，也即不结盟、不对抗、不针对第三国，对外开放。应该指出，不结盟、不对抗、不针对第三国的原则也是从中俄关系带入进来的，在中俄结成战略伙伴关系时，已经有了不结盟和不针对第三

国的提法。

但是，中国学术界对上海合作组织“新型”的理解和阐释有些泛化了，“新型”的内容似乎涵盖上海合作组织的一切，这或多或少遮掩了它作为地区组织的正常面貌。确实，上海合作组织是一个新型组织。不过，这种“新”是有特定语境和特定含义的，不是无所不包。上海合作组织作为一个区域组织，它不可能超越区域合作机制的一般属性，也不可能与其他区域组织完全不同。同时，它的出现也不应是对其他地区组织在政治上的否定，即把其他地区组织都视为“旧型”组织，或说政治上落伍和过时的组织。所谓新型，主要应是相对于冷战时期的冷战型地区组织而言，而不是相对于一切地区组织。上海合作组织的“新型”也主要是体现在安全领域，而不是一切领域，在经济等领域它不一定是完全新型的。上海合作组织的一个突出特点是有中俄这两个大国参加，因此，它天然地被赋予了地缘政治的含义，也自然地被放到地缘政治和大国关系的语境之下。从传统思维的角度，这样一个组织自然应是中俄联合抗衡美国的联盟。但上海合作组织却不是这样的组织。因此，针对于安全领域、针对于冷战思维、针对于冷战型组织——这是上海合作组织所谓新型的特定语境。在这一语境之下，上海合作组织的“新型”才能确切地体现出来，即它是不同于具有冷战特征的地区组织，它不是军事联盟，它不以对抗美国和西方为目标，它追求以平等协商来实现国际安全。离开了这个语境，对上海合作组织的新型的理解就会很困难。就拿世界上的其他地区组织来说，在政治上，大多数国家和组织都不否定“上海精神”的思想，即“互信、互利、平等、协商、尊重多样文明，谋求共同发展”。例如东盟，它的成员中也包括了不同政治制度和不同宗教信仰的国家。在内部关系上，平等互利也是许多地区组织的原则，在决策机制上各成员国享有平等权力，例如欧盟也是一国一票。在具体领域如经济的合作中，上海合作组织的功能与许多地区组织也无根本不同，都是在发展经济合作和区域经济一体化。在安全问题上，也不是所有其他地区组织都以对抗其他国家为目标，许多地区组织的安全目标是为了地区安全和稳定。因此，说上海合作组织是新型组织应有特定含义，不能笼统地一概而论。

由于中国与上海合作组织的密切关系，也由于中国对上海合作组织的重大投入，中国学术界对上海合作组织表现出巨大热情。不过，在中国学术界对上海合作组织的认知中，也存在着一些偏差和问题。

一个问题是认为或认可上海合作组织是中国主导的组织。这种认识不符合事实，也是不正确的。主导意味着可以在决定性的程度上自由设计和引导该组织的走向，事实上中国不享有这种自由。不可否认，中国对上海合作组织有最大的影响，但这种影响没有大到主导上海合作组织的程度。在上海合作组织中有俄罗斯这样的大国，无论从政治影响力还是从决策权力上说，中国与俄罗斯都没有巨大的差距。在上海合作组织的发展过程中，在与其他成员国有共同兴趣或没有利益冲突的情况下，中国可以有最大的发挥，但这应说中国有最积极的表现，而不是对上海合作组织的主导。在其他成员国不认同的情况下，中国并不能按照自己的意愿决定上海合作组织的发展。例如，中国曾提出上海合作组织自由贸易区的设想，但因得不到其他成员国的支持而不能实施。从政治上说，中国主导上海合作组织也不是正确的观念。中国既认为上海合作组织是平等的，就不能认为上海合作组织是中国主导的。作为政治概念，主导和平等是矛盾的。

还有一种偏差，即把上海合作组织看成了中国的组织，把它看成中国可自由使用的工具，并有意识或无意识地把它当作了仅仅为中国服务的组织，不仅很少想到其他成员国的意愿和利益，而且以为其他成员国都会跟随。毫无疑问，国家利益是中国在上海合作组织中的根本目标，但上海合作组织并不仅仅是为中国利益服务，其他成员国参与上海合作组织也是寻求本国的利益，它们不可能接受上海合作组织仅仅服务于中国，也不可能为中国跑龙套。把上海合作组织当成仅仅为中国服务的组织是一厢情愿，也不切实际。

中国学术界中有一种对上海合作组织过于拔高的倾向，对它的可能性估计过头，对它的功能设想过大，对它的定位要求过高。有时把它抽象成了一个符号，上海合作组织似乎无所不能，什么都可以做。从学术角度，对上海合作组织的发展进行大胆的探讨和设想是可以的，应该受到鼓励。不过，不能用想象代替现实，不能以政治热情代替客观论证。不切实际的期望必然伴随着政策上的激进，而在希望不能实现时又将导致信心的丧失。

对上海合作组织的认知还存在一个问题，即仍有看法认为上海合作组织是以抗衡美国和西方为目标，或者说，虽然在名义上不是，但实际上是这样的组织。完全否定上海合作组织的地缘政治意义是不客观的，但认为上海合作组织的功能是与美国抗衡也不符合事实，而且，从它的构成来说，也不可能成为这样的组织。

## 二、上海合作组织对中国利益的效果

上海合作组织是中国以地区主义思想为基础的外交实践。随着中国的对外开放，中国的外交思想也发生了根本变化。它摆脱了封闭和保守的心态，开始以积极、进取、开放的姿态面向世界。它对国际机制以融入代替了怀疑，对多边合作从消极变为主动，对规则制定从旁观转为参与。在这个过程中，地区主义也为中国所接受。中国感到，通过制订共同的规则，借助于制度性的安排，依托于一个地区性框架，对于推进中国的利益有事半功倍之效，而且它有双边关系所不具有的功能，特别是在地区整体的政治、安全、经济安排上。这一转变使中国成了地区主义的积极实践者，上海合作组织即是它的一个产物。

中国在上海合作组织中追求的目标有多种，大致说来，以安全、经济、能源、交通最为主要。

安全利益的核心是打击“东突”，维护新疆的安全稳定。在2001年上海合作组织成立时，没有比这更使中国关注的问题了。20世纪90年代，对于新疆安全来说是一个多事之秋。一方面，世界上出现了宗教极端主义和恐怖主义的浪潮，从中东到西亚，从高加索到中亚，从阿富汗到喀什米尔，无不被卷入其中。另一方面，苏联解体和中亚国家独立，使新疆周边的安全环境大为改变。中亚从统一的国家变成多国林立，新独立国家立足未稳，社会动荡不定，塔吉克斯坦发生了内战，宗教极端势力快速蔓延。这使新疆的外部安全环境复杂化，中亚成了“东突”分子的乐园，它们在这里找到藏身之所，也把中亚当作进出新疆的通道。20世纪90年代，“东突”在新疆的恐怖活动也甚嚣尘上。根据中国官方的统计，自1990年至2001年，“东突”在新疆制造的暴力事件有200起之多，爆炸、暗杀、投毒、纵火、袭击政府机构、组织骚乱和暴乱，各种形式的恐怖活动频繁发生，造成了162人死亡，440人受伤。①

在这种背景下，新疆安全自然成为中国在上海合作组织的首要目标。总的来说，在这一方面，上海合作组织起到了很好的作用，卓有成效：

其一，改善了新疆的外部安全环境。上海合作组织以地区安全为己任，以打击三股势力为目标，增强了地区的安全保障。地区安全环境的向好，也意味着新疆外部安全环境的改善。

其二，在上海合作组织框架内形成了反对三股势力的共同空间，把打击“东突”从中国延伸到了中亚。中国在上海合作组织中最早提出了三股恶势力的概念，即恐怖主义、分裂主义、极端主义，这一概念为上海合作组织所接受。三股势力的概念适用于各成员国的情况，而对于“东突”更是量身定做。2001年6月15日，即在上海合作组织成立的当日，就签署了《打击恐怖主义、分裂主义和极端主义上海公约》。2007年，上海合作组织又签订了《长期睦邻友好合作条约》。条约规定，各成员国不能允许在其境内从事损害其他成员国主权和领土完整的行为，并针对三股势力分子和其他犯罪分子，要在通缉、羁押、引渡和移交方面加强协作。

中亚与新疆毗邻，“东突”分子把它看作自己的“后院”，可在那里藏匿和策划活动。在这一问题上，中国需要中亚国家的协助。具体说，中国希望中亚国家在政治上不支持“东突”，禁止“东突”在其境内进行反对中国的活动，不收留从中国逃出的“东突”犯罪人员，拘留和引渡中国通缉的“东突”恐怖分子等等。

公约和条约的签订意味着上海合作组织各国都不能允许“东突”在其境内活动，而且有责任相互协作。这也意味着中亚不再是“东突”的法外之地，在那里它也不能逃脱打击。2009年乌鲁木齐“7·5”事件后，一些犯罪分子逃到中亚，但没有躲过打击，他们被引渡回了中国，这就是一个例子。

其三，形成了多层次和综合的反恐合作机制，可保证反恐合作长期

---

① 国务院新闻办公室：《“东突”恐怖势力难脱罪责》，2002年1月12日。

进行。机制是反恐的执行环节，反恐活动需要通过机制来具体实施。上海合作组织的反恐机制由两部分组成，一是常设机构，即地区反恐机构，它的功能主要是技术性的，负责对内对外联系，协调反恐行动，参与有关法律文件准备，进行信息收集和分析等等。在常设机构之外，上海合作组织在相关职能部门之间建立了广泛的机制性合作关系，它包括了执法、行政、国防等部门。从功能上说，它的意义和作用更重要。它可制定政策，决定措施，实施行动。与此相关的机制包括：最高法院院长会晤机制，最高检察院检察长会晤机制，国防部长会晤机制，安全会议秘书会晤机制，公安内务部长会晤机制，军队总参谋长会晤机制等。这些机制构成了一个综合的系统，上海合作组织通过这个系统协调各国的政策，进行司法协作，实施联合行动。

其四，对三股势力形成了有力抑制和强大威慑。虽然上海合作组织没有常备军事力量，但它坚定的反恐决心，还有它不懈的战斗准备，使它成为威慑三股势力的强大力量。

有一种批评认为，上海合作组织没有过反恐的军事行动，没有消灭恐怖主义组织的记录，因此说，它的反恐没有实际成果。确实，上海合作组织没有进行过真枪实弹的战斗，也拿不出歼灭多少恐怖主义分子的战果，但据此说上海合作组织反恐没有成绩却是片面的。不是只有开枪开炮才是反恐。反恐是一件综合的事情，涉及到许许多多的领域，如边防、海关、金融、法律，如宗教、文化、反毒、减贫，再如信息收集、情报分析、网络管理等等，都是反恐的组成部分。面对自杀式恐怖袭击，飞机坦克没有用武之地。军事打击只是反恐的一种形式，它针对的是可见的恐怖主义势力。上海合作组织的反恐是综合性的，它更注重实施综合的反恐措施，将恐怖主义遏制于萌芽状态，消除产生恐怖主义的土壤。至于上海合作组织没有与恐怖组织作过战，那首先是因为没有出现过大股的恐怖主义武装集团。这应该说是好事，抑制其出现本身就是上海合作组织存在的意义。事实上，如果真有这样的团伙出现的话，一般来说也不需要上海合作组织去消灭它，各成员国本国的力量也就够了。恐怖主义的可怕在于它藏在暗处，一旦它明火执仗地出来，它就不那么强大了。从根本上说，反恐应是预防重于应对，这是判断反恐成绩的更高标准。哈萨克斯坦总统纳扎尔巴耶夫曾说过，自 2004 年到 2011

年，上海合作组织地区反恐机构防止了500多起恐怖活动发生。[①] 这应该说是很大的成果。

在和平的条件下，军演是上海合作组织联合军事行动的主要形式。军演是为可能的反恐作战的准备，同时对于三股势力也是一种威慑。联合军演本身即表示着一种政治态度，反映着反恐合作的程度。到2011年为止，在上海合作组织框架内共进行了9次反恐军演。这些军演属于不同系列。有军队系统的，如"和平使命"系列演习，由国防部主导；也有执法系统的，如以"天山"为代号的演习，则公安部和内务部实施，武装警察是演习的主角。中国很重视上海合作组织的联合军演，这从它对军演的态度中就可以看出来。许多联合军演是中国倡议和推动的。中国是上海合作组织军事演习的全程参加者，它参加了所有的全部演习。在总共举行的9次演习中，其中有6次的演习地点包括了中国境内，只有3次完全在中国境外，即"协作-2006，""和平使命-2007"，"和平使命-2010"。执法部门的两次联合军演，即"天山1号"和"天山2号"，分别是在新疆的伊宁和喀什举行，它的针对性显而易见，对于"东突"来说，这也是一种强有力的威慑。[②]

如果说上海合作组织对中国的安全利益成效显著，那在经济领域情况则大有不同，它的表现要逊色得多。这不是说上海合作组织对中国的经济利益没有贡献。它也有贡献，但成果不丰硕，低于中国的预期。

中国在上海合作组织初期就形成了自己的经济目标。在2003年上海合作组织第二次总理会议上，中国提出了经济合作的三点倡议：一是推进贸易和投资便利化；二是确定若干大的经济技术合作项目，把交通、能源、电信、农业以及家电、轻工、纺织等领域作为优先方向；三是以逐步建立自由贸易区为长远目标。[③] 2003年通过的《上海合作组织成员国多边经贸合作纲要》确定了上海合作组织短中长期目标，它也基本反映了中国的思路。这一纲领性文件提出的目标是：短期目标是积极推动贸易投资便利化进程，制定落实《纲要》的措施清单，建立和发展

---

① Н. Назарбаев. Десять лет будущего. 《Российская газета》, 03 июня 2011 г.

② 上海合作组织联合军事演习一览表。

③ "上海合作组织成员国总理会晤 温家宝提三倡议"，http://www.people.com.cn/GB/shizheng/1024/2104056.html。

**上海合作组织联合军事演习一览表**

| 演习代号 | 时间 | 参加国家 | 兵力和兵器 | 地点 | 主办 |
|---|---|---|---|---|---|
| “协作－2001” | 2002年 | 中吉 | 数百人，装甲车，直升机 | 中吉边界地区 | 国防部门 |
| “联合－2003” | 2003年 | 中、俄、哈、吉、塔 | 1000余人 | 哈萨克斯坦乌恰拉尔地区 | 国防部门 |
| “和平使命－2005” | 2005年 | 中俄 | 10000余人，战略轰炸机，歼击机，运输机，水面舰艇，潜艇，坦克，火炮 | 俄远东，中国山东半岛及附近海域 | 国防部门 |
| “天山1号” | 2006年 | 中哈 | 装甲车，直升机 | 中国新疆伊宁 | 执法机构 |
| “协作－2006” | 2006年 | 中塔 | 450余人，直升机，装甲运输车 | 塔吉克斯坦哈特隆州穆米拉克训练场 | 国防部门 |
| “和平使命－2007” | 2007年 | 中、俄、哈、吉、塔、乌 | 4000余人，直升机，运输机，强击机 | 俄罗斯车里雅宾斯克 | 国防部门 |
| “和平使命－2009” | 2009年 | 中俄 | 2600人，直升机，歼击轰炸机，强击机，坦克、装甲车、自行火炮 | 俄罗斯哈巴罗夫斯克市和中国沈阳军区洮南训练基地 | 国防部门 |
| “和平使命－2010” | 2010年 | 中、俄、哈、吉、塔、乌，乌未派兵 | 5000人，轰炸机，歼击机，直升机，坦克，火炮，装甲车 | 哈萨克斯坦共和国，马特布拉克合成训练场 | 国防部门 |
| “天山2号” | 2011年 | 中吉塔 | 装甲车，直升机 | 中国新疆喀什 | 执法部门 |

经贸投资的信息空间；确定经贸合作优先领域。中期目标是制订规则和程序，实施贸易投资便利化，开展大规模多边经贸合作。长期目标是最大效益地利用区域资源，为贸易投资创造有利条件，逐步实现货物、资本、服务和技术的自由流动。[①] 这也被称为上海合作组织经济合作的"三步走"战略，它也基本反映了中国的主张。简而言之，中国的基本想法是推动区域经济一体化，建设自贸区，扩大贸易，在能源交通电信等领域实现一些大项目。这一思路后来有所调整和发展，但没有太大变化。

但从目前来看，结果不是很理想。现在，短期和中期目标的时间已过，但第一步和第二步都走得不顺利。便利化措施的落实情况不令人满意，交通通讯等地区网络还没有完全形成，中国所努力推进的交通项目迟迟未实现，如中吉乌铁路已搁置多年，《政府间国际道路运输便利化协定》从2003年提出，到2011年第5次交通部长会议结束还没有正式签订。在按国际标准制定共同的规则和程序方面，进展也落后于预期，没有达到目标。酝酿已久的上海合作组织发展银行尚未成立，建设项目的融资渠道问题还没有解决。中国在上海合作组织的主要目标——区域经济一体化——进展缓慢。中国提出的建立自贸区的想法没有很大进展。2011年，中国又正式提出了启动自贸区联合研究的中方建议，这距中国首次提出已经过了8年，[②] 而且能否被其他成员国接受还很难说。

这些年，中国与俄罗斯和中亚国家的贸易增长很快，而且在能源领域完成了一些大项目，特别是建成了从哈萨克斯坦到中国的石油管道和从土库曼斯坦到中国的天然气管道，有人把这些都归功于上海合作组织。上海合作组织确实起了积极的促进作用。不过，客观地说，这种作用是辅助性的，不是主要因素。贸易的增长主要得益于宏观的经济形势，是双边贸易自然发展的结果。能源项目也都是以双边为基础，不是在上海合作组织框架内形成和实施的。像土库曼斯坦，它甚至连上海合作组织的观察员都不是，中土天然气项目与上海合作组织就更无关

① 《上海合作组织成员国多边经贸合作纲要》，2003年9月23日。

② "蒋耀平副部长率团出席杜尚别上海合作组织第十次经贸部长会议"，http://www.sco-ec.gov.cn/crweb/scoc/info/Article.jsp?a_no=276704&col_no=48。

系了。

在安全和经济之外，上海合作组织还产生了一些未曾预设的效应，使中国受益良多，这对中国可说是重大的意外收获。

上海合作组织为中国提供了一个与中亚国家密切接触的纽带，带动了中国与中亚国家的全面接触。从最高的官方到民间社会，从政治经济到文化体育，在上海合作组织的框架下，形成了多领域、多层次、机制化、持续性的接触和交流。这对中国与中亚国家相互了解产生了广泛和深入的作用，它不仅仅拉近了中国与中亚国家的距离，更重要的是使中国和中亚国家联系在一起。上海合作组织所担当的这种作用，没有其他机制可以比拟，也是双边关系不能完全替代的。

上海合作组织使中国进入了中亚地区事务，这对中国外交来说是一大便利。上海合作组织是以中亚为政治地理中心，以中亚和与中亚有关的问题为中心议题。参与这一组织，即是参与中亚地区事务，意味着进入了中亚的地区合作中。中国虽与中亚接壤，但中亚是前苏联地区，与中国的联系存在断裂，中国是重新进入这一地区。上海合作组织起到了桥梁的作用，使中国融入到中亚地区。而且，这个过程是正面的，受到中亚国家的接受和欢迎，因为它是通过合作的形式。

上海合作组织还对中俄在中亚的关系产生了独特作用，它帮助避免了中俄在中亚可能的碰撞，并使中俄战略合作关系得以在中亚延伸。上海合作组织的这一作用未曾预设，是意外收获，但它十分重要。这一点将在俄罗斯与上海合作组织一章中专门讨论。

最后，上海合作组织增加了中国的外交资源，对提高中国在地区和国际上的地位大有裨益。冷战结束之后，特别是全球金融危机以来，国际格局进入大调整的时代，区域性或主题性多边机制不断出现，成为当今国际政治中越来越重要的活动形式，并对国际政治产生着越来越大的影响，如八国集团、20 国集团、金砖五国、中俄印三边、中日韩对话等等，都属于这类机制。多边机制有难以拒绝的吸引力，它是一种联合或组合，但不是结盟和真正意义上的集团，它的束缚性义务不多，进出相对自由。越来越多的国家参与到这类多边机制中，并把这作为扩大其影响的捷径。中国也是一样，它在外交上已经摆脱了机械的“独立自主”的形式，转而走向积极地参与各种多边机制。上海合作组织是中国参与的多边机制之一。与其他机制有所不同的是，上海合作组织最集中地反映着中国的政治理念，并且是可为中国所依靠的组织。对于中国外交来说，上海合作组织是完全的加项，它在中国外交资源库里已有不能替代的位置。中国通过上海合作组织表达它的思想理念，对地区和国际政治过程加以影响，并尝试推动新国际政治经济秩序的建设。作为一种外交资源，上海合作组织可为中国比较自由地运用。作为对外传递中国声音的管道，它比较可靠和有效。而且，凭借上海合作组织，中国外交的“地势”也升高了。

## 三、对中国一体化政策的反思

反谓反思，主要是从批评的角度做一些探讨，而不涉及正面肯定的部分，它不是以偏概全，没有全面否定含义。如前所说，上海合作组织在经济领域对中国的成效较小，中国所努力推动的区域经济一体化遇到的困难最大，过程最为艰难，其前景也不明朗，因此有必要专门就这一问题做些探讨。

应该指出，中国提出自贸区倡议和一体化思想是在经济合作的特定语境下，它是一种专业性表述，而不是政治性表述。如果是政治性表述的话，则区域合作的根本目标应是推动地区经济的发展，提高本地区国家民众的福祉，一体化不能作为区域合作的终极性目标，它只是实现这一目标的形式和手段。一般来说，政治性表述是在上海合作组织的政治性文件中。上海合作组织也是这样做的，如在《上海合作组织宪章》中，就指出上海合作组织的目标是促进地区经济、社会、文化的全面均衡发展，不断提高各成员国人民的生活水平，改善生活条件。中国在2003 年提出建设自贸区的建议。2011 年，在上海合作组织第 10 次经贸部长会议上，中国正式提出了启动自贸区联合研究的建议。[①] 自贸区是区域经济一体化的一种形式，世界上许多地区都在实施。中国提出建设自贸区的设想，其意也是为促进成员国间的经济合作。中国在此之前已

① 蒋耀平副部长率团出席杜尚别上海合作组织第十次经贸部长会议，2011 - 11 - 01。http：//www. sco - ec. gov. cn/crweb/scoc/info/Article. jsp？ a _ no = 276704&col _ no =48。

经有了建立自贸区的实践。2000 年，中国提出了与东盟建立自贸区的设想，并在 2001 年与东盟共同宣布将在 10 年内建成自贸区。此后，中国同许多国家也开始了自贸区谈判。中国在上海合作组织提出自贸区的设想，是中国区域合作思想和实践的自然延伸，并不是专门针对上海合作组织的特别政策。

但在其他成员国的学术界乃至政界，中国的经济目标在一定意义上被政治化了，变成了政治性表述，它被广泛地理解为中国的最终目标，并由此产生了一系列负作用。这种现象的出现有许多原因。俄罗斯一直致力于原苏联地区的一体化，经济一体化是其敲门砖，这是俄罗斯不会改变的根本目标。上海合作组织一体化与此有矛盾，俄罗斯不会完全支持。中亚国家是新独立国家，对一体化有本能的小心，它们首先是从政治角度看待一体化，容易把它作政治化的理解。中亚国家在经济上比较弱小，并在不同程度上受到“中国威胁论”的影响。它们希望从与中国的经济合作中获益，但对中国经济存在的迅速扩大也有不安。特别是哈萨克斯坦，对中国“经济扩张”的忧心最重，担心变成中国经济的附庸。还应该看到，中亚国家在政治文化和民族心理上，它们对中国有陌生感，认同感比较弱，对“走向”中国有所踯躅。这也以哈萨克斯坦最为明显，它在文化上并不十分认同亚洲，它自认为是欧亚人和欧亚国家，对欧洲方向有更多的向往，对融入亚洲或多或少有一些不情愿。有中亚学者曾做过一个综合调查，结果是多数中亚学者认为无论如何不应与中国进行一体化。一位资深的中亚学者这样评论：“中国不是、也不应该是后苏联地区一体化的发动机，把上海合作组织看作是一体化的项目是危险的歧途……它的目标是在上海合作组织空间建立自贸区，把中国的商品推向欧亚、欧洲和中东。”① 当然，需要说明，不是所有的俄罗斯和中亚学者都持上述理解，这是一种有代表性的看法。

区域经济一体化设想不是错误。不管从中国的利益来说，还是从地区合作的趋势来说，区域经济一体化应是自然和正常的目标，中国提出这种设想有其合理性，符合世界经济发展的潮流，各国都有从中获益的

---

① Евразийская интеграция и Китай：виртуальный экспертный форум. 25. 11. 2011. http：//www. centrasia. ru/newsA. php？ st = 1322198160 .

可能。

但中国在提出自贸区设想时对这些政治性因素考虑不足，对于政治问题的艰巨性缺乏足够认识，中国的准备基本是针对经济和技术性问题的，对于解决政治困难没有做充分的准备。同时，中国对中亚人的想法和思维方式也了解不够。中国主要是从经济思维出发，把中亚地区看作是与其他地区没有差别的地区，用中国人的思想去理解俄罗斯人和中亚人，以为中国认为是好的东西，俄罗斯和中亚人也会认为是好的；以为在经济上符合逻辑的，也会符合政治逻辑。

中国的政策制定中也确有经济思维主导的问题，而经济思维在很大程度上又受到“出口思维”的影响，这使它看起来像是为扩大中国商品出口而制定的政策，商品出口代替了综合性的经济目标和政策。在某些方面和某种程度上，中国有“公司国家化”和“国家公司化”的现象，即公司的利益代替了国家的综合利益，而国家变成了只追逐商业利益的“公司”，没有使公司利益与国家利益、局部利益与整体利益有机地协调起来。中国对一体化的解释角度也有偏差，它主要是从中国的角度来解释一体化所能产生的利益，而没有让其他成员国看到它们有多少好处。例如，中国的研究认为上海合作组织可促进成员国 GDP 的增长，可增加就业机会，可提高社会福利，但这是笼统的说法，没有详细和充分的论证。[①] 这就很难在最大程度上使其他成员国理解，一体化在某种程度上仍被看作成了中国欲在经济上“吞没”中亚的代名词。同时，中国提出了一体化目标，但没有说过它将为地区经济提供多少公共产品，没有让中亚国家认识到一体化是国家之间经济联系不断加深和简化的过程，它可降低交易成本，扩大经贸往来，是一种发展经济关系的正常形式，背后没有不可告人的政治目的，也不必然导致一国对另一国的经济控制。也许，中国认为这是常识，是不言自明的道理，无需再加解释，但事实上进行解释是必要的。

中国的政治努力也嫌不足。一方面，中国没有努力寻求与俄罗斯在一体化问题上达成战略性妥协，以从根本上解决或缓解在这一问题上的

---

① 须同凯主编：《上海合作组织区域经济合作——发展历程与前景展望》，人民出版社，2009 年版，第 153—154 页。

结构性矛盾。当然，不能期望俄罗斯的完全理解和支持，那是不现实的，但沟通本身就是一种相互了解的过程，而达成一定程度的理解不是完全没有可能。中国应努力把俄罗斯拉入一体化过程中，努力使它成为共同参与者，利益的共享者，至少要使它不成为公开的反对者。另一方面，中国在解除中亚国家的顾虑方面也做得不够。中亚国家最大的顾虑是担心为中国经济所吞没，成为中国经济的附庸，变成中国的原材料供应者。中国对于这些问题没有提出针对性的有说服力的解答，没有针对性地提出准备采取的措施，这也就无法有效地缓解中亚国家的担忧。

还应该注意到，中国在舆论的运用上十分欠缺，中国传播自己思想和看法的渠道狭窄。在中亚的舆论中，中国的声音微弱，影响面很小。更重要的问题是，除了经济语言外，中国缺乏有吸引力的思想和文化语言，难以在思想和文化上吸引中亚国家和民众。可以说，中国在经济上是一个巨人，但在精神文化上却不够伟岸。有俄罗斯学者指出："尽管中国实力不凡，但它没有向其他国家传播自己的理念、生活、世界构建和哲学的经验，也没有能强烈感染欧亚国家的'超级思想'。"① 应该说，这一看法是有道理的。

在一体化的框架上，中国的设想也有可探讨之处。不论从人口、面积还是经济总量上说，上海合作组织都是一个庞大的组织。以这样庞大的架构为基础推行区域经济一体化，已是十分困难。更要紧的是，它内部的政治和经济差异性巨大，各国的想法不完全相同甚至相异，有的成员国之间关系不顺，要把它们全部整合起来，达成妥协和一致，就更加不容易。这与中国与东盟自贸区的情况不一样。东盟虽然也有许多国家，内部也有纷争，但东盟对外还是一个整体，中国主要是和作为整体的东盟打交道，东盟内部的问题主要由它们自己协调。而在上海合作组织，中国要面对所有成员国，解决所有的问题，理顺所有的关系，这虽不能说是不可能的，但却是相当困难的。由此看，在推动上海合作组织经济一体化的路径选择上，中国的做法也值得商榷。在这一问题上，独联体的情况可作为一个参考。俄罗斯最初也是以独联体为框架推动原苏

① Андрей Грозин. Евразийская интеграция и Китай: виртуальный экспертный форум. Часть 5. http://journal－neo.com/? q＝ru/node/11176.

联地区的一体化，但因范围太大、国家太多、相互关系太复杂而举步维艰，后来俄罗斯转变策略，改为从双边和小多边入手，将重点放到了推动俄白联盟、海关联盟、欧亚经济共同体等机制上，收到了良好效果，它的成功吸引了其他国家加入，最终还带动了独联体的一体化进程。

尽管中俄关系密切，并被认为是处于历史上最好的时期，但经济一体化不在两国关系的政治词汇中，这是很奇特的现象。中俄都不拒绝经济一体化的思想，事实上，它们都是区域经济一体化的积极实践者。但一到了中俄之间，一体化就好像变成了令人生畏的东西，唯恐避之不及。这其中的阻力主要来自俄罗斯，原因既有经济上的，也有政治上的，还有思维方式上的。中国对中俄两国的经济一体化抱积极态度，并且设想把上海合作组织和欧亚经济共同体的两个一体化进程连接起来，但俄罗斯对这种设想内心里拒绝，敬而远之。俄罗斯有一种很有代表性的观点认为，这对俄罗斯不仅不利，而且有害。如卢嘉宁所说："中国人一直不断地说，通过中国的自贸区设想，将来可以把欧亚经济共同体和上海合作组织的两个一体化连接起来。这将不可避免地导致出现'中国的大欧亚'，使俄罗斯在这一空间的地位急剧下降，对俄罗斯和中亚国家的国家优先目标构成威胁。这种前景在理论上最终可使独立国家联合体瓦解，而某种'中国联合体'将取而代之。"① 这种看法反映了俄罗斯的担忧，虽然有夸张之嫌。由于这种认识的影响，现在俄罗斯还难以接受推动中俄经济一体化的思想，这一问题还提不上中俄两国的议事日程。经济一体化现在还提不上中俄两国的议事日程，但中俄在政治上是战略伙伴，在地理上是最大邻国，在经济上合作逐年扩大，在区域经济合作的潮流下，中俄不能逆势而行，两国经济的一体化有现实潮流的推动。俄罗斯将越来越深地融入亚太经济，这种融入包括制度的融入，因为亚太地区将越来越为大大小小的区域经济合作机制所覆盖，没有制度的融入，就等于是徘徊于区域经济合作的边缘。而融入亚太区域经济制度，也几乎意味着俄罗斯在经济一体化上与中国的接近，因为作为亚太地区的经济大国，中国自然是亚太区域经济机制的成员。由此来看，

① Сергей Лузянин. Евразийский проект В. Путина и реакция Китая, 16. 11. 2011. http：//www. journal－neo. com/？ q＝ru/node/10598.

未来中俄进行经济一体化建设不是没有可能，至少说，这是一个值得进行长期努力的方向。另一方面，中国也需考虑俄罗斯的关切和利益，解答俄罗斯的担心和顾虑，保持两国利益的综合平衡，使两国都从中受益。唯有这样，才能使两国都有动力和兴趣，而唯有两国都有动力和兴趣，才能推动经济一体化的进程。如果俄罗斯能够接受这个概念，则上海合作组织的相关问题也可迎刃而解了。

## 四、中国发展上海合作组织的若干政策

上海合作组织是中国在中亚进行地区合作的框架，如果没有了上海合作组织，中国的区域性设想将无所依托，而且会面临被排除在地区性安排之外的局面。因此，巩固和发展上海合作组织对中国有重要意义。由于中国与各成员国的良好关系，由于中国对各国的重大影响力，中国有可能和有能力维持上海合作组织的存在和发展。但中国在上海合作组织中也并非没有问题，不会是一切都顺利，展望前景，未来也不是一片光明，它也存在困难和挑战。

中国作为上海合作组织的主要成员，上海合作组织面临的问题，也是中国的问题。上海合作组织面临的最主要问题，是在未来时期如何取得实质性的新发展。它需要解决存在的问题，需要给出更多实在的成果，需要提供更多的“公共产品”，需要找到更有效的发展途径和方式，需要提高它的吸引力，此外，它还需要对未来的发展战略形成新的共识。

从政治角度看，中国正在承担越来越重的政治责任和负担。作为上海合作组织最主要的推动者，中国理应承担最重要的政治和其他责任。但是，正在出现的一种趋势是中国在把上海合作组织越来越多地背在自己身上，其他成员国的责任感有减低之虞。可以观察到一种现象，支持上海合作组织的发展越来越成为中国对其他成员国的希望，而不是其他成员国对中国的希望。在某种意义上，对上海合作组织的支持在变为支持中国的一种外交姿态，并成为取得中国相应回报的一种手段。在中国与其他成员国的双边政治对话中，支持上海合作组织发展已成为一项常规表态，它在一定意义上被理解为对中国的支持。可以感到，在上海合

作组织问题上，政治氛围和成员国的心态出现了微妙的变化，中国似乎是有求于人，而其他成员国似乎是在帮助中国。

形成这种状态的主要原因，在于中国与其他成员国对上海合作组织热情程度的落差。在中亚地区，地区机制的国家“底色”一直存在，如俄罗斯之于欧亚经济共同体和集体安全条约组织，哈萨克斯坦之于亚洲相互协作与信任措施会议（亚信），中国之于上海合作组织。上海合作组织有明显的中国标记，它体现着中国的存在，有利于中国的利益。中国的热情高，发展上海合作组织的心情迫切，其他成员国虽也有热情，但程度不及中国，且无迫切的心态，并无力或无意提供很大的资源，这就造成了责任向中国身上集中的趋势。这种趋势的过分发展不论对中国还是对上海合作组织都是不利的。一方面，它把中国推向被动的地位，使中国在发展上海合作组织问题上感到越来越大的压力。另一方面，它使其他成员国的责任感和积极性降低。还应该看到，上海合作组织所产生的直接经济效果还比较少，同时其他一些地区机制也在分割着上海合作组织的基本功能，如欧亚经济共同体、集体安全条约组织、欧安组织、北约等，这也使其他成员国对上海合作组织的注意力散化。

对于上海合作组织未来的规划，需要以中国的战略需求为基础，以过去的成功和不足为借鉴，以现实的可能和变化的趋势为根据，并要充分考虑其他成员国的诉求和希望。

中国需要对它要得到什么有具体的目标，对它可给中国带来的利益有客观的估计，对它的局限性有清醒的认识，对可做的投入有合理的估计。中国不能坠入为发展上海合作组织而发展的惯性，不能在发展的激情中失去目标。中国要保持发展上海合作组织的决心和恒心，也要避免急躁的心态。同时，中国也要注意到其他成员国的需求，保持各成员国利益的相对平衡。

中国应从战略的角度看待和发展上海合作组织，需要跳出上海合作组织来审视上海合作组织。上海合作组织在战略上为中国所需，在总体上有利于中国，中国不必过于看重一时一事的成败得失，重要的是保证上海合作组织总体的发展方向及状态。

中国对上海合作组织的政策应有整体性、综合性、协调性。这有两方面的含义：一方面，中国要有总体的政策，包括有关上海合作组织的方方面面；另一方面，每一具体领域政策的制定，诸如政治、经济、安全、能源、交通、教育、文化等等，也需综合考虑各种因素，而不是各部门孤立地制定，孤立地实行。政策制定要突破“部门主义”和条块划分，以减少片面性，增加科学性。这一问题也适用于中国的中亚政策。

中国应以更广阔的视野来规划上海合作组织的未来。不应局限于中亚，也不应只盯着中亚，事实表明，这既限制了上海合作组织的发展，也引起了很多问题。从政治和经济地理的角度说，中亚正在变化，它正在发生着与周边地区的融合；从政治的角度说，中亚是前苏联地区，俄罗斯对这一地区在政治上过于敏感，它对上海合作组织在中亚的发展有限制。中国把中亚作为一个相对独立的政治地域有其理由：它是原苏联地区，它是俄语地区，该地区的国家有相似的历史，它们之间有共同的地区认同。这些因素对中亚的地区界定有重要意义，但上海合作组织不必受其羁绊，它应以中亚为政治地理中心，跨越狭义的中亚，走向大中亚地区。所谓走向大中亚，也即以中亚为中心的扩展。

中国应努力塑造上海合作组织是地区公共产品提供者的形象，并尽量改变这样一种印象，即上海合作组织主要是为中国服务。在俄罗斯和中亚学术界，都存在着一种舆论，认为上海合作组织本质上是中国的组织，是中国在中亚进行政治和经济“扩张”的工具。有俄罗斯评论说：“上海合作组织已经明显变成了中国吞没中亚的工具，或者说上海合作组织是中国在中亚的‘万能钥匙’。”[①] 类似的说法还有很多，从中国的观点来看，这种舆论不客观也不正确，而且有的是出于某种非善意的政治动机有意所为，但它的存在是客观现实，并且有很大的政治和社会影响。这个问题有深刻的政治意味，它对上海合作组织可产生严重和长久的消极作用，中国应对其给予重视。中国是以“上海精神”来构建上海合作组织的形象，强调它的平等和互利性，但这主要是一种政治精神的光辉，不足以解决上面所说的实际问题。中国还需要在物质的层面也即具体利益的层面对上海合作组织进行再塑造，使上海合作组织平等互

① Михаил Калишевский. ШОС：Союз《законсервированных》автократий. 17. 06. 2011. http：//www. fergananews. com/article. php? id＝6995.

利的形象从抽象到具体。

在发展策略上，中国应鼓励其他成员国的积极性。积极性的提高主要取决于利益。利益越大，积极性也越高。鼓励其他成员国的积极性，在一定意义上也使它们在利益分配中有恰当的所得，使它们的诉求能得到体现。虽然，上海合作组织不可能满足每个成员国的所有诉求，也无可能满足成员国的全部需求，但可集中资源，强化核心功能，使其对各国的利益有所凸显。对于其他成员国的想法，即使与中国不同，只要对上海合作组织没有危害，也可尽量予以理解以及支持。利益是可以交换的，中国也应有这种意识。

在经济合作中，中国需兼顾到各国的利益和关切，考虑到各种因素。经济合作的效果不如人意不是放弃的理由，而是寻求更有效的途径、加大努力的动因。从中国在2011年再次提出自贸区倡议来看，一体化仍是中国的总体设想。不过，单刀直入一体化的目标过于突兀，它会引起俄罗斯和中亚国家的不安，反而可能成为正常的发展过程的障碍。如果俄罗斯和中亚成员国心存异议的话，不管它在表面上是否被接受，这个设想最终还是不可能实现。这不仅会迟滞正常的发展进程，而且很可能给中国带来政治负效应，中国将承受重大挫折，而且，一旦一体化过程中断，再重新启动将更不容易了。

这不是说要放弃一体化概念。中国既已提出经济一体化的思路，并且也写入了上海合作组织的正式文件，这表明这一理念已植入到上海合作组织中。它是一个概念和理念的制高点，不应轻易放弃，即使在相当长时间不可能实现，也可作为概念保留。但是，如前所说，中国应采用更能体现地区公共利益和地区关怀的目标体系，一体化可作为一种形式纳入其中，但不作为具体目标，不设定实现的时间表。在经济合作中，淡化对一体化的强调，即不是一切为了实现一体化。从具体的贸易、项目、合作计划入手，以经贸关系的加深、以合作项目的增加、以共同利益的扩大作为引导，循序渐进地向一体化方向发展。中国在经济合作上可以选择更恰当的核心概念加以强调，如帮助地区经济的发展、促进成员国间经济联系，这更能为各国接受，更能为当地居民理解。

最后，中国应采取更灵活的政策。在上海合作组织的大框架下，也可从双边和小多边做起，由低向高，由小向大；或是同时在双边和小多边开展，双向进行，俄罗斯、哈萨克斯坦、吉尔吉斯斯坦，以及观察员国都可以作为对象。调整策略不是改变方向，也不是放弃阵地，而是为了更有效地推进。这看起来可能会慢些，但会更扎实，更能够持久。

在未来的时间里，俄罗斯因素对于中国的影响将会更加重大，它突出地表现在可变性将增强。在中亚地区，俄罗斯因素对中国一直是最重要的因素，但在过去的10多年里，它具有较大的可预测性。但未来这种可预测性将会降低。随着俄罗斯在中亚影响的增长，特别是随着它所主导的一体化进程在中亚实质性展开，俄罗斯的政策、行为、心态发生变化的可能性增加。在这一背景下，未来中俄在中亚的关系将向何处发展，这是一个重大变数。可以预测，在上海合作组织的发展问题上，特别是在具体的政策中，中俄可能会有更多不同的主张，这使中俄出现矛盾的可能增加。中俄有不同的看法和主张是正常的现象，它不必然导致中俄发生冲突，也不必然导致上海合作组织解体，问题的关键在于中俄如何处理它们的矛盾，它的结果对上海合作组织的未来发展无疑会有极大影响。中国面临的挑战是如何既坚持自己的基本主张，又避免与俄罗斯发生对抗，使上海合作组织向既定的方向继续发展。这将是中国将要面对的重大课题。当然，也应该看到，不是一切新因素对中俄关系都是不利的，一些新因素的出现会促进中俄合作，例如地区稳定问题的突出、阿富汗局势恶化，等等。

中国需与俄罗斯就未来上海合作组织的发展形成战略共识，达成战略妥协。上海合作组织成立之时，中俄的战略共识保证了上海合作组织的稳定和发展。现在，在上海合作组织进入新的发展阶段之始，中俄需要再次进行战略“对表”，以保证未来上海合作组织的稳定和发展。应该看到，与上海合作组织的初期相比，现在中俄两国的情况都有很大的变化。那时的情况是：俄罗斯刚刚走出长期的衰退，筋疲力尽，在国际上面临北约东扩，压力沉重，在中亚惨淡经营，力不从心。而中国打开中亚的大门还不久，正在向中亚大力推进，但还未完成谋篇布局的阶段。现在的情况是：中国已全面进入中亚，在中亚建立了牢固的存在，并努力推动区域一体化。而俄罗斯也已恢复元气，开始雄心勃勃地重新实施原苏联地区的一体化，中亚首当其冲。由此推断，未来中俄的竞争性呈增长趋势。在这种背景下，中国需与俄罗斯进行战略沟通，尽量达成战略上的相互了解和理解，避免正常竞争变为恶性竞争，防止出现战略性冲突，这对上海合作组织来说至关重要，对中俄关系也有重要意义。

在推动上海合作组织的过程中，各成员国积极性有高有低，在立场和方式上也会有分歧，这有时会对上海合作组织产生很大影响，甚至使上海合作组织的一些合作项目搁置，给上海合作组织的推进造成很大困难。如何解决这一问题，也是中国和上海合作组织的一个难题。对于中国来说，发展上海合作组织固然重要，但与国家的关系更为根本。中国应遵循这样的原则：即不能为了上海合作组织问题牺牲国家关系，尤其不能为了一些不是特别重要的合作项目损害双边关系，除非这个成员国有针对中国和上海合作组织的严重恶意。上海合作组织的发展问题可以转圜，但国家关系一旦搞坏，长期建立起来的友好和信任将毁于一旦，重新修复就很难了。而且，这种结局将对中国的中亚外交造成严重困难。因此，对于上海合作组织的这类问题，中国应尽量通过沟通解决，对机制上的不足也应加以改进，达到在政治上可以求同存异，在机制上也有足够的弹性，既可使合作项目进行，又不与有异议的成员国形成对立。如果不是这样，如果中国因上海合作组织问题而使双边关系受到创伤，那就是本末倒置、得不偿失了。

## 五、关于建设性介入政策

对于中国的中亚外交及它的上海合作组织政策来说，如何处理地区稳定问题是最大的挑战之一，也是最大的难题之一，2010 年吉尔吉斯斯坦事件再次凸显了这个问题的尖锐性。中国传统的做法是低姿态，不介入，置身事外，静观事件的发展，待水落石出后再视情行事。这一做法也延伸到了上海合作组织。不过，这一政策对上海合作组织有很消极的作用，而且越来越不适用，调整的必要越来越明显。但是，在这一问题上，中国遇到了很多障碍，不干涉内政原则首当其冲。中国欲调整政策，不干涉内政原则是绕不过去的槛，不解决这个问题，中国的政策调整是不可能的。不干涉内政不是一个普通的政策和策略问题，它关系到中国外交的基本理念和主张，而中国外交的基本理念和主张不是可以随意改变的。

中亚稳定不仅符合中国的利益，而且也是中国利益所必需。维护地区稳定的必要性对中国来说已经十分明显。随着中国与中亚联系的日益密切，随着中国在中亚利益的不断加深，如何保障地区稳定和中国利益的安全对中国是越来越严重的挑战。中国在中亚的利益已是如此之重，特别是能源利益十分重大，包括有两条从中亚通往中国的油气管道，中国不能不对它们的安全高度关注。地区动荡必然威胁中国利益的安全，而在发生动荡时如何维护中国利益不受或少受损害，这是中国面临的很大难题。不幸的是，过去的 10 年表明，地区动荡在中亚经常发生，例如 2005 年的“颜色革命”和安集延事件，2010 年的比什凯克事件和奥什骚乱。今后，中亚地区动荡的发生仍是很可能的。

中国既希望维护中亚地区的稳定，也就应使上海合作组织在维护地区稳定中发挥作用，从而维护中国在中亚的利益。但在这一问题上，不论是中国还是上海合作组织都有欠缺。以 2010 年的吉尔吉斯斯坦奥什骚乱来说，作为地区机制，上海合作组织的身影为集体安全条约组织和欧安组织所遮蔽，作为国家，中国的作用也远不如俄美等国彰显。中国和上海合作组织在这些事件的应对中处于边缘化的位置，这种状态既不能有效地维护中国的利益，也不利于中国和上海合作组织的形象。

但要应对地区动荡，碰到的第一个问题就是不干涉内政原则。地区动荡通常是发生在一个具体的国家，应对动荡直接涉及到是否是干涉内政的问题。不解决这个问题，就名不正言不顺，谈不上其他了。

放弃不干涉内政原则是最简单的解决办法，但这是错误的选择。不干涉内政是中国处理国家关系的基本准则，在政治上，它在目前历史阶段不容挑战。中国既反对他国干涉中国内政，又怎能赞同干涉他国内政，这是不合逻辑的。在实践上，不干涉内政也是中国最习惯的做法，它符合中国外交文化和思维的中庸特性，也有显而易见的优点：政治上不偏不倚，策略上留有余地；不支持和得罪任何一方，也不承担政治责任；不管结局如何，都为双边关系保留着空间。事实上，不干涉内政原则和中庸的外交文化在中国的中亚外交中有很好的效果，这是中国受到中亚国家欢迎的重要原因，是中国多年来积累下的政治资本，还是正在形成的中国正面形象的重要内涵，对此应当十分珍视，不能因莽撞行为使之毁于一旦。

中国不放弃不干涉内政的原则，中庸的外交文化也可以继续。那么，这是不是意味着对地区动荡只能袖手旁观呢？回答是否定的。这里，问题不在于是否放弃不干涉内政原则，而在于如何理解和实践这一原则。任何外交模式都有强处和弱处，任何原则也不应机械地运用。不干涉内政的原则不应改变，但对它的内涵应有正确的阐释，而不应做机械的理解。应该看到它的外延不是僵固停滞，而是随着时代发展而变化。对中庸的外交文化而言，它不应是机械地在任何问题上保持不偏不倚，而应是在外交总体上保持平衡兼顾和进退有据。

在这个问题上，有必要对一些基本认识和概念作一些探讨。

其一，内政是相对的概念，它的外延不是固定不变，而是动态变化的。在当今世界上，由于全球化的进程，国家与外部世界之间的联系越来越紧密，利害关系的交织越来越深刻，相互影响越来越大，内政的外延也越来越缩小。许多原来被认为是内政的问题，现在已经不纯粹是内政了。相应地，在不干涉内政原则不变的前提下，它的运用也需适应时代的变化和现实的情况。

其二，应在不干涉内政和建设性介入之间做出区分。在当今的国际实践中，建设性介入已被普遍接受，并越来越被认为是国际社会特别是大国的责任。在尊重国家主权、领土完整的前提下，帮助调停矛盾、缓和危机、防止事态进一步恶化、引导事态向和平稳定方向发展——这被认为是建设性介入，而不是干涉内政。相反，那种不管他国混乱到什么程度都不予过问的做法，反而越来越被认为是缺乏责任感的行为。

其三，中亚国家由内部问题引发的动荡，其发展可能会超出了内政的范畴，形成对地区安全问题的直接威胁。以吉尔吉斯斯坦 2010 年动荡为例，它造成了严重的难民问题，使吉乌两国面临冲突乃至军事对抗的风险。一旦形势失控，当事国将陷于混乱或内战，极端势力会迅速膨胀，甚至可能试图夺取政权。大动荡将使地区的发展议题被打乱，一些国家间会出现紧张关系，有可能引发边界和民族冲突。它可能的后果之严重，将使所有周边国家和整个地区都深受其害。

从以上所述可以明白，在相互联系日益加深的今天，对内政概念的理解在发生变化。同时，也不能再把介入与干涉内政等量齐观。由此，中国对地区动荡应有新的观念和政策，这种新观念和政策可称为建设性介入。对建设性介入概念的含义，可以做这样的一般性表述，即在尊重国际法准则、尊重国家主权的前提下，以积极参与的方式化解冲突和危机，避免事态的恶化，促进国家和地区的和平与稳定。中国实施建设性介入政策，自然也将延伸到上海合作组织，这也将是中国对上海合作组织的政策。

从中国外交的发展来看，建设性介入进入到中国的外交实践是自然趋势，实际上这个过程已经开始，它所缺少的是“正名”，它需要的是形成确定的概念和政策。

在明确了不干涉内政和建设性介入之间的关系后，不介入作为一种政策已不具有政治原则的属性，而仅仅具有技术性的属性。换句话说，它不再是绝对正确和不可改变的政策。但这不意味着否定不介入的做法。作为一种策略性政策，不介入仍应是中国外交的一种重要手段。不介入和介入一样，都是一种可能的选择。在某些情况下，不介入是更有效的政策，例如在中国利益涉入不深的地区，或是在完全无能为力的状态下。但在中国有重大利益的地区，并且在中国也有一定能力的条件下，建设性介入应是更优的选择。

中亚形势也将使建设性介入政策越来越必要。中亚内外形势有诸多不确定因素，不管是在各中亚国家还是在整个地区，都可能出现重大变局，也可能发生严重动荡，未来中亚的安全形势将十分严峻。[①] 这也要求中国调整政策，以应对未来的形势和挑战。

还应该看到，不介入政策不是万全之策。应积极行动却无所作为，很可能产生消极的后果。假设，如果出现可能使整个中亚大动荡的形势、如果出现极端势力上台的可能、如果出现中国的能源利益和安全受到威胁的事态——在这些情况下，中国是难以无动于衷的。显然，如果出现这种形势，中国不介入将既是对本国的利益不负责任、

① М. Ларюэль и А. Князев：Центральная Азия погружается в《тотальный конфликт》？30. 09. 2010. http：//www. ferghana. ru/article. php？id =6745.

也是对地区的利益不负责任。本国的利益如果自己不去积极保护，他人更不可能重视它。在地区事务中，在出现危机时不能承担责任，它在该地区的威信也难以树立。中国与中亚关系密切，但在发生严重问题时就退到一边，这会使中亚国家形成一种认识，认为中国没有参与的能力和愿望，它只是一个局外人，中亚国家也就不会把中国作为可靠的伙伴，也不会把中国作为解决地区危机的重要角色。在中亚和俄罗斯的舆论中，存在着中国过于民族自私的看法，认为中国只关心自己的利益，不愿做公共付出。这种看法虽然偏颇，但也值得注意。在吉尔吉斯斯坦事件中，中国的不介入使其地区影响受到了损害。① 相比之下，俄美的积极介入扩大了它们的影响。俄罗斯从一开始就高姿态介入，显示了俄在中亚的关键作用，它在中亚的地位得到了加强。吉事件最初被认为有不利于美国的趋向，由于推翻巴基耶夫政府受到俄的支持，吉新政府与美国的关系以及玛纳斯转运中心的前景受到威胁。② 但由于美国的积极介入和活动，美国的地位没有受到严重损害，玛纳斯转运中心继续保持，美吉关系没有恶化。更重要的是，在吉事件中，美国扮演了地区事务管理人的角色，并得到中亚国家认可，这与美国在"郁金香革命"和安集延事件中不受欢迎的形象形成鲜明对比，不能不说是美国的一个意外收获。③

实施建设性介入政策不会是没有困难。首先是当事国的态度。当事国的态度一般可有三种：欢迎、不反对、反对。相对于这三种情况，也有三种介入的方式，即受邀介入、自动介入、强行介入。如果当事国欢迎并请求帮助，则介入顺理成章。如果当事国虽无邀请但也不反对，介入也可进行。如果当事国反对，则介入就很困难。此外，还可能有一种

---

① 国外也有此看法，见 Niklas Swanström, "China: The Silent Giant and Kyrgyzstan's Unrest," (04/14/2010 issue of the CACI Analyst). http://www.cacianalyst.org/?q=node/5304。

② Федор Лукьянов, Киргизский полигон, 15-04-2010. http://www.globalaffairs.ru/redcol/0/13517.html.

③ 美国主管中南亚事务的助理国务卿布雷克在吉事变发生后即访吉，此后又多次前往。同时，美国与其他中亚国家和俄罗斯进行协商。美国在 2010 年 10 月邀请奥通巴耶娃访美，巩固了美国与新政府的关系。在奥什冲突和难民问题上，美国努力发挥作用。美国共向吉提供了 5800 万美元的援助，是提供援助最多的国家。

情况，即当事国政权分裂，对立各方持不同的立场；或是当事国政权瘫痪，处于无政府状态，那将使介入的条件更加复杂。中国有重“名正言顺”的传统，如无当事国请求，中国对自行介入尚不习惯，应邀介入是最易接受的形式。强行介入则只能是特殊形势下的特殊安排，一般不会采用。

对中国来说，当事国的民意和舆论也是重大问题。由于种种原因，中亚一些民众和舆论对中国的认知存在一些偏见和误解。一些人对中国有害怕和戒备的心理，一些政治势力对中国不友好，一些媒体乐于负面地炒作中国话题。中国的建设性介入，不论是以什么形式，都可能激起类似“中国扩张”、“中国威胁”的宣传，这是中国介入必将会遇到的问题，它会成为中国介入的严重障碍，并且会对中国介入的效果带来负面影响。

中国的介入还有一个不确定因素，即其他大国特别是俄罗斯的反应。俄罗斯对其他大国介入中亚事务极其敏感。中俄虽是战略伙伴，且中国没有排挤俄罗斯的意图，但俄对中国介入的心态仍会是复杂的，并不排除负面反应的可能。中国既要建设性介入，又不能因此造成与俄罗斯的对立，导致中俄合作关系的毁坏，这是一个矛盾。中国会努力保持两者的平衡，但问题的关键在于俄罗斯的态度，而不在于中国。如果俄罗斯反对或排斥中国的介入，则不仅使中国的介入变得困难，而且还会对中俄关系提出挑战。

建设性介入需通过多种形式综合地实施。这一政策的形成和完善需要一定的过程，它不应是突然宣布和实施的政策，而应是逐渐发展的实践。同时，建设性介入虽是针对地区重大事件的策略，但也要在平时的外交活动中体现出来，为建设性介入做好政治和机制上的铺垫。

中国首先需要形成新的形象，即它是地区危机处理的积极参与者。中国过去的形象是不管他国事务。只要中国不被直接涉及，对其他国家和地区的危机都不介入，不管问题多么严重，也不管与这个国家有多密切的关系。中国应树立一种新的形象：它既关心本国利益、也关心地区利益，愿参与地区危机的解决，并准备承担一定的责任。更为重要的是，中国要努力使中亚国家逐渐认同和接受这种形象。

在出现重大地区危机时，中国应主动与当事国建立较高层次的外交联系，包括派出高层官员访问和直接沟通。应把这种联系与政治立场区分开来，建立联系不一定是表示支持或反对的立场。高层联系是建设性介入的重要途径和象征，它的作用和意义是驻外外交机构不一定能起到的。

对于重大的地区事件，中国应表明相对具体的政策，而不仅是泛泛的良好愿望。政策的具体化是建设性介入的体现，而泛泛的愿望传达的信息就是远离事件。具体政策不等于是具体目标，不能期望每一项政策都能够实现，它的意义在于表明中国的认真态度，表明中国有明确的看法和立场。特别是在直接涉及到中国利益的问题上，中国的政策应该明确、具体、坚定，清楚地表明中国的利益所在。

对于重大危机局势，中国应视情提出解决方案，或与他国联合提出方案。提出的方案不一定都能实现，它也可能会遭到反对和冷遇，但提出方案是解决危机的必要步骤，也是建设性介入的重要形式。提出方案应十分慎重，充分考虑到各种因素和可能的反应，充分考虑到它的公正性和可行性，如果提案经常性地受到轻视或反对，这对国家的威望也会有负面作用。

地区多边机制是建设性介入最有利的途径，它是多国意愿的体现，它的政治和物质资源更雄厚，它的影响力也更大。它的责任也由集体共同承担，减轻了单个国家的压力。这样一种机制对解决地区危机是更适用的。但是，多边机制也有局限性。多边机制需在认识一致的条件下运作。但各国的想法可能不同，如果达不成共识，多边机制就不能运作，或者不能有效地运作。对于中国来说，能在中亚运用的唯一多边机制是上海合作组织，但吉事件表明，有效地运用这一机制有不少困难。中国的建设性介入需两条腿走路，既需多边途径，也需双边途径。一方面，中国应努力使上海合作组织发挥作用，另一方面，也不应过于依赖上海合作组织，在多边机制难以奏效的情况下，应主要通过双边途径进入。此外，多边途径也不应仅限于上海合作组织，根据具体情况，也可组成小多边的形式。

与其他大国协作是建设性介入的可选方式。在中亚地区事务中，中、俄、美是最有影响的三个大国。在地区动荡和安全问题上，三国的利益有契合点，协作在理论上存在可能。吉动荡证明了这一点。在这一事件中，俄美竞争始终存在，但两国也公开进行了合作。[①] 与其他大国协作可减少误解和敌意，降低大国恶性竞争的可能。同时，大国合作是解决危机的有效方式，反之，大国竞争将使危机更难以解决，甚至刺激危机的发展。不过，大国合作不应造成大国操纵中亚的印象，以免引起中亚国家的反感。对中国来说，合作的首选对象应是俄罗斯，这有利于中俄关系，也是中国视俄为战略伙伴的自然表现。不能期望中俄合作一定会顺利，但沟通总是有益的，也可反映中国的诚意。但中国应保持独立的地位，建设性介入不受制于人。同时，中国也不应排除与美国和欧洲在一定条件下的合作。

建设性介入意味着准备承担一定的政治责任和经济付出。实际上，即使不采取建设性介入政策，在中亚发生重大困难时，中国也会提供援助。在建设性介入的情况下，中国应使它的物质资源与其相联系，为政策目标的实现提供物质支持。应当改变那种援助与政策目标各行其道、互不相关的做法。

建设性介入应循序渐进，量力而行，不设过高目标，不急于求成。介入可局部推进，视情况选择某些领域进行，更注重“软性”的方式，不一定是全面的介入。

建设性介入应遵循合法的原则，不与国际法准则相违背，不与国际社会所接受的国际实践相冲突。介入应充分考虑当事国及其民众的意愿。不过，现实往往有十分复杂的情况，例如，在整个地区的安全稳定受到严重威胁时，在中国的重大利益受到直接危害时，在当事国陷于无政府状态时，等等，在这种情况下，需综合地和从更广范围考虑问题。

最后，建设性介入不意味着中国必须介入任何事件。建设性介入应是中国的基本政策，它同时也是一项策略。从策略角度说，建设性介入

① 在吉动荡过程中，美俄讨论了协调对吉援助、帮助吉恢复安全稳定问题。Philip J. Crowley, Assistant Secretary, Bureau of Public Affairs, Secretary Clinton Phone Call with Russian Foreign Minister Lavrov, June 20, 2010. http://www.state.gov/r/pa/prs/ps/2010/06/143375.htm；美俄总统还就吉问题发表了联合声明。Совместное заявление Президентов Российской Федерации и Соединённых Штатов Америки в связи с ситуацией в Киргизской Республике. 24 июня 2010 года. http://www.dkb.gov.ru/start/index.htm。

是一个选项，而不是唯一选项，是否介入需根据具体情况，以是否更有利于维护中国和地区利益而定。建设性介入应有一定的自我约束。除非是在特殊情况下，如极端势力夺权等，中国应保持调解者的身份和中立的立场，避免直接卷入政治、民族和宗教冲突，避免卷入中亚国家之间的双边矛盾，同时，也要避免背上沉重政治和经济包袱。

与建设性介入相联系，中国也需思考一系列相关概念，并调整某些政策。

中国在中亚的定位问题。中国在中亚事务中应是什么角色？是参与者还是旁观者？这是中国需要回答的问题。从形式上说，中国从未做过这种选择，也没有明确的概念，但这个问题实际存在。从中国的行为方式看，中国过去选择的角色是旁观者。旁观者的定位存在于中国的外交思想中，每当中亚发生重大事件时，这种定位就无形地支配着中国的政策。这一观念需要改变，中国要从旁观者转为参与者，对此中国需有明确的认识和定位。确定了参与者的定位，就有了主动的姿态和积极的政策，而旁观者的定位自然导致消极和无为的政策。中国作为中亚事务参与者既有理由，更有必要，也有可能。中国虽不是狭义的中亚国家，但它是本地区国家，不是地区外国家；中国在中亚有重大利益，也与中亚有重大共同利益；中国是中亚的重要伙伴，并对中亚有不可忽视的影响。

中国应是中亚事务的参与者，但不应是管理者。中国不能追求地区管理者的身份，这是一个重大原则。中国不是中亚地区的主人，它的主人是该地区各国。中国不能越俎代庖，代替中亚国家管理地区事务。事实上中国也没有这样的能力。中国所要做的只是积极参与，对地区事件发挥建设性的影响。

达到稳定的途径问题。中亚稳定符合中国的利益，是中国的重要目标。但如何帮助中亚国家达到长期稳定，对此需要反思。过去中国的基本做法是为中亚国家提供援助，帮助中亚国家发展经济，但较少关注中亚国家的内部建设和内部运作。吉尔吉斯斯坦事件表明，经过近 20 年的发展，一些中亚国家的国家建设并不成功，它们没有建立起良好的经济、有效的治理、稳定的社会。这也意味着国际社会过去 20 年的努力付诸东流，包括中国的努力在内。当然，这不是中国和国际社会的责任，但至少表明它们的政策没有产生希望的效果。一些国家开始认识到这一问题。例如，在美国中亚外交新的重点中，增加了“防止出现失败国家，提高中亚国家有效执政的能力”一项。① 这种表述显示了美国习惯的居高临下，有冒犯中亚国家的自尊之嫌，现在美国把它表述为“提高中亚国家有效执政和满足国民需求的能力”。② 它的含义是很清楚的，就是要直接介入中亚的国家建设。

中国不应效法美国，但也应在政策上有所调整。很显然，如果一国的内部建设搞不好，多少外部帮助都不会有用。中国不可能干预中亚国家内部事务，但可更多从帮助中亚的国家建设角度提供支持，并更关注中亚国家的内部政治运作，包括形成稳定的政党交流，建立多渠道的政治联系，发展地区间关系，为政府改善管理提供技术性支持，把援助更多直接用于民生项目，等等。当然，中亚国家的问题主要不是技术性的，而是政治性的，不能期望中国能改变它，但至少中国应选择相对更合理和有效的途径。

① Robert O. Blake, Jr. Assistant Secretary, Bureau of South and Central Asian Affairs, U. S. Policy Towards Central Asia, July 30, 2010. http://www. state. gov/p/sca/rls/rmks/2010/145463. htm.

② Clinton to Attend OSCE Summit in Kazakhstan, 19 November 2010. http://www. america. gov/st/peacesec-english/2010/November/20101119114348elrem0. 7748072. html.

# 第五章　俄罗斯与上海合作组织

俄罗斯既是欧亚大国，又与中亚地区有特殊联系，它对上海合作组织之重要不言而喻。许多分析家把中国和俄罗斯看作是上海合作组织的两个关键角色，这无疑是有理由的。

但与中国不同，俄罗斯对上海合作组织的态度和政策受到多种议论，对它有不同的评价。总的来说，舆论对中国的看法十分一致，认为中国推动上海合作组织不遗余力，但对俄罗斯的看法则复杂得多，既有把它看作是积极参与者的，也有把它看作是消极参与者的，还有把它看作是中国的竞争者的。这些看法或可能有道理，或可能有偏颇，不过它反映了一个事实，即俄罗斯与上海合作组织的关系确实存在着一定的复杂性。

## 一、俄罗斯对上海合作组织的政治态度

俄罗斯参与上海合作组织受到多种动力的推动，包括中俄战略伙伴关系和“上海五国”的活动。但从根本上说这是俄罗斯主动的战略选择，而不是被动的行为。总体而言，俄罗斯重视上海合作组织，它是上海合作组织的积极参与者，而不是消极的旁观者。

做出这一判断主要有三方面的依据：一是俄罗斯官方的表态；二是俄罗斯在上海合作组织中的行为；三是俄罗斯精英和主流舆论的认识。应该指出，判断俄罗斯的态度应以它与上海合作组织的关系为标准，而不能以它的政策主张是否与其他成员特别是中国相一致为标准。上海合作组织是其成员国的“公器”，各成员国都通过它实现本国利益以及符

合本国利益的公共利益，这是自然和正常的。没有哪个国家参加地区组织仅是希望为他人做嫁衣裳。俄罗斯作为上海合作组织平等的一员，它有自己的看法主张是正当合理的，只要它意在发展上海合作组织而不是阻扰其发展，则它就是上海合作组织的积极参与者。至于它与其他成员特别是中国的主张是否相符，这是另一个问题。

俄罗斯官方对上海合作组织一直持积极的表态。在某些情境下，表态会带有外交辞令的成分。不过，俄罗斯在10年之久的时间里对上海合作组织保持着一贯的表态，其真实性是可信的。俄罗斯没有必要故做这样的姿态，而且也不可能把一种不真实的姿态保持10年之久。

2001年上海合作组织在上海成立，普京总统代表俄罗斯参加了成立大会。会后普京发表声明，表示他对大会的结果感到满意。他认为新成立的上海合作组织能更合理和更有效地发挥成员国的潜力，并能促进中亚地区的和平与稳定。普京表示："俄罗斯将为了新组织的巩固积极工作。"[①] 这是俄罗斯对上海合作组织最早的政治表态，它奠定了俄罗斯对上海合作组织的基调。

2002年上海合作组织峰会在俄罗斯召开，俄罗斯是大会主席。在元首会晤后，普京发表讲话说："我们现在就确切地知道，我们的组织将在世界上引起越来越大的兴趣。世界形势的发展证明，一年以前成立上海合作组织是有充分理由和正确的。上海合作组织的活动符合所有参加这一组织国家的长期和根本利益。"[②] 这表明俄罗斯未因"9·11"事件和地区形势的变化改变对上海合作组织的态度。

2006年，在上海合作组织成立5周年之际，普京特别撰写长文，题为"上海合作组织—国际合作成功的新模式"，在俄罗斯的《独立报》上发表。文章对上海合作组织做了详细论述。普京在文中说："在2001年问世后，上海合作组织快速增强了分量，成为一个有影响的地区组织。今天上海合作组织已经是广大的欧亚空间稳定的重要力

---

① Заявление по итогам встречи глав государств – участников《Шанхайского форума》, 15 июня 2001 года, http://archive.kremlin.ru/appears/2001/06/15/0001_type63377type63380_28561.shtml.

② В Петербурге подписаны документы по итогам саммита, http://www.shanhai.rfn.ru/news/index.html.

量，是当代地区和全球政治的现实因素。”普京还对上海合作组织的模式给予高度评价：“我们所创造的合作模式，也就是‘上海精神’，被越来越广泛地接受。我们的组织有明确的原则基础，其中包括相互信任，坦率地讨论任何问题，通过磋商而不是通过施加压力解决问题。实际上这已经是上海合作组织完整的指导原则，我们希望，它们能使我们的组织在国际社会中继续散发吸引力。”① 普京在其他场合也做过类似的评价。在2006年5月30日会见上海合作组织议会领导人时，普京表示俄罗斯将继续执行提高上海合作组织的作用和可能性的政策。他认为上海合作组织在解决政治、反恐、经济的严肃任务，并且是平等合作的典范。②

从2007年开始，上海合作组织开始出现在俄罗斯总统国情咨文中，而此前上海合作组织的字眼从未在国情咨文中出现过。普京在2007年国情咨文中提到：“应该巩固欧亚经济共同体和上海合作组织的一体化进程。”③ 2008年梅德韦杰夫总统在其首个国情咨文中也提到了上海合作组织：“自负和强力已经不像过去那样令人信服和有效。世界不可能由一个首都来管理。不理解这一点只会给自己和他人制造更多问题。多数国家转向务实的多方位政策说明了巩固国际制度的迫切性。我们正是从这一立场看待俄罗斯参与多边机制，例如八国集团、上海合作组织、金砖四国、亚太经合组织等。”④ 2009年国情咨文的外交部分只有很小篇幅，仅谈到了几个重要问题，未如通常那样按主要方向和领域系统地展开和阐述，也未涉及到上海合作组织。

上海合作组织在俄罗斯最重要的外交文件中都有体现。2007年俄罗斯外交部主持撰写了《俄罗斯外交政策概览》，其中涉及到了

① В. В. Путин, президент Российской Федерации, ШОС – новая модель успешного международного сотрудничества, 14 июня 2006 г. http://www.rg.ru/2006/06/14/putin – shos.html.

② Путин: Россия будет повышать роль ШОС, 30.05.2006. http://www.strana.ru/stories/01/09/13/1553/282808.html.

③ Послание Федеральному Собранию Российской Федерации. 26 апреля 2007 года.

④ Послание Федеральному Собранию Российской Федерации. 5 ноября 2008 года.

上海合作组织："只有通过综合的途径，我们在中亚方向的工作才能成功，包括利用集体安全条约组织、欧亚经济共同体和上海合作组织的可能性……在阿富汗稳定、反恐和禁毒、以及与阿富汗建立现实合作方面，地区组织发挥着积极作用，包括集体安全条约组织和上海合作组织。"①

梅德韦杰夫就任总统后，在2008年7月签署了新的《俄罗斯外交政策概念》。这一文件把上海合作组织也纳入其中："俄罗斯对在独联体空间的没有俄罗斯参加的次地区机制的态度取决于它们对睦邻和稳定的贡献，取决于它们是否真正考虑俄罗斯的合法利益，以及它们是否尊重这里的合作机制，诸如独联体、集体安全条约组织，欧亚经济共同体，以及上海合作组织……要把继续巩固上海合作组织，推动建立亚太地区各一体化建构之间的伙伴关系置于重要地位。"②

在2009年5月发布的《俄罗斯到2020年国家安全战略》中，关于上海合作组织写到："巩固上海合作组织的政治潜力，推动上海合作组织框架内的实际步骤，以加强中亚地区相互信任和伙伴关系，这对俄罗斯具有特别意义。"③

继2000年的《俄罗斯军事学说》之后，俄罗斯在2010年2月出台了新的《俄罗斯军事学说》，其中指出："在独联体、欧安组织和上海合作组织的框架内，巩固在国际安全领域的相互协作，发展与其他国际组织在这一领域的关系（欧盟和北约）。"④

2010年5月，俄罗斯媒体披露了俄外交部一份没有公开的文件，文件的名称为《为俄罗斯长期发展而系统地有效利用外交因素大纲》。这份文件被认为是真实的。文件也涉及到上海合作组织，其中有一段

① Обзор внешней политиикиРоссийской Федерации. Министерство Иностранных дел Российской Федерации. 27 – 03 – 2007.

② Концепция внешней политиики Российской Федерации. Утверждена Президентом Российской Федерации Д. А. Медведевым 12 июля 2008 г.

③ Стратегия национальной безопасности Российской Федерации до 2020 года. УТВЕРЖДЕНА Указом Президента Российской Федерации от 12 мая 2009 г.

④ Военная доктрина Российской Федерации. 5 февраля 2010 года. Утверждена Указом Президента Российской Федерации.

说："通过达成所有国家共同的游戏规则和尊重国际社会各国的合法利益，全力促进形成更公正、更平衡、更有效地全球治理体系。捍卫有俄罗斯参与的关键机构——金砖四国和上海合作组织——在形成全球网络结构过程中的作用，集中力量使其巩固，使各成员国的立场协调一致。"①

俄罗斯领导人的表态也显示出对上海合作组织更为重视的迹象。俄罗斯外长拉夫罗夫在2009年2月对议会的报告中说，俄罗斯对巩固上海合作组织给予最高的重视，并认为2009年的叶卡捷琳堡峰会在上海合作组织发展过程中将具有里程碑式的意义。② 普京总理2009年10月在上海合作组织总理会议上特别强调："俄罗斯把发展上海合作组织看作最重要的外交优先任务之一。我们准备继续以最积极的方式参加它所有方向上的活动。"③ 在2009年上海合作组织峰会上，梅德韦杰夫总统表示："积极参加上海合作组织的活动，发展其框架内多领域的协作，这早已是俄罗斯外交关键的优先方向之一。"④ 在上海合作组织2010年塔什干峰会的讲话中，梅德韦杰夫总统对上海合作组织给予了积极评价："我们的组织不断发展，充满活力。我们的全面交流有利于本组织。显然，上海合作组织在地区和国际事务中的威望和作用在增长。"⑤ 2011年是上海合作组织成立10周年，普京评价说，上海合作组

---

① Программа эффективного использования на системной основе внешнеполитических факторов в целях долгосрочного развития Российской Федерации.

② Сергей Лавров: Россия придает первостепенное значение укреплению ШОС, 02. 02. 2009. http://www. infoshos. ru/? idn = 3632.

③ Председатель Правительства Российской Федерации В. В. Путин принял участие в заседании Совета глав правительств государств - членов Шанхайской Организации Сотрудничества (ШОС). 14 октября, 2009. http://www. government. ru/content/governmentactivity/mainnews/archive/2009/10/14/5602991. htm.

④ Вступительное слово на заседании Совета глав государств - членов Шанхайской организации сотрудничества в расширенном составе, 16 июня 2009 года, Екатеринбург. http://www. kremlin. ru/appears/2009/06/16/1425_type63377type82634_217883. shtml.

⑤ На заседании Совета глав государств - членов Шанхайской организации сотрудничества в расширенном составе. 11 июня 2010 года. http://www. kremlin. ru/transcripts/8019.

织“已成为现代国际关系和国际结构不可分割和具有重大影响的组成部分”[①]。在2011年6月上海合作组织阿斯塔纳峰会的发言中，梅德韦杰夫表示：“我们将努力提高我们组织的潜力，近期如此，远期也是如此。”[②]

综上所述，上海合作组织已是俄罗斯外交中的确定因素，在俄罗斯外交中占有了稳定的地位。同时，在俄罗斯的外交思想中，它的基本指导方针是如何有效地使用这一平台，使它为俄罗斯的利益服务，这是俄罗斯确定对上海合作组织政策的基本原则。

## 二、俄罗斯在上海合作组织中的利益

知名的中俄关系专家波波罗曾指出，俄罗斯尽管衰落了，但帝国和超级大国的历史仍使它习惯于全球性外交思维，而中国是正在从地区大国向全球大国转变的国家，它的外交思维仍更多是地区的视野。[③] 这一特点也反映在上海合作组织中。

俄罗斯从全球政治的大视野看待上海合作组织，把它作为后冷战时期国际格局塑造的重要因素。甚至在上海合作组织刚成立不久，俄罗斯就已赋予了它重大的国际使命。在2003年的上海合作组织峰会上，普京总统说：“重要的是，要使上海合作组织稳固地成为建设性的国际政治因素，要使我们的组织掌握必须的手段，以解决大量的问题，有效地应对21世纪的威胁。我认为，在上海合作组织的框架内可进行经常的对话，协调对重大外交问题的立场。总而言之，我们的

---

① По итогам заседания Совета глав правительств государств - членов ШОС Председатель Правительства Российской Федерации В. В. Путин и Генеральный секретарь ШОС М. С. Иманалиев выступили перед представителями СМИ. 7 ноября 2011. http://premier. gov. ru/events/pressconferences/16988/.

② Д. А. Медведевым. Выступление на заседании Совета глав государств - членов ШОС в расширенном составе. 15 июня 2011 года Казахстан, Астана. http://www. president. kremlin. ru/transcripts/11578.

③ Bobo Lo, *Axis of Convenience. Moscow, Beijing and the New Politics*, Chatham House, 2008, p. 4.

组织应积极参与国际生活。”[①] 2009 年俄罗斯担任上海合作组织主席国，在它提出的五项优先任务中，其中一项是“巩固上海合作组织的威望和影响，它是创新的国际结构和多极化国际格局的重要因素。”[②] 拉夫罗夫外长在评价 2009 年上海合作组织叶卡捷琳堡峰会成果时也指出：“上海合作组织和金砖四国叶卡捷琳堡峰会是多极外交的鲜明例子，它令人信服地证明多极化不会导致混乱，也不必然使世界大国走向冲突。”[③] 俄罗斯总统上海合作组织事务代表莫伊谢耶夫在上海合作组织 2011 年元首峰会前的谈话中说：“国际社会把我们的组织看作是近 10 几年来形成的国际秩序的一种选择，在这种秩序下，一些强国为所欲为，既不遵守国际法，也不尊重其他人的意见。还有的试图把国内法应用到其他国家，完全不顾及其他国家的看法。上海合作组织完全不接受这种做法……由此，国际上把上海合作组织作为另一种现实选择，并寄予它很大期望。”[④] 可见，俄罗斯是把上海合作组织作为多极国际结构中的重要角色，这是俄罗斯看待上海合作组织的重要视角。这种认识在俄罗斯政治和学术界中也有广泛共识。俄罗斯议会上院独联体事务委员会主席古斯多夫曾表示：“包括有俄罗斯、中国、哈萨克斯坦的上海合作组织……未来将在世界范围内扮演重要角色。”[⑤] 俄罗斯世界经济和国际关系研究所副所长丘夫林教授评论说：“要使上海合作组织成为影响当代政治和经济关系最权威的一极。可以毫不夸张地

---

① Выступление Президента России В. В. Путина на заседании глав государств Шанхайской организации сотрудничества, Москва, Кремль, 29 мая 2003 года. http: //www. mid. ru/ns - rasia. nsf/3a0108443c964002432569e7004199c0/432569d80021985f43256d36002a028d? OpenDocument.

② Приоритеты председательства Российской федерации в Шанхайской организации сотрудничества в 2008 - 2009 годах. http: //sco2009. ru/docs/2009/prioritet. html.

③ Сергей Лавров: “Екатеринбургские саммиты ШОС и БРИК стали ярким примером многополярной дипломатии”, Тезисы выступления Министра иностранных дел России в университете МГИМО в День знаний (1 сентября), 02. 09. 2009. http: //infoshos. ru/ru/? idn = 4776.

④ Леонид Моисеев: “На ШОС в мире возлагаются большие надежды”. 23. 05. 2011. http: //www. infoshos. ru/ru/? idn = 8246.

⑤ ШОС стал реальной силой в регионе, 15 июня 2006. http: //www. strana. ru/stories/01/09/13/1553/284117. html.

说，上海合作组织成立是后冷战时期最重大的事件之一，它有力地推翻了单极世界的理论和实践。”①

虽然说，国际合作是上海合作组织的共识，但俄罗斯的重视程度和定位还是明显高出其他成员国。这或许是出于俄罗斯的战略远识，亦或是由于思维习惯使然，而更多的则是为俄罗斯的现实利益所需。俄罗斯的处境与其他成员国有很大不同。上海合作组织多数成员是中小国家，它们不会有太大的国际野心。中国是大国，但它正处于崛起过程，它更希望的是缓和而不是刺激其他大国。俄罗斯则不同：一方面，俄罗斯要在国势大大削弱的情况下恢复其大国地位；另一方面，它承受着北约东扩给它造成的重大压力。在这种背景下，俄罗斯就把上海合作组织纳入到它要解决的战略任务中，这就是通过上海合作组织来增加俄罗斯的国际影响和战略分量，抵制北约向独联体地区的扩大。尽管俄官方从不承认这一点，但俄政治和学术界对此并不掩饰。俄杜马国防委员会副主席巴比奇曾直言不讳地说：“谁也不会掩饰，上海合作组织是对北约利益的制衡。”同时，俄罗斯也希望借助上海合作组织弥补本国力量的不足。一位有影响的俄罗斯分析家说：“俄罗斯希望通过集聚自己的地区影响，来提高它的国际分量。”② 在一些俄罗斯学者的眼中，21 世纪初欧亚大陆正在出现两大政治联合体并立的局面：一个是从西向东，以北约为核心，包括古阿姆、“民主轴心”、波罗的海国家—乌克兰—波兰—格鲁吉亚联合等，可称之为西方集团；另一个是从东向西，以上海合作组织、集体安全条约组织、欧亚经济共同体为主体，可称之为欧亚集团。③上海合作组织以其辽阔的面积、众多的人口、巨大的潜力，足可与西方集团相匹敌。这就赋予了上海合作组织以地缘政治的战略使命，如俄罗斯知名学者伊诺泽姆采夫所说：“上海合作组织并不真正关心一体化问

① Геннадий Чуфрин. ШОС：Quo Vadis?《международная жизнь》6/2008. p. 53. http：//www. globalaffairs. ru/redcol/0/11848. html.

② Федор Лукьянов. Крепкие объятия соперничества 18 - 06 - 2009. http：//www. globalaffairs. ru/redcol/0/11848. html.

③ Сергей Лузянин. ШОС не спешит распахивать двери. 26. 06. 2006. http：//www. ng. ru/courier/2006 - 06 - 26/15_ shos. html.

题。上海合作组织的目的是集中成员国的潜力以达到地缘政治的规模。”①

安全对于俄罗斯来说无疑具有特别的重要性。俄罗斯认为：“对于俄罗斯来说，南部边界的中亚具有特别意义，首先是从保障国家安全的角度来看是如此。”② 在2011年上海合作组织阿斯塔纳峰会的讲话中，梅德韦杰夫再次把安全放在最突出的位置。③ 在中亚对俄罗斯的安全问题中，又以恐怖主义、分裂主义、极端主义为首要威胁。俄罗斯重视反对三股势力的原因和背景都很清楚，这首先是关系到俄罗斯北高加索地区的安全和稳定。苏联解体后，恐怖主义、分裂主义、极端主义势力在俄罗斯兴起，北高加索地区首当其中。俄罗斯不得不在北高加索地区维持长期的军事行动，打了两次车臣战争，直到2009年4月才宣布结束在车臣的反恐行动状态，恢复正常秩序。但北高加索问题并没有彻底解决。曾有一段时期，俄罗斯对北高加索局势似有乐观情绪。但自2009年以来，印古什、达吉斯坦、车臣、及其相邻地区不断发生严重恐怖事件。这使俄罗斯认识到，北高加索局势“仍然非常非常复杂”④。2010年3月，在首都莫斯科两个地铁站发生恐怖爆炸。2010年9月，在北高加索的弗拉迪高加索发生重大恐怖袭击，造成100多人死伤。而较小规模的恐怖事件一直不断。据俄罗斯内务部长提供的信息，2010年的前9个月，北高加索地区共发生近500起恐怖事件。⑤ 这都再次凸显了俄罗

① Vladislav Inozemtsev, The Moscow Regional Committee of the Chinese Communist Party. Russia's regional leadership ambitions exceed its capacities . Vedomosti, June 23, 2006.

② Сергей Николаев. Россия－Центральная Азия：стремление к процветанию и безопасности. 《международная жизнь》6/2009. с. 31.

③ Д. Медведев：Выступление на заседании Совета глав государств － членов ШОС в расширенном составе. 15 июня 2011 года Казахстан，Астана. http：//www. president. kremlin. ru/transcripts/11578.

④ Д. Медведев：Выступление на встрече с высшими офицерами по случаю их назначения на командные должности и присвоения им высших воинских （специальных） званий. 20 июля 2009 года，Москва，Кремль. http：//www. kremlin. ru/appears/2009/07/20/1734_ type63376type82634_ 219868. shtml.

⑤ Алексей Калаванов. Нургалиев очертил владикавказских террористов. 13 сентября. http：//www. utro. ru/articles/2010/09/13/921970. shtml.

斯面临的恐怖主义威胁的现实性。简而言之，就北高加索地区而言，不稳定呈现出长期化的趋势；而就恐怖主义、分裂主义、极端主义而言，它也将是俄罗斯长期的安全威胁。

俄罗斯重视禁毒，将其视为在上海合作组织中的重要利益之一，其程度比反恐甚至有过之而无不及。毒品是俄罗斯的重大社会和安全问题，其危害之重，使俄已把它上升到国家战略。2010 年 6 月，俄总统签署了《俄罗斯 2020 年前禁毒战略》。根据俄罗斯的官方统计，俄罗斯全国吸毒者有 250 万人，是世界吸毒人数最多的国家。[①] 它每年消费的海洛因只稍低于整个欧洲的总和（70 吨比 88 吨）。全世界每年死于毒品的人数约 10 万人，其中俄罗斯有 3 万多，[②] 而且主要是年轻人。毒品对俄罗斯国民健康的危害巨大，并加剧了人口减少问题。

阿富汗问题也在俄罗斯的重大利益之列。俄罗斯首先是从安全的角度看待阿富汗，把它列为对俄罗斯最重大的安全威胁。[③] 有评论认为："今天俄罗斯看待阿富汗主要是从它对其自身和中亚安全的角度。俄罗斯试图在这个地区建立软性主导。阿富汗也是俄罗斯与美国和北约复杂关系的一个因素。最后，阿巴形势也对俄罗斯与非西方国家的关系产生影响，如中国、印度、伊朗、沙特。阿富汗对俄罗斯有两个威胁：一个是安全；另一个是毒品，毒品威胁更现实也更致命。"[④]

阿富汗对俄罗斯安全利益的威胁首先是与毒品问题相关。俄罗斯毒品的主要来源是阿富汗。根据俄罗斯官方的估计，阿富汗每年生产毒品约 800 吨，其中 35% 进入到俄罗斯，它的绝大部分都留在了俄罗斯。[⑤] 来自阿富汗的海洛因占俄罗斯市场上的90%，而阿富汗毒品进入俄罗斯

---

① Victor Korgun, "The Afghan problem from a Russian Perspective," *Russian Analytical Digest* 80/10, p. 3.

② Dmitri Trenin and Alexei Malashenko, Afghanistan, *A View From Moscow*. Carnegie Endowment for International Peace, 2010, p. 14.

③ 俄罗斯总统上海合作组织事务代表莫伊谢耶夫说："对于我们来说，来自阿富汗的威胁是头号安全问题。" Л. П. Моисеев. Через ШОС снимается масса проблем. 《Международная жизнь》6/2010. p. 20。

④ Dmitri Trenin and Alexei Malashenko, Afghanistan, *A View From Moscow*, Carnegie Endowment for Intenational Peace, 2010, pp. 13 – 14.

⑤ А. Лукин. Центральная Азия и Афганистан в стратегии России. 《международная жизнь》7/2011. с. 55.

的主要通道则是中亚地区。[①] 由此，上海合作组织的禁毒具有在阿富汗和俄罗斯之间构筑隔离带的意义。

阿富汗问题也对俄国内和中亚地区构成安全威胁。俄仍把中亚看作是它的“影响范围”，而且中亚与俄南方相连。俄高加索地区和中亚与阿富汗处于同一个安全带，它们的安全捆绑在一起，难以分开。俄既担心阿富汗向周边地区输出不稳定，也担忧阿富汗的极端宗教主义向俄罗斯扩散。而且，地区形势的发展使俄罗斯的这种担忧不是越来越轻，而是越来越重。有材料说，俄罗斯学术界一致认为，阿富汗和中亚面临“塔利班化”的危险，极端宗教势力将在这一地区持续发展，甚至从基层开始逐步夺取政权。这对俄罗斯是极大的威胁。[②] 俄罗斯现有 2000 万左右穆斯林居民，占全国总人口 15% 上下。[③] 与穆斯林的关系是俄罗斯的重大社会问题。俄罗斯的族际关系复杂，且有恶化的趋势，尤其是与高加索地区信奉伊斯兰教的少数民族。2010 年在莫斯科市中心发生的大规模骚乱是一个例证。在这种背景下，宗教极端主义的传播具有极大危险。

阿富汗也关系到俄罗斯的地缘政治安全。从这一角度，美国在阿富汗和中亚的军事存在是核心问题。虽然俄支持美国打击“基地”组织和塔利班，但美国的军事存在特别是在中亚的军事存在一直是俄罗斯的心病。此外，俄关心它在阿富汗的地位，它不能接受被排挤出这个战略上极为重要的地区。在阿富汗问题的安排上，俄不仅要参与，而且要有重要的一席之地。

中亚地区稳定也是俄罗斯在上海合作组织中的重要利益。随着中亚地区形势的发展变化，这一利益的现实性不仅没有减弱，反而更加尖锐。梅德韦杰夫在 2008 年上海合作组织峰会上说：“上海合作组织成立

---

① Natasha Kuhrt, “Afghanistan’s Significance for Russia: Regional or Global Strategy?” Russian Analytical Digest 80/10, p. 6.

② Д. Косырев, За гранью десятилетия ШОС: новая эпоха, которой нужна новая политика. 23. 12. 2011. http://infoshos.ru/ru/?idn=9280.

③ 这一估计是经常被采用的数据。俄罗斯独立后在 2002 年和 2010 年进行过两次人口普查，2010 年普查的结果尚未公布。俄罗斯族居民出生率低，而穆斯林居民的出生率高，居民数量增加快，占总人口的比重不断变化。有看法认为，按照目前的速度，几十年后穆斯林居民可能超过俄罗斯族居民。

的动因之一是协调努力，巩固地区安全和稳定。今天这一任务的现实性更为增强。"[①] 中亚稳定对俄罗斯有两重意义。一方面，俄罗斯把维持周边稳定作为核心任务。[②] 中亚是俄罗斯的南邻，中亚稳定也即俄罗斯南部周边的稳定。反之，中亚动荡必将恶化俄南部周边的形势，加剧恐怖主义和极端主义向俄渗透，给俄罗斯造成更大的安全压力。另一方面，中亚不仅是前苏联地区，而且是俄罗斯的"后院"，同时，在前苏国家中，中亚国家与俄罗斯保持着最稳定和最密切的关系，是俄罗斯独联体一体化政策的支柱。俄罗斯表示："中亚在俄罗斯独联体政策中占有重要地位，它是独联体地区一体化机制的骨架，如集体安全条约组织和欧亚经济共同体。……俄罗斯首先希望中亚的稳定和安全，以便巩固与这一地区国家的伙伴和盟友关系。"[③] 俄罗斯不希望在自己的"后院"发生动荡。动荡是对现有格局的挑战，并可导致极端势力膨胀和地区形势失控，而稳定有利于保持现行结构和关系，也有利于俄罗斯保持其影响。因此，虽然俄不会反对有利于加强其存在的变动，但总体上说地区稳定符合俄罗斯的利益，是俄罗斯所努力追求的。

上海合作组织是俄罗斯地区经营的多边机制，这也是俄罗斯在上海合作组织中的利益所在。俄罗斯在该地区有集体安全条约组织和欧亚经济共同体这两个机制，它们由俄罗斯主导，为俄罗斯所特别倚重。但是，这两个组织是由原苏联共和国组成的，它们的成员国是限定的，它们的性质是封闭的，其主要功能限定于原苏国家关系之内，跨出这个范围则难有作为。就此而言，它们与上海合作组织不同，也无法取代上海合作组织。无论在政治地理还是在成员构成上，上海合作组织都是一个广泛得多的机制，它有宏大的使命和更多的功能。上海合作组织包括了中、俄和大多数中亚国家，它的观察国包括了印度、巴基斯坦、伊朗、蒙古，这使上海合作组织成为以中亚为中心、辐射向南亚和西亚的地区

---

① Выступление на заседании Совета глав государств - членов Шанхайской организации сотрудничества. 28 августа 2008 года. http://www.president.kremlin.ru/appears/2008/08/28/1418_ type63377_ 205835. shtml .

② 梅德韦杰夫曾指出："保障周边稳定和友好是核心任务"，转引自《Международная жизнь》6/2009. c. 31。

③ Сергей Николаев. Россия - Центральная Азия: стремление к процветанию и безопасности. 《Международная жизнь》6/2009. c. 31.

组织。上海合作组织有更广泛的代表性，也更有国际影响，它对地区塑造起着独特作用。对此，俄罗斯媒体也有比较客观的认识。俄罗斯的《独立报》曾有评论说："中国的参与给上海合作组织带来了新的战略可能性。如果没有中国的参加，上海合作组织在国际上给人看起来就如集体安全条约组织、欧亚经济共同体和古阿姆，是一个封闭性质的组织。"① 上海合作组织给俄罗斯增加了一个经营中亚的途径，同时，又使它有可能将其影响投射到中亚周边地区，而这是欧亚经济共同体和集体安全条约组织所做不到的。

参与和影响中国在中亚的发展进程，这当然也是俄罗斯所想，上海合作组织可提供这样的可能，如有评论所说："俄罗斯通过上海合作组织解决一系列问题：从把美国从中亚排挤出去到稳定与该地区国家的合作。此外，俄罗斯还得到了软性和礼貌地限制中国渗入中亚的又一杠杆。"② 反过来说，如果没有了上海合作组织，俄罗斯也就没有了直接影响中国在中亚活动的途径。不过，这对俄罗斯来说与其说是一种利益，不如说是一种便利。

还应该看到，俄罗斯在上海合作组织中占有重要的地位，起着十分重要的作用，这也是俄罗斯对上海合作组织有兴趣的原因。有一种比较普遍的看法认为，中国是上海合作组织的主导，俄罗斯只是一个附庸角色。这个看法是不正确的。③ 实际上，不论从制度上还是从影响上，俄罗斯在上海合作组织都不是二等角色。从制度上说，俄罗斯在上海合作组织有与中国同等的表决权，它在上海合作组织的预算中也与中国占同样比例。从影响上说，俄罗斯的意见都被充分地听取，它的提议等都得到重视。中国在上海合作组织中更活跃一些，但这不表明俄罗斯的影响小，活跃程度与影响大小没有必然关系。

---

① Наби Зиядуллаев. Центральная Азия: конкуренция и партнерство. Инвестиции в страны региона обеспечат России политическое влияние, 02. 07. 2007. http: //www. ng. ru/courier/2007 – 07 – 02/13_ asia. html.

② Алексей Маслов. ШОС о двух головах. Россия и Китай борются не только с однополярным миром, но и друг с другом за влияние в организации. 2007 – 09 – 24. http: //www. ng. ru/courier/2007 – 09 – 24/19_ shos. html.

③ А. Лукин. "Россия и ШОС", Аналитические записки. Центр исследований Восточной Азии и ШОС. МГИМО. Выпуск 6 (26), июль 2007. с. 9.

# 三、俄罗斯对上海合作组织的政策主张

俄罗斯在上海合作组织的政策和表现有明显特点，显示了它的利益追求和行事风格。

俄罗斯对上海合作组织的基本政策是如何积极利用，而不是使其衰亡。这一判断应是成立的。由此出发，俄的基本做法是努力对上海合作组织加以影响，争取更多的主导权，而不是对其放任自流，消极旁观。被披露的俄外交部未公开文件对此有一个说法，就是要“巩固俄罗斯作为上海合作组织主席国期间积累起来的政治领导的潜力”①。这是很有说服力的注脚。在这一思想指导下，俄在上海合作组织中是活跃的角色。它积极参与上海合作组织各机制的活动。在各部长、议会、司法及其他机制的活动中，一些中亚成员国甚至会缺席或降格参加，俄罗斯也有这种情况，但不很多。俄是上海合作组织中主要的倡议来源国，虽无精确的统计，但俄罗斯如果不是提出倡议最多的国家，至少也是最多的国家之一，而且其中很多被上海合作组织采用。②

俄罗斯对上海合作组织的政策与其独联体政策、中亚政策的关系是一个复杂的问题。这一关系可分为三个层面：第一个层面是上海合作组织超出俄独联体和中亚政策的部分，也即不与其独联体和中亚政策发生关系的部分，比如在上海合作组织的国际和跨地区活动层面；第二个层面是与俄独联体和中亚政策虽发生关系，但可以融合或没有矛盾的，比如反恐、禁毒、人文合作等；第三个层面是既存在联系，又有抵牾和矛盾的，比如在上海合作组织框架内的经济一体化问题上。前两个层面对俄罗斯的上海合作组织政策不构成问题，它们不会发生冲突。问题只在第三个层面，即存在矛盾的层面。可以认为，在存在矛盾的情况下，俄

---

① Программа эффективного использования на системной основе внешнеполитических факторов в целях долгосрочного развития Российской Федерации. http：//www. runewsweek. ru/country/34184/.

② 例如，俄罗斯提出的倡议包括有救灾部长会晤，建立上合—阿富汗联络小组、能源俱乐部、国际信息安全、阿富汗问题国际大会、上海合作组织大学、环保部长会议、上海合作组织大学校长论坛、在上海合作组织建立超国家货币、制定2011—2016年禁毒战略、禁毒和金融安全带、内务部和公安部长会晤，等等。

罗斯的基本思想是使其上海合作组织政策服从于其独联体和中亚政策，而不是相反。这一判断也应是成立的。

对安全合作的政策。舆论一直有俄罗斯重安全的评价，这不是没有原因。俄罗斯是上海合作组织安全合作的积极支持者。特别是在反恐、禁毒、反跨国犯罪、反非法移民等非传统安全领域，俄罗斯都是主动的推动者。俄支持建立和加强地区反恐机构，推动成员国间在安全领域进行务实性协作，如内务部和公安部的合作。俄积极参加上海合作组织联合反恐演习，自2003年以来，它参加了上海合作组织的多数联合反恐军演，并且是主要角色之一。俄主张上海合作组织与集安组织接近，使两者形成密切合作关系。

俄罗斯积极推动上海合作组织的禁毒活动。它倡议上海合作组织建立禁毒行动机制，制订上海合作组织禁毒战略，建议上海合作组织形成禁毒安全带，包括针对贩毒组织洗钱的金融安全带。2010年，俄又提出制订上海合作组织（2011—2016年）禁毒战略及行动纲领。

对经济合作的政策。在上海合作组织的经济合作上，俄罗斯的政策是一个复杂的问题。与中国重经济相反，舆论一直评价俄罗斯不重经济合作。不过，对此需做更具体的分析。在政治上，俄罗斯不否定也不反对上海合作组织的经济合作，而且认同经济合作是上海合作组织的重要任务，普京和梅德韦杰夫两任总统对此都有多次重申。[①] 在2011年上海合作组织总理会议后的记者招待会上，普京表示上海合作组织必须要加强经济合作。[②]

不过，与安全合作相比，俄罗斯对经济合作的重视程度相对要低，这也符合事实。梅德韦杰夫总统将其称之为上海合作组织“第二个最重

---

① 例如，普京在2006年为上海合作组织成立五周年撰写的文章中表示：“上海合作组织的经济合作越来越重要和越来越需要。”http：//www. rg. ru/2006/06/14/putin - shos. html。梅德韦杰夫在2010年上海合作组织峰会的讲话中说：“毫无疑问，经济合作是我们组织最重要的方向之一。”http：//www. kremlin. ru/transcripts/8019。

② По итогам заседания Совета глав правительств - членов ШОС Председатель Правительства Российской Федерации В. В. Путин и Генеральный секретарь ШОС М. С. Иманалиев выступили перед представителями СМИ. 7 ноября 2011. http：//premier. gov. ru/events/pressconferences/16988/.

要的目标”。[1] 俄罗斯总统上海合作组织事务代表巴尔斯基说得更清楚，他说：“上海合作组织成立首先是为了反对恐怖主义、分裂主义、极端主义以及其他挑战和威胁。这一方向现在和将来都将是上海合作组织的优先任务。现实情况是，任何完整的地区组织都需要有牢固的经济基础，上海合作组织也是这样的组织，所以经济合作在上海合作组织的活动中越来越活跃。”[2] 由此可见，俄罗斯在安全与经济合作之间是划分层次的，安全为主，经济为辅。

在经济合作的方向和重点上，俄罗斯有自己的主张。与中国相比，俄罗斯的主张有重大不同。如果说，中国的目标是创造条件，增加贸易，实现货物、资本、服务和技术的自由流动，其最终的方向是区域经济一体化，则俄对此持保留或不赞成态度。俄对上海合作组织形成统一经济空间存有疑虑，对以上海合作组织为框架的区域经济一体化不表赞同。俄主张经济合作的重点应是能源、基础设施建设、交通、高科技等领域。这种思路在普京首任总统时期已经形成，其后一直保持。梅德韦杰夫在2008年上海合作组织峰会上集中表达了这一思想：“我们的观点是：应该有目的地集中精力于项目性活动……这样一些方向看起来是有前景的，比如完善地面基础设施，建设洲际道路，启动上海合作组织能源俱乐部，首先是各国能源公司发展联系，扩大银行间在项目投资上的合作，扩大使用现代信息技术。”[3] 现在，在欧亚经济共同体一体化进程加快的情况下，俄罗斯对这一思路的强调更为突出。普京在2011年上海合作组织总理会晤中提出了俄罗斯对经济合作的最新设想，其中经济合作的优先方向是基础设施建设。在基础设施的建设中，主要的领域

---

① Д. Медведев: Выступление на заседании Совета глав государств – членов ШОС в расширенном составе. 15 июня 2011 года Казахстан, Астана. http: //www. president. kremlin. ru/transcripts/11578.

② Интервью Спецпредставителя Президента Российской Федерации по делам ШОС К. М. Барского агентству《Интерфакс》, Москва, 1 ноября 2011 года. http: //www. mid. ru/brp_ 4. nsf/0/AC5EC2628F593B704425793D0039DD5F.

③ Выступление на заседании Совета глав государств – членов Шанхайской организации сотрудничества, 28 августа 2008 года. http: //www. president. kremlin. ru/appears/2008/08/28/1418_ type63377_ 205835. shtml.

又应是交通、能源、信息技术、农业。① 关于上海合作组织经济合作的目标，俄罗斯的表述是提高中亚地区居民的生活水平和中亚地区的发展，② 这是政治性表述，它没有对长远的经济目标做过确定，这与中国把经济一体化作为长期目标又有明显不同。

可以这样理解：在经济合作上，俄罗斯不赞成以搞贸易为主，而以基础设施建设为重点，主张进行大型地区性项目建设，首先是在交通、能源、高科技领域，此外，俄罗斯对于保持地区经济稳定和吸引投资也姿态积极。在经济合作的目标上，俄不认同区域一体化，而以地区发展代之。它认为，上海合作组织经济合作的主要功能是协调地区的经济、社会和文化发展。③ 有必要指出一点，俄罗斯在上海合作组织的经济合作中有时也使用"一体化"一词，但这有时是指某一具体领域的一体化，或是把它用作经济合作的代名词，不能把它理解为上海合作组织的经济一体化。

这里有必要指出，作为上海合作组织的成员，俄罗斯对经济合作有自己的看法和主张是正常的，但问题是它很少有物质性投入，或者说实际行动不多。即使是对它所主张的合作，俄罗斯也没有实质性的资金投入。俄罗斯从未说明过它不投入的原因。把它解释为缺乏资金或不愿向中亚投入都没有充分的说服力。事实上，俄罗斯不是完全没钱，它向中亚投入也不少，但都是在上海合作组织框架之外。例如，2006 年俄罗斯发起成立欧亚发展银行，向其注资 10 亿美元。2009 年在欧亚经济共同体内成立反危机基金，基金总额为 85.13 亿美元，其中俄罗斯提供了 75 亿美元。这就不能不提出一个重要问题：俄罗斯的主张是真实的想法，还是只是一种政治策略？换句普通的话说：俄罗斯是真心想推动经

① По итогам заседания Совета глав правительств государств - членов ШОС Председатель Правительства Российской Федерации В. В. Путин и Генеральный секретарь ШОС М. С. Иманалиев выступили перед представителями СМИ, 7 ноября 2011. http: //premier. gov. ru/events/pressconferences/16988/.

② В. В. Путин, ШОС – новая модель успешного международного сотрудничества. 14 июня 2006 г. http: //www. rg. ru/2006/06/14/putin – shos. html.

③ Интервью Спецпредставителя Президента Российской Федерации по делам ШОС К. М. Барского агентству《Интерфакс》, Москва, 1 ноября 2011 года. http: //www. mid. ru/brp_ 4. nsf/0/AC5EC2628F593B704425793D0039DD5F.

济合作，只是主张不同，还是内心并不想搞，因而以此为手段虚与应付使其无法进行？这个问题颇费猜测，而且不能简单断定。

不难看出，不论是在经济合作的重点选择上，还是在其指导思想上，俄罗斯与中国都有明显差异。它的原因也显而易见。莫斯科国际关系学院的卢金教授长期研究上海合作组织，他总结说，俄罗斯对经济合作的保留主要出于两点考虑，一是不愿耗费资源，二是担心中国经济的强势。[①] 俄罗斯媒体和学术界的评论很坦率："在欧亚经济共同体，俄罗斯是经济领袖，但在上海合作组织，俄罗斯就处在强大的中国经济的阴影下。正是由于担心中国的经济扩张，俄罗斯政府领导人说，上海合作组织不考虑建立统一经济空间，而只进行具体的基础设施项目建设。"[②] 这也就是说，俄罗斯不反对上海合作组织国家在基础设施上联系更密切，这对俄罗斯的一体化项目无害，甚至有所帮助，但不愿看到它们形成共同经济空间，不主张推动它们在机制上的密切联系。

还应指出，俄舆论对中国经济合作的目的也颇有微辞。俄罗斯知名中国问题专家格尔布拉斯认为，中国所追求的是打开俄罗斯和中亚的市场，并得到自由进入原苏联地区的能源和矿产业的可能。中国提出的商品、投资、服务、技术自由流动都是为此。[③] 卢金也曾指出，中国主管上海合作组织经济合作的是商务部，它关心的只是贸易。在它眼里，上海合作组织国家只是中国的商品销售市场。[④]

简而言之，俄罗斯担心中国主张的合作模式将导致中国的经济扩张，并可对俄主导的原苏联地区一体化构想造成冲击。这使俄罗斯对上海合作组织的经济合作小心翼翼："北京把上海合作组织看做是巩固在中亚市场存在和扩大能源通道的机制。莫斯科也这样想，不过是为自己想。中国在上海合作组织中占有无可争议的优势地位……因此，许多专家早就指出，莫斯科有意识地迟滞上海合作组织的经济一体化，因为它

---

① А. Лукин. ШОС：итоги российского председательства.《Международная жизнь》9/2009. с. 31.

② "МН". Союз разумных эгоистов. Россия диверсифицирует свои экономические связи в рамках ШОС. 22. 09. 2006. http：//www. centrasia. ru/news. php4? st = 1158915000.

③ Евгений Верлин. Шанхайский дух. 20 – 06 – 2006. http：//www. globalaffairs. ru/articles/0/5725. html.

④ А. Лукин. Бюллетень. МИСП. 3（17），07/2007. с. 13.

明白每一个新开端都将巩固中国的地位，而不是俄罗斯的地位。”[①]

对能源合作的政策。在2006年上海合作组织峰会上，普京提出了成立上海合作组织能源俱乐部的建议。实际上，早在2004年9月的上海合作组织总理会晤中，俄罗斯就提出了成立能源生产和消费俱乐部的倡议，并建议制订上海合作组织统一的石油、天然气和能源运输系统概念。而在2009年上海合作组织峰会讲话中，梅德韦杰夫再次提出成立能源俱乐部的问题。可见，俄罗斯对上海合作组织能源合作姿态积极，成立能源俱乐部则是它的具体主张。

关于俄罗斯提出成立能源俱乐部的原因，有评论认为主要是与中国有关。中国视能源为经济合作的优先方向，因此，在大方向上，中国与俄罗斯的主张一致。但在具体目标上，两国则既有共同点，更有不同点。中国和俄罗斯既是合作者，也是竞争者。在许多方面，中国在中亚能源领域对俄罗斯形成挑战。因此，“俄罗斯希望利用上海合作组织作为中亚能源出口的调节机制……莫斯科的政治和经济分析家猜测，克里姆林宫极力建立能源俱乐部的目的是为了避免与中国在中亚能源上可能的冲突”。[②] 如果做引申的解释，这也可理解为希望对中国在中亚能源领域的活动有所参与和节制。当然，也不能把能源俱乐部的全部含义都理解为针对中国。比如说，能源俱乐部特别使美国不安，担心它有针对美国和西方的用意，这也是一种理解角度，并且不无道理。

关于能源俱乐部的形式、功能、目标、性质，并没有详细和确定的解释。按照邱夫林教授的理解，能源俱乐部可发挥的功能包括：作为能源生产国、消费国、运输国交流磋商的机制，拉近各国的立场，平衡各国的利益；制订上海合作组织的能源平衡概念；提高能源体系的安全性；免受国际能源价格剧烈变动的冲击；使用新技术，提高效能；保护环境，形成能源开发的共同规则等等。[③] 由此推测，能源俱乐部的主要

---

① Федор Лукьянов. Крепкие объятия соперничества 18 - 06 - 2009. http://www.globalaffairs.ru/redcol/0/11848.html.

② Сергей Благов. Россия призываетк созданию централъноазиацкого энергоклуба. 10. XI. 2007. http://www.eurasianet.org/russian/departments/insight/articles/eav110707aru.shtml.

③ Геннадий Чуфрин. ШОС: Quo Vadis?《Международная жизнь》6/2008. pp. 58 - 59.

目的一是在上海合作组织内形成多边对话机制，俄官方目前认可这种想法，[①] 二是在中亚能源的开发、运输、进出口上形成某种共同规则。

2011 年，成立能源俱乐部的设想得到了发展。2011 年 9 月举行的第四次欧亚经济论坛宣布将建立能源俱乐部，它的成员既包括上海合作组织成员国，也包括它的观察员国。随后在莫斯科举行了工作会议，对成立能源俱乐部的计划进行了讨论。能源俱乐部的成立终于迈出了第一步。俄罗斯对此表现出很高的热情。按照普京的想法，能源俱乐部将成立秘书处，它们将有相应的法律地位，能源俱乐部将就相关问题进行务实的磋商和信息交流。[②]

对扩大问题的政策。上海合作组织在 2008 年之前曾有过共识，在近期以提高效率和巩固组织为主，暂不进行扩大。俄罗斯也赞同这一做法。不过，从 2008 年以来，俄罗斯开始越来越倾向于进行扩大。2008 年，上海合作组织杜尚别峰会决定成立特别专家组，对扩大问题进行研究，这打破了上海合作组织在扩大问题上的冻结状态。2010 年，上海合作组织批准了《上海合作组织接收新成员条例》，这解决了扩大的标准和程序问题，为扩大提供了法律基础，并打开了扩大的大门。这些过程都受到了俄罗斯的积极推动。

在 2010 年 6 月上海合作组织塔什干峰会期间，俄罗斯在扩大问题上的态度明朗化，开始明确地主张上海合作组织进行扩大。梅德韦杰夫总统在会后的记者招待会上表示，俄罗斯认为“一些大国的加入总体上符合上海合作组织的利益，有利于提高它的威望”。[③] 但扩大的目标国是谁，梅德韦杰夫没有提及。舆论认为，俄罗斯所想的扩大目标

---

① 俄罗斯总统上海合作组织代表莫伊谢耶夫解释说，关于能源俱乐部的模式有多种提议，俄罗斯现在倾向于比较“软性”的模式，也就是就能源问题进行广泛交流的机制。Леонид Моисеев:《ШОС перерастает региональные рамки》03. 06. 2010. http://infoshos. ru/ru/? idn = 6050。

② По итогам заседания Совета глав правительств государств - членов ШОС Председатель Правительства Российской Федерации В. В. Путин и Генеральный секретарь ШОС М. С. Иманалиев выступили перед представителями СМИ. 7 ноября 2011. http://premier. gov. ru/events/pressconferences/16988/.

③ По завершении саммита ШОС Дмитрий Медведев ответил на вопросы российских журналистов. 11 июня 2010 года. http://www. kremlin. ru/news/8021.

首先是印度。这一猜测很快就得到证实。在2010年12月对印度的访问中，梅德韦杰夫总统表示支持印度成为上海合作组织的正式成员，并认为印度加入可极大提高上海合作组织的政治分量，使它的合作产生质的发展。[①]

2011年后，扩大不仅已成为俄罗斯的具体政策，而且俄罗斯准备加快扩大的进程。俄外长拉夫罗夫在2011年11月与印度外长会见时表示，俄罗斯希望尽快解决把印度从观察员转为正式成员的问题。[②] 俄总统上海合作组织事务代表表达得更加明确："上海合作组织的扩大不可避免，它的构成早晚要发生变化。说得更重一点：在全球和地区格局迅速变化的条件下，上海合作组织的扩大已是现实必须。这一过程需要加快。"[③] 除了印度之外，俄罗斯也准备接受巴基斯坦加入上海合作组织。[④]

俄罗斯学术界论证了印度加入上海合作组织的好处，其主要理由有：印度的加入将使上海合作组织成为除联合国外世界上人口最多的国际组织，它的政治分量将大大增加，对发展中国家的吸引力也将上升；印度的加入还可使地区对外经济关系多元化；印度是世俗国家，反对恐怖主义、分裂主义和极端主义，与上海合作组织的目标相符；印度经济发展迅速，它的加入会使印度增加对中亚的投资，加强印度与中亚的经济联系，有利于地区经济的稳定；印度被认为是世界上最大的民主国家，它的加入对上海合作组织的政治形象也有好处；印度在阿富汗问题上有重要影响，它的加入对上海合作组织在阿富汗问题上的作用也有帮助；最后，加入上海合

---

① Дмитрий Астахов. Россия приветствует присоединение Индии к ШОС. Сюжет：Визит Дмитрия Медведева в Индию 21 – 22 декабря 2010 года，РИА Новости. http：//www. rian. ru/politics/20101221/311489866. html.

② Выступление и ответы Министра иностранных дел России С. В. Лаврова на вопросы СМИ в ходе совместной пресс – конференции по итогам переговоров с Министром иностранных дел Индии С. Кришной，Москва，17 ноября 2011 года. http：//www. mid. ru/brp_ 4. nsf/0/0C3EDC267D2EDB874425794B00472A06.

③ Интервью Спецпредставителя Президента Российской Федерации по делам ШОС К. М. Барского агентству《Интерфакс》，Москва，1 ноября 2011 года. http：//www. mid. ru/brp_ 4. nsf/0/AC5EC2628F593B704425793D0039DD5F .

④ Russia hails Pakistan's SCO bid，May 12，2011. http：//english. ruvr. ru/2011/05/12/50197827. html.

作组织还可使印度不过分倒向西方。[1] 不过，俄罗斯真正的初衷还是基于两点考虑：其一印度是正在崛起的世界大国，它的加入可使上海合作组织成为国际舞台上的重大角色，大大提高上海合作组织的地缘政治分量。[2] 这一考虑与俄罗斯的一贯思想是相通的，即它更愿把上海合作组织作为国际政治的工具，而不是中亚地区的管理者；其二，由于中国在上海合作组织中处于强势地位，特别是在经济领域，印度的加入可对中国起平衡作用，避免中亚在经济上过于依赖中国。[3]

对地区干预问题的政策。自 2005 年吉尔吉斯斯坦发生“郁金香革命”和乌兹别克斯坦发生安集延事件之后，如何应对地区动荡就成为上海合作组织的一个重要问题。2010 年 6 月，吉尔吉斯斯坦南方城市奥什发生大规模骚乱，再度把这一问题摆在上海合作组织面前。上海合作组织对地区动荡的高度关切不言而喻，但它应否介入、应否采取具体行动，这既是重要的理论问题，也是重大的实践问题。

从吉尔吉斯斯坦的事例看，俄罗斯主张积极的介入政策。在 2010 年上海合作组织峰会上，梅德韦杰夫表明了俄罗斯的立场：“保证每个成员国和地区的稳定与安全是我们从开始就定下的任务。因此，我们不能对吉尔吉斯斯坦发生的事件无动于衷。上海合作组织对这一事件的反应应当是明确的，并应有具体行动。”[4]

俄提出这种主张的直接目标应是恢复吉的稳定，保障地区安全。但也有一些重要问题并不明确。一个问题是：这是特例还是上海合作组织今后通行的反应模式？另一个问题是：上海合作组织应采取什么具体行动？以什么方式采取？对于这些重要问题，俄罗斯都没有给出具体说明。尽管如此，俄罗斯主张上海合作组织要在维护地区稳定中发挥作用，这一基本思想还是清楚的。

---

① Александр Лукин, Нужно ли расширять ШОС? 11 июня 2011. http: //www. globalaffairs. ru/number/Nuzhno – li – rasshiryat – ShOS – 15227.

② А. Лукин. Бюллетень. МИСП. 3（17）, 07/2007. с. 13.

③ 俄知名中国问题专家 Виля Гельбрас 的看法。Евгений Верлин. Шанхайский дух . 20 – 06 – 2006 . http: //www. globalaffairs. ru/articles/0/5725. html。

④ На заседании Совета глав государств – членов Шанхайской организации сотрудничества в расширенном составе. 11 июня 2010 года. http: //www. kremlin. ru/transcripts/8019.

未来时期，比如说下一个 10 年，俄罗斯总体上对上海合作组织将是什么态度，这是一个重大判断。如果对其做一个推测，笔者倾向于认为俄罗斯对上海合作组织的积极性会有所降低。做出这种判断的理由是：其一，俄罗斯在上海合作组织中的利益会有所淡化；其二，俄罗斯实现其利益的渠道更加多元化；其三，俄罗斯的精力将更多放在推动欧亚联盟上。

俄罗斯的兴趣更多会在发挥上海合作组织的外部影响，而不是内部的建设。对于上海合作组织未来的发展，俄罗斯的思路看来是：把安全作为重心，突出发展上海合作组织的安全合作，特别是地区稳定和反毒；大幅度扩大上海合作组织，使其在结构上发生重大变化；将上海合作组织引向更开阔的国际和地区领域，不专注于中亚地区；有选择地进行经济合作，使其辅助于俄罗斯的一体化计划；推动能源俱乐部建设，使其成为上海合作组织中的重要机构；在人文领域，首先是发展教育合作；应对阿富汗局势，在阿富汗问题上担当更重要角色。

# 第六章 上海合作组织与中俄关系

无论是对上海合作组织乐观和悲观的评价，都把中俄关系作为关键要素之一。乐观者将其比喻为飞机的“双发”，电脑的“双核”；悲观者则视其为上海合作组织内部冲突的渊薮。孰对孰错姑且不论。两者其实是一个事物的两面，它们都反映了一个事实，即中俄关系对上海合作组织的兴衰成败至关重要。

那么，反过来看，上海合作组织对中俄关系又有什么影响呢？这是问题的又一个方面，其学术和实践意义同样重要。它们共同构成了一个相对完整的命题，即中俄关系与上海合作组织的相互影响。

可以说，中俄在上海合作组织及中亚的关系是近年来进入中俄关系的新问题。在官方层次，这一议题已列入两国关系正常的议事日程，它成为中俄高层会晤的经常性议题。[①] 在学术界，这一问题不仅越来越多地被专门论述，而且也成为系统研究中俄关系不可或缺的部分，许多新近出版的中俄关系著作都将这一问题列为专章。[②] 有理由认为，这一问题正在成为中俄关系中具有结构性意义的因素，是中俄关系中新出现的最重要变量之一。

所谓变量者，显著和不确定之因素也。它的影响是重大的，但其方

---

① 2009 年 6 月中俄元首莫斯科联合声明是最新的证明。联合声明中有专门涉及两国在中亚和上海合作组织合作的部分，见《中俄元首莫斯科会晤联合声明》，2009 年 6 月 17 日。

② 例如知名中俄关系专家 Bobo Lobo 教授的著作 Axis of Convenience. Moscow, Beijing and the New Geopolitics, Brookings Institution Press 2008, C。卢加宁教授的著作 Россия и Китай в Евразии, Москва ИД《Форум》2009，都把中俄在上海合作组织和中亚的关系作为专章。

向又是可变的，即可正可反。正能为中俄关系提供新的合作平台和内容，推动两国关系向前，反则可能造成矛盾和冲突，成为中俄关系的羁绊。

上海合作组织和中亚在概念上不能相互覆盖，但它们有密切联系。对中俄关系来说，两国在上海合作组织与在中亚的关系更密不可分。在一定意义上，中俄在上海合作组织的关系，也即是中俄在中亚的关系。上海合作组织是中俄在中亚合作的主要平台，是两国在中亚关系最重要的表现形式，还是调节和影响两国在中亚关系的重要因素。上海合作组织可说是中俄在中亚关系的晴雨表，集中反映着中俄在中亚关系的状态、特点、趋势。

## 一、上海合作组织对中俄关系的影响

许多论者倾向于从中俄竞争的角度看待上海合作组织，以两国竞争为逻辑前提。但从根本上说，中俄在上海合作组织的基础是合作而不是竞争。

从中俄关系角度说，上海合作组织是中俄战略合作的产物，而不是战略竞争的结果。不管是“上海五国”还是上海合作组织，都以中俄合作为基础，否则，上海合作组织甚至不可能成立。这决定了中俄是以合作姿态进入上海合作组织，合作从一开始就是基本导向。换句话说，上海合作组织首先是中俄进行合作的组织，诸如竞争等其他因素也会存在，但它们是次要的，不是引导中俄关系的主流。

上海合作组织对中俄在中亚的关系产生了和产生着深刻影响。

它的一个重要作用——甚至可说历史性重要作用——是为中国和俄罗斯在恰当的时间提供了一个恰当的载体，使两国有可能并肩进入中亚。更确切地说，是当中国全速进入中亚时，俄罗斯也在这条“船”上。中亚对中俄关系来说是一个特别敏感的地区。[①] 从传统的地缘政治角度看，中俄在中亚存在着竞争性结构。中亚从原苏联独立而来，横亘在中俄之间，俄罗斯视之为影响范围，不欲他人染指。中国则视中亚为

① 按照 Rajan Menon 教授的看法，在中俄关系中有两个最敏感的地区，一个是中亚，另一个是俄罗斯远东。Rajan Menon，“The China - Russian Relationship: What It Involves, Where It Is Headed, and How It Matters for the United States”, A Century Foundation Report, The Century Foundation, 2009, p. 28。

周边地区，必然要发展关系。客观上这确实易导致两大国发生冲突。这里问题的症结不在于中国对俄罗斯的态度，而在于俄罗斯对中国的反应，因为是中国进入到了原属俄罗斯的空间。

中俄在上海合作组织的合作应从“上海五国”算起。1996 年中俄宣布为战略伙伴，随后“上海五国”形成，这自然使中俄战略协作延伸向了中亚。2001 年“上海五国”从论坛变为地区组织，中俄在中亚的合作水平也水涨船高，提升到机制化。

由于上海合作组织，中俄在中亚成为同事和伙伴，这最大限度地减少了两国在中亚可能的猜疑和冲突，为确定两国在中亚关系奠定了良好基础。这样一种开端对中俄关系具有历史意义。试想如果没有上海合作组织，中俄都只通过各自的途径在中亚发展，那两国在中亚将形同陌路，不相往来，更不会成为伙伴，这必将导致猜忌累积，不信任益深，大大增加迎头相撞的风险。

有一种看法认为，俄罗斯加入上海合作组织的目的是为了监视和控制中国。如有俄罗斯评论说：“俄罗斯是通过上海合作组织控制和限制中国在中亚的行为。”① 且不说这种看法是否正确，即使说有这种因素存在，它对中俄关系的效果也不完全是负面的。在一定意义上，它产生的是正面效果。所谓监视也是接触、了解、沟通、妥协的过程，它降低而不是增加了中俄在中亚可能的误解和紧张。

上海合作组织的又一大贡献是提供了一个平台，使中俄接触和交流的机会大大增加。从 1996 年起，上海合作组织（“上海五国”）逐渐形成了多层次、多领域的会晤框架。这包括每年一次的首脑会晤，总理会晤，包括外交、国防、贸易、交通、安全、执法、教育、文化等等政府部门间会晤，还包括民间组织和机构的交流。以 2011 年为例，上海合作组织举行了国家首脑和政府总理会晤；政府部级以上层面的会晤有外交部、安全会议、国防部、经贸部、交通部、能源部门、卫生部、紧急情况部门等；国家机构层面上的会晤有最高法院和总检察院；军队系统举行了总参谋长会晤；此外，还有企业家委员会

---

① Наби Зиядуллаев. Центральная Азия: конкуренция и партнерство. Инвестиции в страны региона обеспечат России политическое влияние, 02.07.2007 | дипкурьер. http://www.ng.ru/courier/2007-07-02/13_asia.html.

的活动，并举办了上海合作组织的“教育周”。上海合作组织在一年之内可提供如此之多的交流机会，是其他机构不可相比的。上海合作组织确实成了中俄联系的重要框架，它对密切中俄关系的作用难以准确估价，但无疑是极大的。

上海合作组织不仅提供了中俄直接接触的媒介，而且也提供了新的议题和新的合作内容，并造就了中俄新的共同利益。在上海合作组织中，中俄关系出现了一片新天地，它有了新的议题、新的兴趣、新的利益。诸如反恐、中亚地区安全、地区稳定、反毒、地区交通和能源合作、区域睦邻友好等，都是原来中俄双边关系中所没有的，它们是由于上海合作组织才出现的。应该说，就其话题的丰富和合作领域的广大来说，上海合作组织比中俄双边关系有更开阔的空间。在这个意义上，上海合作组织既丰富了中俄关系的内容，也为两国关系不断发展增添着活力。至于中俄还以上海合作组织为国际合作的载体，推动多极格局、宣扬新理念规则、提升本国的战略地位——这更是两国的共同利益所在。

上海合作组织在其共同活动中，通过了大量宣言、声明、协议、公约、条约，形成了众多的共识和默契，它们形成了上海合作组织的机制或非机制化的政治规范，成为规定成员国相互关系的重要原则。中俄作为上海合作组织主要成员国，这些原则也外溢到中俄关系中，对两国关系产生着有形或无形、机制化或非机制化的规范作用。这应该说是上海合作组织对中俄关系带来的额外好处，尤其是在中亚地区。它的最大作用是使中俄在中亚有了某种“游戏规则”，尽管它并不十分清晰，也没有完全的约束力，但它被两国意识到，并在某种程度上有实际作用。

最后，上海合作组织还为中俄关系提供了一个“缓冲器”。在这方面，它有两重作用：它既提供了有序地解决问题的机制，又具有缓和及协调矛盾的功能。在一定意义上，上海合作组织也是一个公共协调和妥协机制，各方的主张和利益可在这里得到表达，并相互适应。中俄之间的问题通过上海合作组织被纳入到良性沟通的渠道，使两国可能的矛盾得到有序和制度化的处理。这个过程本身就有缓冲作用。经过这个过程之后，即使矛盾不能完全解决，通常也会相互更好地了解对方的看法，有利于解决矛盾。

# 二、中俄在上海合作组织的差异来源

当然，中俄在上海合作组织中也存在不同，这既不是秘密，也不是不正常的现象。两个如此之大的国家存在差别是自然的，而且任何国际组织内部都存在差别或矛盾。差异可导致政策上的分歧，但并不一定否定基本立场的一致。有看法认为俄罗斯不如中国积极，物质性的贡献较少，在有的问题上甚至有些消极。这其实也是由于差异所致。俄罗斯对上海合作组织有它的设想和重点。如果换一个角度看，在俄罗斯所期望的发展方向和发展重点上，那俄罗斯就显得更积极，而中国可能就显得保守一些。应该指出，俄罗斯是从它的需求看待上海合作组织的发展，但这完全是正常的，因为每个成员国都是这样。而俄罗斯独特的战略视野、活跃的思维、勇于行动的特性——这对上海合作组织的发展也自有其裨益。

中俄在上海合作组织中的差异有多种多样的表现，究其成因，可归结为以下几个来源。

中俄与中亚有不一样的历史关系，因而也有不同的历史认识，而更主要的是两国对中亚有不同的政治定位。中亚对俄罗斯是一个特别的地区，它的特别之处在于不久之前它还是俄罗斯（苏联）的一部分。因此，俄罗斯对中亚怀有别样的历史和政治情结，它被称为“帝国情结”。这种情结是任何“帝国”解体后都会产生的，尽管为人诟病，但却是自然和不可避免的。由于这种情结的作用，俄罗斯对其他大国本能地带有某种抵触和排斥心态，所不同的是程度差别。

如果说历史情结还只是一个心态问题的话，那政治定位就是政策问题。俄罗斯不仅是以回望的眼光看待它与中亚曾经拥有的过去，它还希望未来以某种形式使中亚重新回来。俄罗斯并不讳言它在原苏联地区的一体化政策。[①] 在俄罗斯看来，这是带有正常目的的正常过程。但外界

---

① 梅德韦杰夫总统在2008年国情咨文中指出，联盟国家和欧亚经济共同体是一体化的核心。Послание Федеральному Собранию Российской Федерации. 5 ноября 2008 года. http：//www. president. kremlin. ru/appears/2008/11/05/1349_ type63372type63374type63381type82634_ 208749. shtml 。

对此的理解则大不一样，特别是在西方。西方学术界代表性的看法认为，俄罗斯的目标是在原苏联地区重建势力范围。“它的目标一直是——而且它也坦率地承认——在原苏联地区建立一个势力范围，它说的是排他性的势力范围，高加索和中亚地区包括在内。”[①] 尽管各方解读不同，但说的大致还是同一件事情。俄罗斯的这种政治定位决定了它对中亚未来的基本看法和政策。

上述因素反映在上海合作组织里，就表现在俄罗斯的心态比中国更复杂。它有多重的政策构想，而这些构想有的是相互抵触的，如与中国合作与对其他大国在中亚存在的疑虑，支持上海合作组织与扶持欧亚经济共体之间的矛盾。因此，俄罗斯有中国所没有的顾虑，中国可以一心一意地发展上海合作组织，俄罗斯则是左顾右盼。

上海合作组织是中国在中亚最重要甚至是唯一的多边机制，它对中国的重要性没有任何其他机制可代替。俄罗斯则不一样，除了上海合作组织外，俄罗斯还有欧亚经济共同体和集体安全条约组织。而且，这两个机制是俄罗斯主导的，俄罗斯视其为嫡子，它们是俄罗斯经营中亚最主要的机制。上海合作组织与它们不一定是矛盾和排斥的，事实上，它们是合作伙伴。不过，俄罗斯不希望上海合作组织限制了它们的空间，不愿上海合作组织的合作程度超越它们，更不愿看到它们被边缘化和被取代。由此，又产生了中国和俄罗斯的又一差别，即中国对发展上海合作组织无所保留，而俄罗斯可能是有保留的。

中国和俄罗斯地处不同的地缘政治环境，面临的战略挑战也有不同。很多研究者都指出，中国和俄罗斯在上海合作组织的发展方向上持不同的主张：中国重经济，俄罗斯重安全。A. 马拉申科教授认为，在上海合作组织里出现了两种立场的碰撞：俄罗斯立场和中国立场。俄罗斯强调上海合作组织的军事政治和战略性质，而中国注重经济利益。[②] 这

---

① S. Frederick Starr, Moscow Indicates It Won't Be Ignored in the 'Near Abroad' February 12, 2009. http://www.cfr.org/publication/18523/moscow_ indicates_ it_ wont_ be_ ignored_ in_ the_ near_ abroad.html? breadcrumb = %2Fregion%2F264%2Fcentral_ asia.

② Александр Железнин, Наталья Меликова. Китай вытесняет Россию из Азии. 16. 08. 2007. http://www.ng.ru/index2/.

种情况确实存在，不过，它的产生在相当大程度上与其说是由于两国的矛盾，不如说是由于两国所处位置的差异。北约东扩对俄罗斯是沉重的地缘政治压力，中国对此没有很深的感受。俄罗斯要应对美国在独联体地区的战略挑战，中国也没有这个问题。由此，俄罗斯更注重上海合作组织的地缘政治功能，希望上海合作组织能对美国和北约起到平衡作用，而中国相对来说不强调这一点。中国正出于经济大发展的时期，经济思维比较领先，所以它在上海合作组织中也自然而然地重视经济合作。

最后，不管是有意识还是无意识，竞争心态在一定程度上也存在，并且或多或少会以不同的方式表现出来。中俄都是大国，都是上海合作组织最主要的成员，都在中亚有重要影响，这自然易使两国处于比较的状态，舆论也乐意在这个问题上推波助澜。相对来说，中国的竞争心态比较弱一些，俄罗斯则更强一些，因为中国是一个“后来者”。中国很少把俄罗斯看做是竞争者，而俄罗斯则习惯于从竞争的视角看待中国。一些俄罗斯学者即使认同中俄战略合作，但对两国在中亚的关系也是另眼看待：“如果说在全球层次上莫斯科和北京的利益基本吻合的话，那在地区层面它们是越来越明显的竞争对手。”① 这里的地区层面就是指中亚。中国在中亚影响的上升往往使俄罗斯受到刺激，它担心中国把俄罗斯排挤出去，或是抢占了俄罗斯的地位。这种心态也会影响到俄罗斯对上海合作组织的态度和政策，以及影响到中俄在上海合作组织的关系。

上述这几点，即是中俄在上海合作组织表现不同或产生分歧的基本来源。

## 三、中俄在上海合作组织的合作前景

一般认为，上海合作组织已是既成的存在，很少有人再对它的生存能力提出疑问。这种判断有充分的理由，虽然不能说上合组已完全没有生存之虞，但可以说这种风险是很小的。不过，如果说有可影响到上海

---

① Федор Лукьянов. Крепкие объятия соперничества. http://www.globalaffairs.ru/redcol/0/11848.html 18-06-2009.

合作组织生死存亡的因素的话，那中俄关系无疑是最主要的一个。中俄关系的状态在极大程度上决定着上海合作组织的状态，中俄关系如果发生逆转，上海合作组织的生存也将处于危险之中。从这个推断出发，对中俄关系前景的判断是关键之点。

关于中俄将走向冲突的预测一直存在。一个值得注意的现象是，这种观点似乎不是越来越弱，而是越来越强。在俄罗斯和中亚的舆论中都可以感受到这一点，如卡拉加诺夫所说："在俄罗斯公众和大部分精英的意识中，中国依然更多是威胁，而不是机会。中国被认为能够直接威胁俄罗斯的主权。"[①] 俄罗斯存在着认为中国是俄罗斯在原苏联地区地缘政治对手的看法，而且这种看法散布很广。[②] 这种观点的基本思想是：中亚是原苏联地区，是俄罗斯的特殊影响范围，中国在中亚的发展触动俄罗斯的利益，两国在中亚存在竞争；中俄在中亚的合作是脆弱的，它是由于各种原因所造成的一种临时结果，它们的矛盾只是被暂时掩盖和降低；随着中国在中亚存在的扩大，随着俄罗斯能力的增强，随着第三者因素（美国）的退出，中俄在中亚的矛盾将转为主流，两国在中亚的竞争将加剧，甚至可能发生冲突。

哈萨克斯坦的重要智库——哈萨克斯坦总统战略研究所在2011年提出了一个重要判断。它认为中俄在中亚保持了近20年的合作后，两国关系已在接近变化的临界点。其原因是：中国在中亚的经济存在迅速扩大，正在成为中亚经济最主要的投资者；其次，中国正在迅速把俄罗斯从中亚国家最大经济伙伴的地位上拉下来，并取而代之；最后，中国在中亚国家的政治精英和民众中的形象正在改变，尽管中国威胁论还存在，但中国已被认为是俄罗斯之外的一种选择。这家智库断定，这对俄罗斯来说已是拉响了危险的警报，它正在被中国从中亚排挤出去，已到了不得不做出回应的时候。[③] 俄罗斯学术界也有令人不安的预言，有学

① Sergei Karaganov, "Russia's Asian Strategy," *Rossiyskaya Gazeta*, June 17, 2011.

② Эксперт: Китай стал геополитическим конкурентом России на постсоветском пространстве. 14 дек 2011. http: //news. rambler. ru/12125855/.

③ Центральная Азия сегодня: вызовы и угрозы/Под общей редакцией К. Л. Сыроежкина, КИСИ при Президенте РК, 2011, pp. 310 – 311.

者认为："尽管有许多因素有助于中俄合作，但把中俄推向在中亚竞争的因素不断增加，由于中国在中亚的影响开始压倒俄罗斯，两个大玩家开始走向对抗。"①

关于未来的中俄关系是一个重大的判断。悲观的预测也有其逻辑和依据，值得注意和重视。但是，关键的问题在于：悲观的结局只是中俄关系的一种可能，但不是它唯一的可能。换句话说，未来中俄关系既可能向好也可能向坏，但不是不可避免地要走向对抗的宿命。中俄关系不是注定要走向对抗，可为证明的是，在悲观的预测绵延不绝的情况下，中俄关系已经保持了 20 多年的稳定和友好，作为战略合作伙伴也已有 16 年之久，这已表明稳定与合作在中俄关系中有强大的内在需求。还应看到，在俄罗斯精英界中，并不是所有人都把中国看作威胁，与中国合作的主张也有其地位。这从季塔连科、丘夫林、巴然诺夫、卢金等教授的著述中都可看到。② 俄罗斯领导人对此也有清楚的认识。2011 年 10 月，在回答记者的提问时，普京曾说："我对那些试图用中国威胁吓唬我们的人不止一次说，在当代世界，不管东西伯利亚和远东的矿产资源多么诱人，但最主要的竞争不在于此……对于我们来说中国是伙伴，可靠的伙伴。"普京相信，两国可以就甚至是最复杂的问题找到契合点。③

即使以中俄关系出现某种重大矛盾为假设，也不意味着两国将发生冲突和对抗，也不一定导致上海合作组织解体。把中国看作是威胁与主张采取对抗政策不是同一件事，两者之间不是线性关系。对抗政策是极端和最后的选择，它对中国和俄罗斯带来的后果之严重，不是两国轻易可以采取的。中俄关系矛盾的增加，其重要表现将是竞争的增强。它对

---

① Sergey Lousianin, Russia, China and Central Asian: energy aspects, http: //www. journal - neo. com/? q = node/7115 15. 06. 2011.

② Е. Бажанов. "Китайское чудо": правда и вымыслы. Почему Горбачев не пошел по проторенному КНР пути. http: //www. ng. ru/courier/2010 - 12 - 13/9 _ china. html? mpril А. Лукин. Цена вопроса. Газета "Коммерсантъ", №108 (4649), 17. 06. 2011. А. Гордеев. Ветер с Востока. Китай является практически идеальным геостратегическим партнером для Путина. http: //www. centrasia. ru/newsA. php? st = 1319107020.

③ Интервью Председателя Правительства Российской Федерации В. В. Путина. 17 октября 2011. http: //premier. gov. ru/events/pressconferences/16755/.

上海合作组织的影响将主要以不同发展主张的冲突来展现，而不是对上海合作组织的否定。也就是说，在这种情况下，上海合作组织有可能从合作的舞台变成争斗的场所，但上海合作组织可以继续存在。

虽然中俄关系中确有负面因素存在，也有必须面对的挑战，但从现实情况看，中俄在上海合作组织和中亚有更多保持合作的理由。

当人们只看中俄关系的消极面时，会把问题看得很严重；当人们只看其积极面时，又可能只看到一片光明。单从一个方面看问题往往是片面的，合理的方法是用综合的、整体的、联系的方式看问题，这能得出较为全面和客观的看法。

共同利益推动中俄合作，问题和矛盾则使它们竞争和冲突，这两股力量共同作用着中俄关系，但却是向着相反的方向。中俄关系的状态就决定于它们的相互制衡。当共同利益大于矛盾时，合作就是主导；当矛盾大于共同利益时，竞争就占上风；当两者之一特别强势时，中俄关系就会大冷或大热；而当两者相持不下时，中俄关系则会不冷不热或时冷时热。可以确定地说，现阶段中俄共同利益的分量远大于矛盾，这决定了两国关系的基本方向，决定了合作是其主流。

中俄在中亚有某些竞争，但它基本是在有序竞争的框架内。中俄在中亚的竞争主要是客观形势使然，不是由于恶意相向。中国发展与中亚的关系是睦邻友好政策的要求，中国从中亚进口油气是出于国内需要，它们都不是针对俄罗斯的。现阶段中俄竞争的性质也应该说是正常和非恶性的，两国都极力发展本国利益，但也没有恶意攻击和打击对方，没有以毁掉对方为目标。中俄竞争也在国际关系的规则之内，没有越出正常规则的范围。有序性可以减轻竞争的刺激性，降低矛盾激化的可能，阻碍恶性竞争的发生。

尽管中俄之间存在竞争的问题，但需要看到，两国在中亚相互不构成安全威胁，这一点十分重要。在所有的问题中，中国和俄罗斯最担心也最重视的还是安全。它在中俄的国家利益中居于首位。在这个至关重要的领域，中俄不存在严重问题。在边界、领土、边界地区安全、国家统一、领土完整、军事安全等等方面，两国都不是对方的威胁。而且，在可见的将来，它们相互也不太可能形成这种威胁。从传统的观点讲，这些都是国家安全的核心部分。如果在这些方面存在矛盾，中俄关系就有极大的危险了。由于中俄在最重要的安全领域相互不是威胁，这消除了两国之间最严重问题出现的可能。

有一种看法认为，力量关系变化将导致中俄在中亚关系的变化。这也是一种有代表性的观点，特别是在西方学术界比较流行。如有学者认为："上海合作组织的主要问题是莫斯科和北京之间的平衡能够维持多久，中国不断上升的影响将如何作用于中亚安全。"① 这种观点有两种意思。一种是认为中俄在中亚关系的框架是在俄罗斯处于衰弱的时期形成的。换句话说，它是中国利用它的强势造成的，俄罗斯是被迫接受的，而随着俄罗斯国力的恢复，它将改变这种状况。这种观点的另一种意思是中国在中亚的影响在快速增长，如果它取俄罗斯的主导地位而代之，俄罗斯可能会采取竞争和对抗的政策。而如果俄罗斯取得优势地位，中国或是接受，或是采取对俄抑制的政策。②

中俄在中亚的关系确实是在俄罗斯国势衰微时开始构建的，但两国关系的框架却不是不平等的。"不平等论"情绪多于事实，缺乏可靠的依据。它的基本论点是中国国力超过俄罗斯，俄罗斯只能是中国的小伙伴。国力的差异是客观存在，但并不等于不平等。平等是政治概念，与国力关系完全不是一回事。以国力差距作为不平等的根据不合逻辑。这是其一。其二，俄罗斯在中亚的综合影响一直高于中国，即使是中国在中亚存在大大增强了的今天，俄罗斯的综合影响还是比中国要大的。但是，不管过去还是现在，不管俄罗斯在中亚的影响降低还是增长，中国都没对俄罗斯采取遏制的政策。其三，俄罗斯国力自 20 世纪 90 年代末开始恢复，迄今已有 10 年多，现在的俄罗斯与 20 世纪 90 年代已十分不一样，它已经恢复了大国的地位，但中俄关系没有发生逆转。其四，中国的综合国力在不断增长，中国在中亚的存在也发展很快，这是事实。许多论者认为中国在中亚的影响已经超过了俄罗

① Security and Stability in Central Asia: Deffering Interests and Perspectives, *Summary of a Roundtable Held in New York City with Policy Recommendations by the NCAFP*, January 9 - 10, 2006. http://www.ncafp.org/projects/RussiaCentralAsia/jan06_round.htm.

② Robert Sutter, "Durability in China's Strategy toward Central Asia - Reasons for Optimism", *China and Eurasian Forum Quarterly*, Volume 6, No. 1 (2008), p. 10.

斯。但从作者的观点看，这种判断是不正确的。俄罗斯在中亚有更深厚的基础，不是中国可以轻易超过的，而且在可预见的将来也不太可能。到中亚访问的人看到市场上中国日用品无所不在，很容易对中国影响产生强烈印象，但这只是一个方面。而且，日用商品不是自然就转化成政治影响。经济是中国的优势，但在其他方面，在政治和安全领域，俄罗斯的影响更大；在人文领域，俄罗斯的优势就更明显。尽管中亚国家对俄罗斯的大国作风常有怨言，但就如一位中亚学者所说，俄罗斯对于中亚始终具有挥之不去的吸引力。① 中国不可能把俄罗斯排挤出去，它也不会有这种意图。反过来说，中国作为中亚的大邻国，它在中亚是自然和正常的，俄罗斯也不可能把中国的存在排挤出去。中俄两国都只能把它们在这一地区的共存作为政策前提。

在对中俄关系悲观的预测中，还有一个重要的问题，这就是美国因素。许多分析家认为，中俄在中亚的合作是建立在抗衡美国的基础上。美国在中亚的军事存在以及“颜色革命”把中俄推到了一起，一旦美国因素消失，中俄战略合作的基础也就瓦解了。“目前，中俄在中亚合作的主要推动因素之一是美国的存在。这为两国提供了愤怒的共同来源并分散了它们之间的摩擦和敌视。如果美国撤出中亚，中俄关系将可能明显变坏。这虽然不一定毁坏中俄全球关系，但由于两国的相互竞争，其在中亚的关系紧张可能上升。”② 这种看法不仅在美国很普遍，在中亚国家学者中也存在：“当抑制美国在中亚影响这个共同目标存在的时候，（中俄）伙伴关系也存在，它们的基本机制上海合作组织也是如此。如果这个共同目标消失，而且中国变得更强大，（中俄）伙伴关系的前景将殊难预料。”③

应该说，美国因素在中俄关系中确实存在，它对中俄合作也确实有某种作用。但是，它不是中俄在中亚合作的根本因素。远在美国军队部

① М. Джумаев. Евразийская интеграция и Китай: виртуальный экспертный форум. Часть 8. http://journal-neo.com/? q=ru/node/11625.

② Matthew Oresman, “Reassessing the Fleeting Potential for U.S.-China Cooperation in Central Asia,” *The China and Eurasia Forum Quarterly*, Volume 6, No. 2, May 2008, p. 11.

③ Сыроежкин К. Л., Центральная Азия: выборы приоритетов. 27 ноября 2007. http://kisi.kz/site.html? id=5097.

署到中亚和“颜色革命”之前，中俄合作框架已经形成。而且，两国不认同美国的某些政策，但并不以反美为终极目标。从这个前提出发，假使美国因素消失，这对中俄关系可能会有某种影响，但推导不出中俄合作将终结的结论。换一个角度说，美国因素也不会消失。未来美国军事基地有可能撤走，但军事基地不是美国在中亚战略存在的唯一表现。美国在战略上不会退出中亚，美国将与俄罗斯在独联体地区进行长期的战略角逐，中亚是其重要战场之一。在这个意义上，美国因素将长期在中亚存在。

还应该认识到，竞争和对抗不是矛盾的唯一出路，它也存在着其他的选择，包括妥协与合作。中俄即使存在某些矛盾性利益，它们也不一定非走上冲突一条路不可。两国可能也可以寻找其他更好的解决方式。观念的更替、思维方式的变化、形势的转变等等，也都可能导致局面的豁然开朗。

最后，在上海合作组织和中亚问题上，中俄的决策者都会认识到，不管从战略上还是策略上，保持良好关系与合作是实现其利益的最优选择。反过来说，两国关系的紧张与冲突不利于实现其利益，反而会损害其利益，恶性竞争和冲突对两国关系的负面作用将是巨大的，它造成的损害难以弥补，两国都有避免这一局面的理性。决策者的这种认识是阻止两国走向对抗的主动性制约。由于这种认识，中俄都不愿两国关系陷入冲突，并都会有意识地避免这种可能。对于存在的问题，它们都会倾向于用“软性”的方式处理，而不走向极端和决裂。

# 第七章　中亚成员国与上海合作组织

哈萨克斯坦、吉尔吉斯斯坦、塔吉克斯坦、乌兹别克斯坦是上海合作组织的四个中亚成员国。它们之间有许多差别，但也有很多共性。在地理上，它们都位于中亚地区；在宗教信仰上，它们信奉伊斯兰教；在历史文化上，它们有传统的联系；与中国和俄罗斯相比，它们是中小国家；在相互关系上，它们之间的关系也更密切和复杂。所有这些，使得中亚成员国在上海合作组织中的身份和定位较为相似，它们的诉求也较为接近。

## 一、中亚成员国对上海合作组织的意义

学术界在论述中亚成员国与上海合作组织的关系时，往往对上海合作组织给中亚成员国带来的利益谈得较多，而对它们对上海合作组织的贡献说得较少。通常人们会把中亚成员国看作是上海合作组织公共产品的消费者，而不是提供者，它们是上海合作组织政策和活动的被动接受者，而不是主动推行者。应该说，这种想法是片面和不客观的。

仅从资金资源的角度说，中亚成员国国民经济总量较小，能力有限，它们确实不是上海合作组织的主要财源，不可能为上海合作组织提供多少资金的支持。不过，上海合作组织之所以能够存在和运行，并不仅仅是建立在金钱的基础上。资金不是上海合作组织存在和发展的全部条件，它需要多种要素的支撑，才能存在和发展。中亚成员国虽然在资金的提供上有困难，但这不表明它们对上海合作组织没有贡献。它们的贡献主要不是表现在提供资金的能力上，而是在政治和其他方面，这些

贡献对上海合作组织不仅重要，而且也是不可或缺的。

中亚成员国为上海合作组织提供了政治地理依托。上海合作组织是一个地区组织，地区属性是它的必备特征，而在地区属性上它是以中亚为基础。上海合作组织之所以能成为以中亚为基础的地区组织，是由于有四个中亚国家的参与，它们是这一政治地理空间的提供者。没有中亚国家的参与，上海合作组织就不会有中亚的政治地理属性，它作为地区组织在政治地理上就会无所依托，或必须另有所托。而要另有所托，其实也不容易。仔细想想，能为上海合作组织提供政治地理空间的地区并不多，东亚、西亚、南亚、高加索都不适宜，只有欧亚可为所用。但欧亚在政治地理上要更向东欧方向延伸，如乌克兰和白俄罗斯，并且它在政治上已为俄罗斯所开发，成立有欧亚经济共同体并准备建立欧亚联盟。即使是作为欧亚地区的组织，没有中亚它也是残缺不全的。由此可见，中亚国家的参与对上海合作组织极为重要，它为上海合作组织提供了立足之地，这不能不认为是中亚成员国对上海合作组织的重大贡献。

中亚国家不仅是上海合作组织的政治地理依托，它也是上海合作组织的政治地理中枢。中亚位于欧亚大陆的中心，北到俄罗斯，南达中国，东连蒙古，西接阿富汗，西北与高加索和西亚紧密呼应，西南与巴基斯坦和印度咫尺相望。中亚国家不仅把中国、俄罗斯和中亚连成了一片，而且也勾连起整个这片广大地区。对上海合作组织来说，它的意义在于为其提供了开阔的可发展空间，而且可使这一广大空间形成相互联系的整体。换句话说，它为上海合作组织政治影响的辐射和组织的扩大预备了政治地理空间。这一重要性在当前阶段尚不突出，但随着上海合作组织的继续发展，它的意义将会越来越明显地显示出来。

中亚成员国为上海合作组织在中亚提供了政治便利和“合法性”。上海合作组织的地区禀性主要是中亚国家赋予的，而不是由中国和俄罗斯赋予的。中亚国家使上海合作组织成为中亚的地区组织，这对上海合作组织与中亚地区的政治关系具有关键意义。中亚成员国的存在把上海合作组织自然地带入了中亚，这使上海合作组织在中亚的活动天然合理，又使上海合作组织在国际上具有了代表中亚地区的身份。如果没有中亚国家的参与，上海合作组织就不是本地区的组织，而是地区外组织，它与中亚的政治关系将完全不同。它们将是地区外组织与中亚地区的关系，上海合作组织处理中亚事务也将是以地区外组织的身份。在这种情况下，上海合作组织参与中亚事务会困难得多，不仅渠道不畅通，而且还会遇到政治“合法性”的问题。同样一种行为，作为本地区组织是合情合理的，而作为地区外组织，就可能被理解为外来干涉，这也就是政治“合法性”的问题。中亚成员国给予了上海合作组织这种政治“合法性”，这不能不说也是中亚成员国的贡献。

中亚是上海合作组织重大项目的主要实施空间。举凡上海合作组织所推动的重大经济项目，包括能源、交通、信息等领域的合作，都是以中亚为主要实施对象的，中国和俄罗斯可以是这些项目的发动机和资金来源，但项目的建设主要是在中亚，而不是在中国和俄罗斯。上海合作组织区域经济一体化以中亚为基本区域，它所推动的经贸程序和标准的简化和规范，以及实现商品、资金、技术、服务的自由流通，都是以中亚为基本对象展开。区域一体化需要基础设施的联通，在这方面，主要的症结是在中亚。中亚的基础设施落后，对区域性网络造成了阻隔。以交通来说，要形成区域性的网络，最大的问题是打通中亚。中亚的交通基础设施不发达，制约着形成四通八达的区域交通网络。以铁路为例，中、吉、乌铁路项目已提出多年，中国已把铁路修到了与吉尔吉斯斯坦的边境地区，但由于吉尔吉斯斯坦和乌兹别克斯坦方面的延宕，这一项目至今尚未完成。通讯领域的情况也是如此，要形成区域的信息网络，中亚是重点建设地区。即使是在能源领域，虽然俄罗斯是能源生产和出口大国，但上海合作组织能源合作的注意力更多是面向中亚。

中亚国家是上海合作组织结构中不可缺少的部分，它对上海合作组织的政治属性有规定性意义，并对上海合作组织的政治平衡有重要作用。中国、俄罗斯和中亚国家是构成上海合作组织的三个基本部分，它们都不可或缺，都对上海合作组织的政治属性有规定性作用，并且都对它的结构和政治平衡有重要意义。不过，它们各自的作用和意义是不相同的。如同中国和俄罗斯一样，中亚成员国在上海合作组织中有独特地位，它的作用是中国和俄罗斯不能取代的。上海合作组织如果没有中国，它在组织结构上就是一个前苏联国家的组织，它在政治结构上就会是以俄罗斯为中心的组织，并且由于有欧亚经济共同体和集体安全条约组织的存在，它也将是一个多余的组织。上海合作组织如果没有俄罗斯，它将是一个由中国在原苏联空间推动、并把俄罗斯排斥在外的组织，它自然将被认为是挑战俄罗斯的组织，中俄在这一地区的平衡结构将被打破，两国在这一地区的地缘政治竞争将结构化。上海合作组织如果没有中亚国家，它在组织结构上将是一个大国的联盟，而很难再把它称之为地区组织。它也可以继续存在，但它的政治属性会发生重大改变，它的区域合作色彩将减弱，而将被更多地赋予地缘政治组织的属性，或被认定为地缘政治组织，它的国际形象也将大不相同。由此可见，中国、俄罗斯和中亚国家的结合，形成了上海合作组织的结构平衡，使上海合作组织成为一个和谐的构造。缺少其中任何部分，上海合作组织都将出现结构失衡，它的政治属性将会发生某种改变，而这种改变对上海合作组织的发展将有重大影响。

中亚成员国对上海合作组织地缘政治性质的影响尤为明显。由于中亚成员国的存在，上海合作组织具有了某种地缘政治的结构性限制。中亚国家与中俄在地缘政治上有很大差异。中国和俄罗斯是大国，中亚国家是中小国家，它们的地位和看问题的视角不一样。俄罗斯欲保持在原苏联地区的传统影响，反对美国在中亚的军事存在，对美国在中亚的战略扩张抱有戒心。中国希望保持中亚为稳定的战略后方，不愿看到这一地区成为大国争斗的战场。中亚国家与中俄不同，它们对美国的担忧主要是来自政权安全的考虑，不喜欢美国对它们在国内政治上的指手画脚，反对美国支持反对派和从外部推动政权更迭。如果这个问题不严重，中亚国家在对美关系上没有太多顾虑。它们没有大国的地缘政治忧虑，没有大国竞争的需求，它们不希望成为大国的“棋子”，而更愿利用大国间的竞争左右逢源。西方舆论中有上海合作组织是抗衡美国的联盟之说，事实上，上海合作组织不是这样的组织，它没有这样的主观意图。不过，这只是主观意志的制约，而在客观上，上海合作组织还存在着结构性的制约，这就是中亚成员国的存在。由于有中亚成员国的缘故，上海合作组织不可能成为反美组织，因为中亚国家不会跟随中俄去与美国对抗。在中亚国家不支持的情况下，上海合作组织无法成为任何联盟，自然也无法成为反美的联盟。当然，这只是论证的一种假设，中俄也没有与美国对抗的想法。不过，也需要指出，上海合作组织没有反美的主观意图，但这不意味着上海合作组织在对美国关系上是无原则的妥协。在某种情况下，上海合作组织也有可能被动地共同抵御美国的压力，例如出现美国严重损害它们利益的情况。

与中国和俄罗斯一起，中亚成员国是上海合作组织政治理念的共同创造者，是它的实践活动的共同推动者。上海合作组织的理念和精神，例如“上海精神”和“新安全观”等，都是在中国、俄罗斯和中亚国家的共同参与下形成的。在上海合作组织的实践活动中，中亚国家也有积极作为。上海合作组织的许多重要倡议是由中亚国家提出的，例如建立政府部长会晤机制、央行和财长会晤机制、成立上海合作组织发展银行等最早由哈萨克斯坦提出，成立地区反恐机构、设立发展基金、交通部长会晤（与中国联合）的想法出自吉尔吉斯斯坦，中亚无核区和安全会议秘书会晤机制则是乌兹别克斯坦的主张。中亚成员国对上海合作组织思想和实践发展的贡献也不应被忽视。

## 二、中亚成员国的利益诉求

关于上海合作组织对中亚国家的利益，学术界已有论述。[①] 总的来说，安全、经济和外交利益是中亚成员国在上海合作组织的主要需求。

作为由边界谈判发展起来的组织，上海合作组织是中亚成员国（乌兹别克斯坦除外）与中国边界地区安全的保障，这对中亚国家来说有着战略性重要意义。哈、吉、塔三国与中国有长达3000多公里的边界，这条边界有复杂的历史，存在过争议，发生过冲突，引发过紧张，给中亚国家留下了深刻的历史记忆，是中亚国家的重大安全关注。20世纪90年代，中亚国家与中国解决了遗留边界问题，签订了《关于在边境地区加强军事领域信任的协定》和《关于在边境地区相互裁减军事力量的协定》，在这一基础上形成了上海合作组织。上海合作组织把遵守这两个协定写入到了《上海合作组织宪章》中，遵守这两个协定是各成员国的法定职责，上海合作组织与边界地区安全不

① 邢广成、孙壮志主编的《上海合作组织研究》，长春出版社，2007年版；吴恩远、孙宏伟主编的《上海合作组织发展报告：上海合作组织十周年专辑》，社会科学文献出版社，2011年版，都对此有详细的论述。

仅相互关联，而且也是边界地区安全的一道重要保证。还应该看到，与中国相比，中亚国家是小国，在军事上是弱国，在边界安全上它们始终处在中国庞大的身影下，边界地区安全的意义对它们来说更为重大，它们对边界地区安全的关注也更甚于中国。边界地区安全是中亚国家需长期维护的基础性利益，不管现状如何，不管它是尖锐的还是平稳的，它都不会失去意义。现在边界地区安全的良好状况得益于双边的友好关系，也得益于上海合作组织，上海合作组织对中亚国家的这一意义将会长久存在。

如同其他成员国一样，中亚成员国受到三股势力即恐怖主义、分裂主义和极端主义的危害。由于宗教、地理和国内的原因，中亚是易受三股势力侵害的地区，也是三股势力活跃的地区。在地理上，中亚从北向南与高加索、西亚、阿富汗、巴基斯坦和克什米尔相连，处于它们的月牙形半围之中。这些地区都是三股势力的渊薮，中亚是伊斯兰教地区，是它们扩散的天然去所。中亚本土的三股势力与它们内外呼应，又形成了三股势力的地区联合。

中亚安全形势不令人乐观，它不是趋向越来越平静，而是变得越来越严峻。这表现在恐怖活动的次数增多，烈度增大，而更严重的是宗教极端势力的蔓延。塔吉克斯坦的恐怖活动有加重之势，2010 年 9 月连续发生了三起恐怖袭击，其中在北部城市苦盏的自杀爆炸造成 2 名军官死亡，25 名警察受伤；而另一起袭击导致 23 名军人死亡，都属于严重的恐怖事件。特别令人不安的是哈萨克斯坦安全形势的变化。哈萨克斯坦是中亚国家中受宗教影响最小的国家，过去宗教极端势力在哈萨克斯坦影响不大，恐怖活动虽有发生，但不是特别严重。但现在的形势在变化，宗教极端主义在哈萨克斯坦前所未有地快速发展，与此同时恐怖活动频繁发生。2011 年哈萨克斯坦发生了多起恐怖事件，其中在不到一个月的时间里在阿特劳和塔拉斯两个城市连续发生恐怖袭击，给哈萨克斯坦带来了很大震动。过去哈萨克斯坦从未发生过自杀式恐怖袭击，但在 2011 年也出现了。2011 年夏天，主要由哈萨克人组成的激进宗教组织“哈里发战士”（Jund al－Khilafa）成立。这个组织成立的时间虽不长，但已被认为与“乌伊运”（The Islamic Movement of Uzbekistan）、“土耳其伊斯兰党”（The Turkistan Islamic Party）、“东突伊斯兰运动”（The East Turkistan Islamic Movement）一样，成为中亚地区的重要激进宗教组织之一。[①] 这表明极端主义在哈萨克斯坦扎下了根，极端主义在哈萨克斯坦的本土化有了重大发展。2011 年 12 月，在哈萨克斯坦西南城市扎纳奥津（Жанаозен）发生大规模骚乱，造成严重人员伤亡。哈萨克斯坦一向被认为社会经济状况发展较好，这一事件的发生加重了哈萨克斯坦对安全形势的担忧。有哈萨克斯坦舆论认为极端主义势力介入了这一事件。无论事实如何，毫无疑问的是社会混乱是极端主义的温床，混乱形势也很容易为极端主义势力所利用。

应该指出，虽然打击三股势力是上海合作组织各成员国的共识，但在具体的重点上，中亚国家与中国和俄罗斯有所不同。中国的重点目标是“东突”，俄罗斯的重点是高加索的非法武装，而中亚成员国的重点是本土的极端主义组织。对中国和俄罗斯来说，最严重的危害是分裂主义，由分裂主义产生恐怖主义，而极端主义往往是它们的意识形态工具和组织手段。由此，三股势力在组织形式上通常是同一股力量。而在中亚地区，分裂主义的问题不是特别突出，不是中亚国家的主要威胁，它的最大威胁是极端主义和恐怖主义，极端主义势力试图推翻世俗政权，诉诸于恐怖行动，由此产生恐怖主义。因此，在三股势力中，中亚国家以打击恐怖主义和极端主义为主，在它的表述中也主要是说打击恐怖主义和极端主义，分裂主义有时不提，有时放在恐怖主义和极端主义之后。

中亚成员国强调上海合作组织的禁毒合作。中亚的毒品问题十分严重，由于毗邻阿富汗，它成为阿富汗毒品的重大受害者。根据联合国毒品和犯罪问题办公室的估计，世界上 90% 的鸦片在阿富汗生产，其中 30% 多通过中亚输出。[②] 中亚是阿富汗毒品输往俄罗斯和欧洲的重要通道。中亚有三个国家与阿富汗接壤，分别是塔吉克斯坦、乌兹别克斯坦

① Jacob Zenn, “ ‘By the Hands of Men Who Don’t Fear Death’ - Jund al - Khilafa Launches Islamist Insurgency in Kazakhstan”, Terrorism Monitor Volume: 9 Issue: 43 November 23, 2011.

② David Trilling, Tajikistan, “On Afghanistan’s Heroin Highway, Corruption Fuels Addiction and HIV”, http://www.eurasianet.org/node/65240.

和土库曼斯坦，其中土库曼斯坦不是上海合作组织成员国。塔吉克斯坦和乌兹别克斯坦是阿富汗毒品进入中亚的主要门户，特别是塔吉克斯坦，它与阿富汗的边界不仅距离长，而且多是崇山峻岭，难于有效管控，是毒品走私的有利途径。哈萨克斯坦和吉尔吉斯斯坦虽不与阿富汗接壤，但处于毒品继续扩散的交通要道，从陆路进入俄罗斯和欧洲的毒品都要经过哈萨克斯坦。中亚国家不仅是阿富汗毒品的过境之地，它自身也深受毒品泛滥之害。根据联合国2008年的《中亚非法毒品趋势》报告，从2001年以来，中亚毒品的入境量、吸毒人数和与毒品有关的犯罪一直居高不下。[①] 有材料说，从阿富汗进入中亚的毒品约有1/3在当地消费，中亚的吸毒者总共约有50万，其中哈萨克斯坦和乌兹别克斯坦各有约20万。[②] 而实际吸毒人数可能比这个数字更高。在一个只有2000多万人口的地区，这已是很大的数字，毒品问题已成为中亚国家的严重社会问题。由于毒品问题的严重性，中亚成员国对它十分关注，把它作为上海合作组织安全合作的重要内容。上海合作组织从最初就把禁毒列入到安全合作中，也是特别反映了中亚国家和俄罗斯的需求。毒品问题不是单独一个国家的问题，而是地区性问题，单独一个国家无法解决，它需要地区性的合作。中亚成员国对上海合作组织的期望也在于此。毒品的根源在阿富汗，解决这一问题的根本之道也在阿富汗，中亚成员国希望上海合作组织成为一道阻止阿富汗毒品进入中亚的防线，并与阿富汗联合进行禁毒合作。

中亚成员国重视阿富汗问题。阿富汗问题对中亚有复杂的影响。由于地理、宗教、民族和历史的原因，中亚国家与阿富汗有密切的联系。在某种意义上，阿富汗与中亚是一个整体，尤其是在安全上。阿富汗形势与中亚的安全息息相关，阿富汗的不稳定自然会溢出到中亚，因此，中亚国家把阿富汗问题看作是对本国最大的外部安全威胁，如乌兹别克斯坦总统卡里莫夫所说："阿富汗的战争已持续了30年，不解决阿富汗

---

① United Nations, Office on Drugs and Crime Regional Office for Central Asia, Illicit Drug Trends in Central Asia. April 2008.

② Sebastien Peyrouse, "Drug-trafficking in Central Asia," *Institute for Security and Development Policy*, *Policy Brief*, No. 8, September 23, 2009. p. 2.

问题，就谈不上中亚地区的安全和稳定。”① 阿富汗问题对中亚安全的影响有多种形式，包括侵犯中亚国家的边界，造成边界冲突，向中亚走私毒品和武器，支持中亚的极端主义组织，在中亚进行恐怖活动，向中亚传播极端宗教意识形态等等。而在极端主义组织控制阿富汗的情况下，例如在塔利班掌权的时期，阿富汗问题对中亚的安全威胁甚至可以达到生死攸关的程度。从另一方面说，中亚国家介入阿富汗的程度也是很深的。同样由于密不可分的种种联系，中亚国家也是阿富汗问题中的重要角色。在苏联进行的阿富汗战争中，中亚国家作为苏联的加盟共和国也卷入其中，参战的许多苏军官兵来自中亚，中亚也是那次战争的主要支援基地。在苏军撤走后的阿富汗内战时期，中亚国家支持北方联盟，反对塔利班。中亚国家参与上海合作组织，阿富汗问题也是一个推动因素。上海合作组织的成立是在阿富汗塔利班势头最盛时期，其时整个中亚都笼罩在了塔利班的阴影中，中亚国家是把上海合作组织作为一个集体安全保障，以应对来自阿富汗的严重威胁。在塔利班政权被推翻后的一段时期，阿富汗问题对中亚的安全威胁明显减轻，但并没有消失。随着阿富汗问题的长期化和复杂化，阿富汗问题又变得严重，对中亚的安全威胁也重新上升。因此，阿富汗问题始终是中亚成员国的重大安全忧虑。在美国宣布将在2014年底前从阿富汗撤出军队之后，阿富汗面临着重大转折，形势的不确定性对所有有关国家都是严峻挑战，本地区国家对形势的迫切性感受尤深。在这种背景下，上海合作组织在阿富汗可发挥什么作用，也成为中亚成员国关心的问题。在这一问题上，中亚成员国的想法不一，一些成员国认为上海合作组织可在阿富汗担当重大角色，如哈萨克斯坦；也有成员国更看重其他机制，如乌兹别克斯坦。但无论如何，如果上海合作组织能够在阿富汗问题上有所作为，能够帮助阿富汗问题的解决，保证中亚的安全稳定，则符合所有中亚成员国的利益，是所有中亚成员国都希望的。

除此之外，非法移民和跨国犯罪也是中亚成员国重视的问题，它也

---

① Выступление Президента Республики Узбекистан Ислама Каримова заседании Совета глав государств ШОС в расширенном составе, 11 июня 2010г. http：//www. jahonnews. uz/rus/rubriki/politika/wystupleniye _ prezidenta _ respublyky_ uzbekystan_ islama_ karimova. mgr.

在中亚成员国关注的安全利益之内。而随着形势的变化，中亚成员国所关注的安全利益也在扩大。如哈萨克斯坦提出把网络安全与恐怖主义、极端主义、分裂主义和贩毒并列，共称为上海合作组织的五大威胁。①

经济利益是中亚成员国在上海合作组织中的重要诉求，它的重要性程度不亚于安全。对所有中亚国家来说，经济都是国家的重大问题，发展经济是它们面临的艰巨任务，上海合作组织是它们解决经济问题的一个途径。不过，中亚四个成员国的情况不完全一样，它们在经济合作中各有其重点。哈萨克斯坦有丰富的石油资源，有稳定的巨额石油收入，它在中亚经济中处于领头羊的地位，并对在中亚形成以哈萨克斯坦为中心的区域一体化有明显的兴趣。在上海合作组织的经济合作中，哈萨克斯坦更多地是关注区域性合作问题，包括形成区域性的共同市场和金融合作体系，区域性的交通和能源共同空间，发展区域贸易和多边项目。2008 年的国际金融危机给外向型程度较高的哈萨克斯坦造成了严重打击，哈萨克斯坦从中得到了深刻的教训，因此它对建设金融稳定保障机制很重视。因有石油收入的财政来源，哈萨克斯坦对从上海合作组织得到资金或项目没有很大需求。乌兹别克斯坦地处中亚的中心，是唯一与所有中亚国家都接壤的国家，在地理位置上有得天独厚的条件，它对建设区域性交通网络以及物流中心有积极性。吉尔吉斯斯坦和塔吉克斯坦的经济条件较差，建设资金缺乏，吉塔两国以及乌兹别克斯坦都希望从上海合作组织直接得到项目和资金。事实上，中国为上海合作组织提供的贷款也主要是为这三国所用。

上海合作组织在外交上是中亚成员国的一个有用工具，这可称之为它们在上海合作组织中的外交利益。这反映在许多方面。在上海合作组织中，中亚国家与俄罗斯和中国这两个大国平起平坐，与中俄平等地对话，不仅能藉此对它们施加影响，而且可对它们有一定的制约。中亚成员国在上海合作组织中有平等的政治权利，它们对通过上海合作组织进行的地区事务和地区安排不仅有参与权，事实上也有否定权。上海合作组织也是中亚国家走上地区和国际舞台的一个平台，有利于提高它们的

① Выступление Президента Республики Казахстан Н. А. Назарбаева на Саммите ШОС в Астане. http://www.akorda.kz/ru/speeches/external_forums/s.

国际和地区影响力。一个简单的事实是，由于上海合作组织，中亚国家的国际和地区知名度明显提高了。哈萨克斯坦特别积极地主张上海合作组织跨出地区，走向世界，成为一个国际力量中心，引导国际政治的发展潮流。① 这也在一定程度上反映出上海合作组织对中亚成员国在外交上的益处。一些中亚成员国，特别是比较弱小的国家，在双边或地区的争议中，希望把问题拿到上海合作组织来，通过多边机制来弥补它们的弱势地位。上海合作组织不一定能够解决这类问题，不过，对于中亚成员国来说，至少通过上海合作组织可以传递它们的声音，表达它们的诉求。而且，所有的中亚成员国都可能遇到类似性质的问题，只是具体问题会有不同，出现这种情况时，寻求上海合作组织的支持是自然的选择。即使是中国和俄罗斯这两个大国也是如此，在遇到国内问题或双边争端时，它们也有需要上海合作组织支持的时候。最后，中亚成员国希望上海合作组织在维持其国内政治和社会稳定上有所帮助，特别是在它们受到西方的强大压力时。

## 三、中亚成员国因素对上海合作组织的影响

总体而言，中亚成员国对上海合作组织持积极立场，支持上海合作组织继续发展，这是中亚国家的基本政策。在中亚四个成员国中，乌兹别克斯坦在具体政策上的保留较多。

中亚成员国实行多方位对外政策，这也适用于地区机制。对于不同的地区机制，中亚成员国持多元化立场，平行地参加多个地区组织或机制。这就是说，中亚国家参加上海合作组织，但不是仅仅参加上海合作组织，它们同时也参与其他地区组织或机制。以哈萨克斯坦来说，它不仅是集体安全条约组织、欧亚经济共同体和海关联盟的成员，而且是欧亚联盟最积极的推动者，其积极性甚至超过俄罗斯。哈萨克斯坦还用很大精力来推动由它发起的亚洲相互协作和信任措施会议（亚信会议），迄今亚信领导人会议已举行过三次，最近一次是2010年在伊斯坦布尔

① 在哈萨克斯坦总统纳扎尔巴耶夫为上海合作组织成立十周年撰写的“未来的10年”文章中，纳扎尔巴耶夫提出了这一主张。Н. Назарбаев, Десять лет будущего, http: //www. akorda. kz/ru/speeches/articles/shos03 июня 2011 г。

进行的。哈萨克斯坦对参与欧洲主导的机制抱有浓厚兴趣，2008年，哈萨克斯坦制定了“通往欧洲之路”国家战略。2010年哈萨克斯坦担任了欧安组织年度主席国，为原苏联国家中的第一个，这更大大激发了它对欧洲组织的向往。哈萨克斯坦保持着与西方国家的机制性对话，如美国—中亚高层双边对话，日本—中亚对话，它与欧盟和北约也进行着合作，参加过北约的“和平伙伴计划”和联合军演，支持美国的“大中亚计划”。在土耳其主办的突厥语国家首脑会议中，哈萨克斯坦也是重要参加者。由此可见，哈萨克斯坦同时参与着多个方向的机制，这些机制的背景有俄罗斯和中国，也有美国和欧洲，还有别的地区大国。乌兹别克斯坦、吉尔吉斯斯坦和塔吉克斯坦在多边机制外交中不如哈萨克斯坦活跃，但其多元化的取向是相近的。吉塔都是欧亚经济共同体和集体安全条约组织成员，也都有意加入海关联盟和欧亚联盟。它们也参加与美国和日本的对话机制，也与欧盟和北约进行合作。乌兹别克斯坦在外交上一直是独立特行，它对由俄罗斯主导的地区机制存有疑虑，担心受到束缚，几次进出欧亚经济共同体和集体安全条约组织。它最初是集体安全条约组织成员，但在1999年退出，而后又在2006年重新加入。它在2006年参加了欧亚经济共同体，但在2008年又退了出来。乌兹别克斯坦更看重与美国和欧洲的合作，在美国2009年提出美国—中亚高层双边对话模式后，乌兹别克斯坦是第一个实践者。乌兹别克斯坦努力与欧洲发展关系，与欧盟有多方面的合作。应该指出，由于意识形态和价值体系的原因，中亚国家与西方关系经常出现起伏，但这主要是由西方的政治压力引起，不是中亚国家的初衷。

中亚国家的多元性政策对上海合作组织有多种含义。它意味着：其一，中亚成员国在地区机制政策上坚持多元参与，它们不“把鸡蛋放在一个篮子里”，也不“从一而终”；其二，上海合作组织是中亚国家参加的多个地区组织的一个，是多边合作的多个选项之一，而不是唯一的选项；其三，上海合作组织对中亚国家来说是重要的地区机制，但不一定在任何情况下都是首选；其四，中亚国家在安全和经济发展上不会完全依赖上海合作组织，它同时也依赖其他地区机制；其五，中亚国家会在多种机制中寻求平衡，以利益最大化为导向，而不会以发展某个机制为目标；其六，上海合作组织对中亚国家的吸引力程度取决于与其他地区机制相比的结果，利益相对更大者吸引力相应更高。由此，上海合作组织对中亚国家的吸引力是相对的，不是绝对的。

中亚国家期望上海合作组织带来安全和经济利益，参与上海合作组织各领域的合作，但同时在政策上存有一些保留，这使得中亚国家的上海合作组织政策存在一定程度的矛盾性：一方面期待合作的发展，产生更大的效益；另一方面在政策上不能完全匹配。比如说，在经济合作上，中亚国家对上海合作组织的开放度不够大，不太能接受区域经济合作的一些概念和规范；在安全合作上，一些中亚国家的参与程度不高，在安全合作的深度上有较大局限。乌兹别克斯坦对安全合作一向保留较多，它经常降低或不参加国防部长和其他安全部门的会晤，也很少派兵参加上海合作组织的联合军演。乌兹别克斯坦对上海合作组织的教育合作也持保留态度。哈萨克斯坦也不赞成上海合作组织联合军演的规模过大，主要原因是顾虑其与西方的关系。在上海合作组织“和平使命－2007”军事演习中，中国军队欲借道哈萨克斯坦前往俄罗斯，但未得到哈的同意，这件事在当时曾引起广泛注意。[①]

中亚国家的这种矛盾性有可以理解的理由。它的产生在很大程度上是政治性因素，这在其他章节已有论述，不再重复。在经济领域，苏联遗留的经济观念和思维方式仍有一定影响。这种观念和思维的一个特点是对外部世界根深蒂固的怀疑，反映在经济合作上，它的潜意识中往往认为其中有对方的某种经济计谋，更多地是看对方得到了什么，而较少看自己得到了什么，总认为本国吃亏。在商业谈判中，它的处理方式比较僵硬，宁可做不成也不愿通过相互妥协找到一种解决方案。客观上，中亚国家经济比较弱小，忧虑外部经济力量的冲击，有比较强的自我保护意识。而控制开放度是最简单的自我保护方法。还应看到，社会舆论对中亚国家的政策选择也有很强的影响，当局为维持政治地位和社会支持，它们要顾及甚至迎合社会舆论。例如，在吉尔吉斯斯坦铁路项目上，中国提出了“以投资换资源”的设想，中国提供投资，吉以资源项目相抵。吉舆论对这一方案反应强烈，使它成了一个公共问题，吉政府

① 李抒音：“上海合作组织军事合作综述”，吴恩远、孙宏伟主编《上海合作组织发展报告：上海合作组织十周年专辑》，社会科学文献出版社，2011 年版，第 32 页。

的决策不能不受到一定制约。在安全领域，多种因素限制着中亚国家的参与深度，其中与上海合作组织的关系不一定是主要的。换句话说，它们的保留不一定是因为对上海合作组织不满，而是由于其他原因，如中亚国家的双边关系因素，与大国关系的因素，以及国内政策的原因等。

中亚成员国在财政和资金上确有很大局限，不可能对上海合作组织有很大帮助。在中亚成员国中，哈萨克斯坦的经济实力最强。2010 年它的国民生产总值是 1460 亿美元，它有提供一定资金的能力，在总体上可列为上海合作组织可能的资金来源国，虽然不会是主要来源国。乌兹别克斯坦的经济实力位列第二，2010 年它的国民生产总值为 375 亿美元，较哈萨克斯坦已有很大差距。而从人均产值角度看，差距就更明显。哈萨克斯坦有近 1700 万人口，人均国民生产总值 9000 多美元，而乌兹别克斯坦的人口是 2800 万，人均国民生产总值 1300 多美元。显然，乌兹别克斯坦的财政资源空间已很小，不可能为上海合作组织提供多少资金。吉尔吉斯斯坦和塔吉克斯坦是小国，经济又十分困难，财政资源匮乏。2010 年，塔吉克斯坦国民生产总值是 56 亿美元，人均 700 多美元；吉尔吉斯斯坦为 45 亿美元，人均近 900 美元，两国几乎完全没有提供资金的能力。[①] 显而易见，上海合作组织在资金来源上只能依靠中国和俄罗斯，不能期望从中亚成员国得到很大投入。

中亚成员国的自身问题对上海合作组织也造成一定影响。这些问题包括中亚成员国的相互关系，中亚成员国内部的不稳定，以及中亚成员国政权的不稳定等。中亚成员国间在双边关系上有一些问题，也存在一些双边矛盾，特别突出的是水资源问题、边界问题、民族问题等。这给上海合作组织带来了两方面的消极影响：一方面，有的成员国因双边关系影响了在上海合作组织中的活动，上海合作组织在一定程度上成为双边问题的受害者；另一方面，有的成员国想把双边矛盾拿到上海合作组织中来讨论和解决，给上海合作组织造成难题。中亚成员国内部不稳定对上海合作组的影响不言而喻，这在吉尔吉斯斯坦 2005 年和 2010 年的两次大动荡中已看得很清楚。每当这种大动荡出现，都会变成对上海合作组织的冲击和挑战。未来上海合作组织很可能还将面临这类动荡。中

① 以上数据均参考中国外交部官方网站的世界国家概况介绍。

亚成员国政权的不稳定是指国家政权的非正常更替，不是指正常的政权交替。与中国和俄罗斯不同的是，在中亚成员国，国家政权的非正常更迭存在较高可能性，而且变化往往会突如其来，政权更跌极其迅速，这在吉尔吉斯斯坦已有佐证。2010 年，在事先没有明显征兆的情况下，吉尔吉斯斯坦在一天时间里就发生了国家政权变换。而在中国和俄罗斯非正常政权更迭是不容易发生的。不仅如此，如果中亚国家发生非正常政权更迭，新政权出于现实需要和受外部势力影响，往往会有短期的政治行为，甚至发生政策调整或变化，这也会影响到它们的上海合作组织政策，给上海合作组织带来预想不到的问题。

# 第八章　美国与上海合作组织

自上海合作组织成立以来，美国与上海合作组织的关系始终没有形成清晰的形态，美国对上海合作组织的政策也不明朗。这种状态存在于整个小布什时期，并一直延续到奥巴马执政。美国与上海合作组织有接触，但没有机制性联系，双边关系形似于无。当然，这不意味着这种关系不存在，美国和上海合作组织作为中亚地区的两个重要角色，它们在这一地区的关系是客观存在的，而且，这种关系对上海合作组织、对美国以及对本地区来说都是十分重要的。

## 一、美国与上海合作组织关系的演进

到 2012 年为止，美国与上海合作组织关系大致可分为两个有明显不同特征的阶段，其时间界限是 2005 年。2005 年之前，美国对上海合作组织的态度有两个特点：一是很不重视，二是也没有太多异议。美国与上海合作组织没有直接合作关系，但有合作的大环境，双方的关系很淡，但也没有严重矛盾。这种状况的形成，其主要原因是“9・11”事件。

上海合作组织 2001 年 6 月成立，在成立不到 3 个月后，就发生了“9・11”事件。这一事件对美国与上海合作组织的关系也带来了很大影响。

上海合作组织成立是中亚地区的一个重大政治事件。从当时的情形来看，上海合作组织一出现就占据了中亚国际政治的空间，并有迅速扩展之势。有俄罗斯媒体评论说：“在中国发生的这个事件，其意义怎么评价也不为过。”[①] “9·11”事件的突然爆发打断了中亚国际政治的自然过程，也似乎打断了上海合作组织的崛起进程，它给上海合作组织一片光明的前景蒙上了阴影。一些西方分析家对上海合作组织作出了悲观预测：“‘9·11’事件和阿富汗冲突给上海合作组织的未来带来了巨大的不确定性。美国在中亚驻军给中亚政治注入了新的活力。它暴露了中俄在上海合作组织虚弱的主导，同时暴露了这个组织自身的虚弱。”还有更大胆的观点断言上海合作组织已经“夭折”，在政治上已经把上海合作组织一笔勾销。[②] 在这种形势下，美国有取上海合作组织而代之和成为地区安全代言人的可能，它不会感到有与上海合作组织打交道的必要。

就上海合作组织的活动来说，在2005年之前，它也没有严重刺激美国的言行。上海合作组织支持美国在阿富汗的反恐行动，出于战争的需要，美国也欢迎上海合作组织的支持与合作。这使得美国与上海合作组织关系正常，相安无事，而且还有所合作。不过，这也没有使美国多么看重上海合作组织。美国认为它在中亚的地位主要是通过双边关系得到的，不是上海合作组织提供的。而且，美国认为它握有主动权，有主导地区形势发展的能力，并不特别需要上海合作组织的帮助，也无需上海合作组织的认可。

2005年，美国与上海合作组织关系发生转变。确切地说，这一变化从2003年就已经开始了，到2005年时达到了转折点。2005年中亚发生了一系列事件，对美国与上海合作组织关系造成深刻影响。这些事件主要有：2005年3月吉尔吉斯斯坦的“郁金香革命”；2005年5月乌兹别克斯坦的安集延骚乱；2005年7月上海合作组织阿斯塔纳峰会提出美国从中亚撤军问题，以及上海合作组织接纳伊朗为观察员；2005年8月中俄在山东半岛举行大规模联合军演；2005年11月美国在乌兹别克斯

---

① Сергей Бабусенко. Москва между Востоком и Западом. Приоритеты российской внешней политики не зависят от географии. Дипкурьер # 10 (30) 21 июня 2001 г., http: //world. ng. ru/dipcorpus/2001 - 06 - 21/1_ between. html.

② Sean L. Yom, Power Politics in Central Asia Power Politics in Central Asia , Harvard Asia Quarterly, Volume VI, No. 4. Autumn 2002, http: //www. asiaquarterly. com/content/view/129/40/.

坦汉纳巴德军事基地的关闭。

所有这些事件都冲击了美国与上海合作组织的关系，但究其源头，“颜色革命”为主要发端。“颜色革命”发轫于格鲁吉亚和乌克兰，2005 年蔓延到中亚。这一年在吉尔吉斯斯坦发生了“郁金香革命”，在乌兹别克斯坦爆发了安集延骚乱。在这两个事件的冲击下，“颜色革命”在中亚有波涛汹涌之势，这同时引起了中亚国家、俄罗斯、中国的担忧。各中亚国家政权人人自危，对谁将是下一个目标忧心忡忡。俄罗斯和中国则担心“颜色革命”引起地区动荡和混乱，使周边环境恶化。由此，“颜色革命”同时威胁到了中亚国家、俄罗斯、中国的利益，也同时引起了三方对美国的不满，因为美国被认为是“颜色革命”的鼓动者、支持者和受益者。在这一背景下，上海合作组织在 2005 年 7 月的阿斯塔纳峰会上，提出美国从中亚撤军问题。这极大地震动了美国，更重要的是，这对美国是一个不祥之兆，它表明美国在“9・11”事件后获得的战略优势在消失。不仅如此，上海合作组织还接纳了伊朗为观察员，这对美国又是一大刺激。2005 年 11 月，在乌兹别克斯坦的要求下，美国被迫关闭了在乌兹别克斯坦的汉纳巴德军事基地。

由于 2005 年发生的这一系列事件，美国与上海合作组织的关系出现转变。不管是学术界还是官方，对上海合作组织的不满和怀疑溢于言表，随之而来的是美国对上海合作组织怀疑、猜忌、指责的增加，如 E. 费根鲍姆助理国务卿帮办所说的，上海合作组织在美国成了一个“使许多美国人情绪激愤”的问题。与此同时，美国对上海合作组织的关注和重视也增加了，开始与它直接接触，美国国务院助理国务卿鲍彻在 2006 年 8 月访问了上海合作组织秘书处，美国国会就上海合作组织问题多次举行听证会。但是，这不是一种积极意义上的重视，美国的用意不是为了寻求与上海合作组织的合作，而是出于对上海合作组织的担心，美国与上海合作组织的关系呈现出明显的消极趋势。

从 2008 年开始，美国对上海合作组织的反应渐趋平静，美国与上海合作组织关系的紧张也有所缓和。美国对中亚“颜色革命”的效果进行了检讨，适时调整了政策，改善与中亚国家的关系。在阿斯塔纳峰会之后，上海合作组织也没有再提出过美国从中亚撤军的问题，随后的峰会都没有触及这一问题，这使美国多少松了一口气。上海合作组织还多次向美国释放积极信息，以减少美国对上海合作组织的不满和怀疑。[①] 还有一个因素也产生了影响，这就是阿富汗形势。自2006年开始，阿富汗安全状况恶化，到2008年已经出现难以控制的迹象。不管对美国还是对上海合作组织来说，这都是危险的信号。这一形势降低了美国与上海合作组织的摩擦机会，也为它们提供了新的合作需求。

## 二、美国对上海合作组织的认知

这里所谓美国对上海合作组织的认识，主要是指主流学术界的观点。学术界虽然不能代表官方，但它是公开和自由表达社会情绪的重要媒介，并在一定程度上也能反映官方的关切和思想。

美国学术界对上海合作组织有不同认知，并且进行着争论。按照哥伦比亚大学库利教授的总结，西方对上海合作组织有三种认知：一种是把上海合作组织看作是反西方的组织，是中俄排挤美国和西方的联盟；第二种认知是把上海合作组织看作集权者俱乐部，它在意识形态上与西方对立，推行反民主的价值观和维护集权体制；第三种认知是把上海合作组织看作地区公共产品的提供者。[②] 在这三种认知中，前两种认知在政治上是相互联系的，可以并为一种。以美国与上海合作组织的关系为出发点，在美国学术界诸多观点中，最有代表性的可说是两种：一种是认为上海合作组织具有反美的政治性质，它是中俄为反美而建立的组织，是“东方的北约”；另一种是认为上海合作组织没有构成对美国利益的威胁，它的存在对当地国家有合理性，美国与它在一些领域存在共

---

① 例如，2006年4月胡锦涛主席访问美国，在回答布什总统关于上海合作组织的问题时，明确告诉布什上海合作组织不是反美组织。上海合作组织秘书长张德广也在不同场合多次表示上海合作组织不是封闭集团和军事集团，不搞对抗，不搞“大游戏”，不使用冷战思维。

② Alexander Cooley, Sam Greene, The Rise of the SCO as a New Regional Organization: Western Perspectives, http://carnegie.ru/events/?fa=3225.

同利益和合作的可能。① 真正的争论也是在这两种观点之间进行。

这两种对立的看法不仅是来自对上海合作组织判断的差异，而且也反映了美国学术界看待上海合作组织的两种观察角度和思维倾向：一种是没有完全摆脱冷战思想的地缘政治思维，它以地缘政治目标为中心，从大国竞争的角度看待一切；另一种更重视非传统威胁，更强调各国的共同利益，主张大国进行务实合作。事实上，思维倾向在这里是更主要的，它在一定程度上决定或影响着判断。如一位美国学者所指出的："用19世纪的眼光把美俄中在这一地区（指中亚—笔者）的竞争看做是某种"新的大游戏"，这模糊了大国在应对跨国问题上的共同利益和全球化的作用。美俄中在应对这个地区的毒品、人口走私、非法武器交易方面都有其利益，它们在维护阿富汗稳定和驱除基地组织上也都有利益。"②

应该指出，在美国学术界的各种观点中，把上海合作组织看做是对美国"政治友好"组织的几乎没有。即使是认为上海合作组织不威胁美国利益的人，也不一定认为上海合作组织是美国的政治朋友。如卡内基基金会的M. 奥尔考特教授，她一直持上海合作组织不是美国威胁的观点，但同时她也认为："上海合作组织永远不会服务于美国的利益，但也不一定会妨碍它。"③ 还应指出，认为上海合作组织不对美国构成

---

① 美国学者Gene Germanovich将学术界的观点总结为三派：第一派对上海合作组织持负面评价，它认为上海合作组织是中俄的反美工具，威胁美国的利益，这一派的代表人物是美国战争学院战略研究所的Steven Blank。第二派认为上海合作组织对美国不构成威胁，卡内基基金会的Martha Olcott是其代表。第三派认为上海合作组织还在变化，对它还需继续观察。Gene Germanovich, The Shanghai Cooperation Organization: a Threat to American Interests in Central Asia? China and Eurasian Quarterly, Volume 6, No 1（2008）。

② Elizabeth Wishinick, Russia , China, and the United States in Central Asia: Prospects for Great Power Competition and Cooperation in the Shadow of the Georgian Crisis, February 2009, p. 47. http://www.strategicstudiesinstitute.army.mil/pubs/download.cfm?q=907.

③ Martha Brill Olcott, Hearing: The Shanghai Cooperation Organization: Is it Undermining U.S. Interests in Central Asia? United States Commission on Security and Cooperation in Europe, September 26, 2006, http://www.csce.gov/index.cfm?Fuseaction=ContentRecords.ViewDetail&ContentRecord_id=381&ContentType=H,B&ContentRecordType=H&CFID=23477417&CFTOKEN=93986089.

威胁的观点，其依据不是上海合作组织的政治性质，而是它的现实能力，这其中最常见的一个解释是上海合作组织内部存在结构性矛盾，中、俄、中亚国家有不同利益，难以形成反美的一致。

在上面所说的美国对上海合作组织的两种主要观点中，哪一种影响更大？这是一个重要却不容易判断的问题。有看法认为，对上海合作组织的负面评价在美国舆论中占有上风："在美国对上海合作组织的评论中，一个持续的趋势是把它看作莫斯科和北京为了自己的目的主导的、主要是为了反美的、甚至完全是为了反美的组织。"① 这种判断是否准确难以认定，但负面评价在美国有很大影响却是事实，特别是在2005年之后的一段时期。而且，负面评价也有更深的政治基础。

从政治角度说，美国与上海合作组织之间存在着无形的鸿沟。从上海合作组织形成之日起，上海合作组织对于美国来说就是一个异己的存在，美国对它有本能的猜忌和疑虑。

上海合作组织主要是由中国和俄罗斯发起和组成的，它是中俄战略合作的产物，这一事实本身对美国就别有意味。在地缘政治的视角下，它的刺激效果更加强烈。美国对中俄接近感到不安："莫斯科和北京把美国在后冷战世界中的主导看做是对它们权力的威胁。中俄伙伴关系的不断发展限制、甚至严重地削弱美国在从大西洋到波罗的海的欧亚大陆的战略存在。"②

上海合作组织的成立与美国没有什么关系，它的运行不受美国控制，它的活动美国不能参加。换句话说，上海合作组织完全独立于美国，美国只是一个傍观者和局外人。应该说，这并不是不正常的现象，并不是所有的地区组织都要把美国请进去。但在美国看来，在美国有重要利益的地区，任何重要的政治安排它都应当参与，把它排除在外至少是不友好的行为，是美国难以接受的。

美国对上海合作组织成立的背景有自己的看法和理解。中国学术界

---

① Stephen Blank, The Shanghai Cooperation Organization and the Georgian Crisis, China Brief, The Jamestown Foundation, volume VIII. Issue 17. September 3, 2008.

② Ariel Cohen and John J. Tkacik, True Sino - Russian Military Maneuvers: A Threat to U. S. Interests in Eurasia September 30, 2005, http://www.heritage.org/Research/RussiaandEurasia/bg1883.cfm.

主流观点认为，上海合作组织成立主要是由于其内部产生的需求，或说是其内部的发展逻辑所致，这就是各成员国的反恐需求以及相互合作的需要，美国因素或许对上海合作组织有某种影响，但不是上海合作组织形成的基本原因，反美也不是它的目标。

但美国对上海合作组织成立的感受和解读却有不同。在美国看来，上海合作组织乃至“上海五国”成立时有一个相似的背景：它们都是在中俄关系升温、中美和俄美关系冷淡或恶化的时期成立的。虽然这个背景是事实，但中国学术界一般把它看做是伴生的、没有决定性含义的背景，甚至忽略这一背景。美国的感受却不一样。站在它的位置，它更多是从这个角度来理解上海合作组织的出现。这使美国对上海合作组织的认知从一开始便带有负面倾向。

上海合作组织的许多政治理念也与美国格格不入。在国与国之间的关系上，上海合作组织主张相互平等、尊重主权和领土完整、不干涉内部事务；在人权问题上，上海合作组织认为生存和发展是人权的重要内容；在国际安全领域，上海合作组织支持战略平衡和稳定；在国际事务中，上海合作组织坚持联合国的权威地位，反对超越联合国；在后冷战时期的国际关系上，上海合作组织提出建设民主、公正、合理的国际政治经济新秩序，推动多极世界的形成。其实，所有这些都是中俄和上海合作组织国家基本和一贯的思想，它们被表述在上海合作组织的各种政治文件中，但并没有反对美国的特别用意。不过，所谓说者无意，听者有心，在美国看来，这都是针对美国的，是中俄利用上海合作组织反对美国的表现，这自然增加了美国与上海合作组织之间的政治隔膜。

上海合作组织还被认为有其他一系列有悖或损害美国利益的功能。上海合作组织妨碍美国在中亚推行民主化，损害美国的民主利益和价值观。美国普遍性的看法认为：“上海合作组织影响的上升只能是鼓励中亚政府加强压制和减少改革的政策。”① 一方面，上海合作组织没有民

① 美参议员 S. Brownback 语，见 Hearing：The Shanghai Cooperation Organization：Is it Undermining U. S. Interests in Central Asia? United States Commission on Security and Cooperation in Europe，September 26，2006，http：//www. csce. gov/index. cfm? Fuseaction = ContentRecords. ViewDetail&ContentRecord _ id = 381&ContentType = H，B&ContentRecordType = H&CFID = 23477417&CFTOKEN = 93986089。

主和人权标准，进行“不问问题的合作”（cooperation without questions），也就是不管成员国是什么政权和实行什么国内政策，都不闻不问，都同它们合作。按照美国的看法，这不仅不符合美国的价值观原则，实际上也是对中亚国家集权体制的支持和庇护，帮助中亚集权体制的延续。另一方面，上海合作组织反对外来干预，反对外国干涉上海合作组织成员国的内部事务。在美国看来，上海合作组织的这一原则使它成了保护中亚国家免受西方压力的庇护所。上海合作组织“建立了在经济、安全、军事发展方面的各种支持机制，但没有作为欧安组织成员所必须的对民主改革的承诺。这一状况对于中亚的人权和民主治理造成了严重威胁”。[①]

上海合作组织妨碍中亚国家的自由选择。更直接地说，就是上海合作组织把中亚国家与俄中拉得更紧，使它们更难远离俄罗斯。美国中亚政策的核心是使中亚国家有“更多选择”，也就是改变它们对俄罗斯的依赖，使它们更多转向西方。美国把这一点作为评估上海合作组织对美国利益的重要标准。“我们观察上海合作组织的大国和它的小成员国之间的关系……上海合作组织是加强还是削弱它的成员国的独立和主权？说得更直接一点，两个巨大的大陆国家俄罗斯和中国与它的中亚小成员国的关系到底怎么样？”[②] 美国提出这一问题实际上已经表明它的想法和结论，它认为上海合作组织加深了俄中对中亚国家的控制，所谓观察不过是一种外交的说法，这从美国舆论经常指责俄中在上海合作组织“以大欺小”中可见一斑。[③]

上海合作组织与伊朗的关系也刺激着美国。伊朗在2005年成为上海合作组织观察员，此后它进入了上海合作组织“俱乐部”。从美国的逻辑讲，伊朗是美国的敌人，与伊朗发展关系就是与美国的敌人

---

① Sean Roberts, Ibid.

② Evan A. Feigenbaum, Deputy Assistant Secretary for South and Central Asian Affairs, The Shanghai Cooperation Organization and the Future of Central Asia, The Nixon Center, Washington, D. C., September 6, 2007, http://www.state.gov/p/sca/rls/rm/2007/91858.htm.

③ 例如，原美国参联会主席 Richard B. Myers 就指责俄罗斯和中国欺凌中亚小国。Ann Scott Tyson, Russia and China Bullying Central Asia, U. S. Says, Washington Post, July 15, 2005.

发展关系，而与美国的敌人发展关系就是反对美国。在美国看来，在美国竭力孤立、压制伊朗，甚至可能与伊朗开战的情况下，上海合作组织把伊朗接纳其中，这显然是在瓦解美国的努力，对伊朗进行纵容，并有对美国挑战的意味。此外美国还认为："伊朗加入上海合作组织将成为控制核武器扩散努力的灾难，这还会使美国的经济安全处于危险之中。"①

上海合作组织威胁着美国在中亚的能源利益。美国对上海合作组织的能源合作存有疑心："一些专家相信俄罗斯和中国利用上海合作组织来限制美国进入这个能源资源丰富的地区。"② 2006 年，俄罗斯总统普京提出了成立上海合作组织能源俱乐部的建议，这更加重了美国的怀疑，美国官员公开表示对上海合作组织成立能源俱乐部的合理性及其目的感到不解。

总而言之，负面评价认为，上海合作组织与美国利益的关系就是它"在政治、军事、经济上排挤美国在中亚的存在"。③

需要指出，尽管美国对上海合作组织的认知以负面居多，但这不等同于美国对上海合作组织的政策也完全是否定性的。政策和认知不是机械的线性对应关系。一个问题可以有多种解决办法，而且可以有完全不同的途径，而非只有一条直线可走。在外交上这意味着可能有不同的政策选择。政策的制定要受到更多因素的影响，它需要考虑现实、合理、有利、可行性等问题。可以观察到，尽管美国舆论对上海合作组织有大量负面认识，但在政策上却有许多与上海合作组织发展关系的主张，即使是对上海合作组织持负面评价的人，也不一定反对与上海合作组织接触和对话。

---

① Ariel Cohen, Saturday, September 23, 2006. What to do about the Shanghai Cooperation Organization's Rising Influence, 9/21/06 Influence, 9/21/06, http://www.eurasianet.org/departments/insight/articles/eav092106.shtml.

② Andrew Scheineson, The Shanghai Cooperation Organization, March 24, 2009. http://www.cfr.org/publication/10883/.

③ 美国众议员 Ileana Ros－Lehtinen 语。Breffni O'Rourke, Central Asia: U.S. Wary Of Shanghai Grouping, Redio Free Europe, Redio Liberty, July 27, 2006, http://www.rferl.org/content/article/1070145.html.

## 三、小布什政府的上海合作组织及中亚政策

美国学者一般认为小布什政府没有形成对上海合作组织的政策，美国政府确也没有表明过系统的政策主张。不过，小布什政府有对上海合作组织的判断和对策。综合其言行，仍可以观察到其基本特点。小布什政府2001年1月开始执政，到2009年1月结束，前后共8年，覆盖了上海合作组织自2001年成立后前8年的历史，是美国与上海合作组织关系的一个完整时期。

在小布什政府的8年任期里，美国与上海合作组织没有形成机制性联系。总的说来，小布什政府对上海合作组织在政治上没有明确的定性和定位。美国认为它对上海合作组织还不够了解，主管中南亚事务的助理国务卿帮办E. 费根鲍姆表示："坦率地说，我们不能完全理解上海合作组织在做什么。"他承认美国在如"上海合作组织是什么？它的成员国能否合作？它们的合作对我们会意味着什么？"等问题上存在争论。[①] 由于对上海合作组织没有明确的定性和定位，小布什政府对上海合作组织的基本态度是"等着看"，基本做法是反应—应对，基本心态是防范，基本策略是模糊。

小布什政府与上海合作组织不对抗、不合作。所谓不对抗，是说不与上海合作组织形成对立性关系。美国官方并未认定上海合作组织是"新的北约"，也不认为它对美国构成了严重威胁。[②] 在政治上，美国也不完全否定上海合作组织，它承认上海合作组织做了有益的工作，也希望上海合作组织在地区安全和经济合作方面发挥积

① Evan A. Feigenbaum, Deputy Assistant Secretary for South and Central Asian Affairs, The Shanghai Cooperation Organization and the Future of Central Asia, The Nixon Center, Washington, D.C., September 6, 2007, http://www.state.gov/p/sca/rls/rm/2007/91858.htm.

② Evan A. Feigenbaum, Deputy Assistant Secretary for South and Central Asian Affairs, The Shanghai Cooperation Organization and the Future of Central Asia, The Nixon Center, Washington, D.C., September 6, 2007, http://www.state.gov/p/sca/rls/rm/2007/91858.htm.

极作用。①

与上海合作组织对抗没有充分的政治理由，从策略上考虑也不明智。这在一定程度上等于是与俄、中和中亚国家对立，给自己树立太大的对立面。美国不与上海合作组织建立合作关系的主要原因则是：美国不愿承认上海合作组织的地区代表者身份，不想抬高上海合作组织的地位；美国在政治上视上海合作组织为异己，对上海合作组织持抵触态度，不把它作为基本伙伴；美国对上海合作组织仍比较轻视，认为它说得很多，但行动能力不强，不认为与上海合作组织合作对美国有重要作用；美国不想把俄、中和中亚国家作为一个整体对待，而坚持与其各个成员单独打交道，特别是坚持直接与中亚国家接触；最后，美国对上海合作组织的前景还有怀疑，还抱着“等等看”的心态。

所谓不合作，是指不把上海合作组织列为基本伙伴。由于小布什政府不把上海合作组织看做是政治上对美友善的组织，所以美国也不把它作为政治伙伴，不与它建立伙伴关系。美国表示：“我们不追求任何与上海合作组织合作的特别形式。这个地区有很多组织，它们有不同的成员标准和规则。这个组织不是特别吸引我们的组织。”②

应该指出，美国如何看待与上海合作组织的关系，不仅仅是以上海合作组织对美国做了什么为判断，而是以其基本性质、内部关系、政治走向以及具体行为为根据。2007年9月，美国费根鲍姆提出了小布什政府看待上海合作组织的四个标准：其一，上海合作组织对推动合作具体做了什么，而不只是说了什么；其二，上海合作组织是有利于还是有害于中亚国家的独立和主权，具体说就是俄中这两个大国与中亚成员是什么关系；其三，上海合作组织是否是反美的；其四，上海合作组织的议

---

① Steven R. Mann, Principal Deputy Assistant Secretary of State for South and Central Asian Affairs, Statement before the House Committee on International Relations, Subcommittee on the Middle East and Central Asia, July 25, 2006, http://www.internationalrelations.house.gov/archives/109/man072506.pdf.

② Richard Boucher, Assistant Secretary for South and Central Asia, The Year Ahead in South and Central Asia, Foreign Press Center Briefing, Washington, D. C., April 23, 2008, http://www.state.gov/p/sca/rls/2008/104042.htm.

程与美国的议程是否矛盾。[①] 对于这四个问题，美国都没有给出明确的回答。这或许是还无结论，或许是已有结论但不想说出，以留出机动空间。但提出这四个问题本身已经反映出美国的某种怀疑、不安乃至警告，这已经在一定程度上表示了美国的态度。

不把上海合作组织作为政治伙伴，并不是说美国不与它进行任何具体的合作。美国并不拒绝与上海合作组织进行某些合作，特别是在反恐、反毒、非传统安全和阿富汗问题上。不过，由于不是政治伙伴，美国与上海合作组织的合作基本是功能性和随机性的，即在某些具体问题上或在出现某些迫切需要下的合作。

小布什政府不把上海合作组织认定为代表着这个地区的组织，而是把它看做大国经营中亚的一个多边机制。美国既不承认上海合作组织的地区代表性身份，也就不愿以上海合作组织作为与中亚关系的途径。美国的政策是绕开上海合作组织而直接与中亚成员国打交道。在多边机制中，美国倚重欧安组织、欧盟和北约。美国无意增加上海合作组织的政治资本，不愿因与其合作而提高它的影响和地位。美国认为："在我们与这个地区的合作中，我们不认为这是一个对我们特别有帮助的组织。当然，它也不是我们想支持、资助、推进的组织。"[②]

美国不准备参与到上海合作组织之中，不谋求以某种身份进入上海合作组织。美国表示："我们不寻求成为上海合作组织的成员或观察员。"[③] 其原因被解释为两点：其一，如果美国成为观察员国，美国总统将出席首脑会议，但他只能作为次要角色坐在一边，这有失美国总统的身份；其二，美国不愿把它的金钱、精力和时间花在上海合作组织身

---

① Evan A. Feigenbaum, Deputy Assistant Secretary for South and Central Asian Affairs, The Shanghai Cooperation Organization and the Future of Central Asia, The Nixon Center, Washington, D. C., September 6, 2007.

② Richard Boucher, Assistant Secretary for South and Central Asia, The Year Ahead in South and Central Asia, Foreign Press Center Briefing, Washington, D. C., April 23, 2008, http://www.state.gov/p/sca/rls/2008/104042.htm.

③ Evan A. Feigenbaum, Deputy Assistant Secretary for South and Central Asian Affairs, The Shanghai Cooperation Organization and the Future of Central Asia, The Nixon Center, Washington, D. C., September 6, 2007.

上，而更想把它用在与它志同道合的组织及国家身上。[1] 不过，这两点解释都有些牵强。作为上海合作组织观察员国，并不需要总统一定参加首脑会议，他可以派自己的代表参加，一些观察员国就经常这样做。至于金钱、精力和时间，作为观察员更是耗费很少，既无需缴纳会费，更没有出资要求，每年的重大活动也不是很多。而参加上海合作组织的活动对美国有很多好处，美国可从内部观察上海合作组织的活动，还能利用它的多边平台，又可藉此对上海合作组织施加一些影响。因此，参与上海合作组织对美国应说是一件利多弊少的事情。

事实上，美国曾有成为上海合作组织观察员的想法。美国助理国务卿帮办 L. 帕斯科在一次国会听证会上披露："一开始我们提出过取得甚至是观察员的身份，以便同这个组织（指上海合作组织——笔者）共同工作。"[2] 美国之所以放弃了参与上海合作组织的想法，主要原因可能不是因为没有兴趣，而是因为上海合作组织不会接受。在认识到这一点后，再提出这一问题不仅没有意义，而且会自找尴尬，因此美国改变了做法。

美国反对伊朗加入上海合作组织。这也是美国反对最激烈的问题之一。伊朗已是上海合作组织观察员，美国对此不满，但木已成舟，难以改变。美国要努力防止伊朗成为上海合作组织的正式成员，特别是坚决反对上海合作组织与伊朗在军事领域合作。在这一问题上，小布什政府有明确的态度。[3]

美国对上海合作组织进行地区安全和经济等合作不持异议，但它反对上海合作组织进入"政治领域"。鲍彻助理国务卿曾说：上海合作组织"在一些经济和边界问题上做得很好。我想，如果它开始发表

---

① Richard Boucher, Assistant Secretary for South and Central Asia, Hearing: The Shanghai Cooperation Organization: Is it Undermining U. S. Interests in Central Asia? United States Commission on Security and Cooperation in Europe, September 26, 2006.

② Lynn Pascoe, Uzbekistan: The Key to Success in Central Asia? Hearing before the Subcommittee on the Middle East and Central Asia of the Committee on International Relations, House of Representatives, June 15 2004. http://www.internationalrelations.house.gov/archives/108/94278.pdf.

③ US irked by Iran's joining SCO, US assistant Secretary of State Richard Boucher, 09 April 2008, http://www.presstv.ir/detail.aspx?id=50856§ionid=351020101.

关于外国基地的声明……或是让一些国家排斥另一些国家……我们会感到关切。”① 这可以理解为美国希望上海合作组织是纯粹的功能性组织，专注于地区内的安全和经济等问题，但不希望它成为“政治性”组织，跨入国际政治领域，提出政治诉求。换句话说，小布什政府不希望上海合作组织在国际政治中扮演角色，不希望它有地缘政治的行为。从另一个角度理解，上海合作组织的反恐和经济合作并不使美国担心，美国真正担心的是上海合作组织的地缘政治角色。只要上海合作组织不涉足“政治”领域，不向地缘政治的方向发展，美国就可以比较安心。

要求上海合作组织增加透明。尽管上海合作组织坚持自己是一个开放的组织，但美国认为上海合作组织不够开放，不够透明，具有封闭性。在美国看来，上海合作组织宣称是开放的，但它对西方国家实际上是封闭的，美、欧、日等西方国家都被拒之门外。上海合作组织的活动不都是公开的，从外部难以看清它正在发生的事情。

## 四、奥巴马政府的上海合作组织及中亚政策

2009 年奥巴马就任总统后，开始推行不同于小布什时期的外交政策，修正外交上的单边主义做法，展示美国的合作姿态，改善美国的国际形象。奥巴马政府在整体上有不同于前任政府的思维方式。这种宏观形势有助于美国以新的眼光审视与上海合作组织的关系。

大国关系是美国与上海合作组织关系的症结之一，对中俄接近的怀疑阻碍着美国与上海合作组织建立正常关系。奥巴马政府在美俄中关系上有新的姿态。美国与俄罗斯宣布“重启”关系，与中国提出“相互战略保证”，建立“应对共同挑战的伙伴关系”。在美、中、俄三边关系上，奥巴马政府也显示出某种正面的表示。在 2009 年 10 月访问莫斯科期间，希拉里国务卿对中俄经济合作表示了赞赏，认为这不仅对两国

---

① Richard Boucher, Assistant Secretary for South and Central Asia, Foreign Press Center Briefing, Washington, D. C., July 17, 2006, http: //www. state. gov/p/sca/rls/rm/2006/69193. htm.

有益，而且对世界有益。她表示其他国家的关系对美国不是威胁，美国对此并不担心，她还认为美、俄、中应该在国际反破坏性力量的斗争中团结一致。[①] 虽然说，不能期望美国完全放下对中俄关系的成见，但在奥巴马政府初期，趋势是在向着减少这种成见的方向发展。这对美国与上海合作组织发展关系来说是有利的。

阿富汗形势对美国与上海合作组织发展关系而言是重要推动力。美国在阿富汗面临严峻挑战。奥巴马上台后，推出了美国对阿富汗、巴基斯坦的新战略，在 2009 年 2 月、3 月和 12 月，连续三次向阿富汗增兵，并提出了从 2011 年开始撤军的计划。对奥巴马政府来说，从阿富汗困境中摆脱出来将是美国关注的重心。在这种情况下，解决阿富汗问题是优先需求，有助于此的合作都是美国所需要的。上海合作组织在阿富汗问题上有独特的资源，它的潜力和作用不容忽视。形势推动着美国与上海合作组织接近。有美国学者认为，奥巴马政府已经开始这么做。“奥巴马政府做了很大努力与上海合作组织发展关系，虽然到目前为止还集中在阿富汗问题上。”[②] 2009 年 3 月，上海合作组织在圣彼得堡召开阿富汗问题国际大会，美国派出负责南亚和中亚事务的助理国务卿帮办穆恩（Patrick Moon）与会。同月，美国也邀请了上海合作组织参加它召集的海牙阿富汗问题国际大会。[③] 在过去 8 年中，没有过类似情况。奥巴马政府与俄中也在阿富汗问题上达成了合作共识，形成了某种“统一战线”。[④] 这表明美国与上海合作组织在阿富汗问题上有合作的可能，这种合作又将推动美国与上海合作组织发展关系。

奥巴马政府的中亚政策也有变化。2009 年一年，美国外交和军方

---

① Secretary Clinton's Interview With Ekho Moskvy Radio, Moscow, Russia, October 14, 2009, http://www.state.gov/secretary/rm/2009a/10/130546.htm.

② Richard Weitz, Growing Pains, The Journal of International Security Affairs, Fall 2009 – Number 17, http://www.securityaffairs.org/issues/2009/17/weitz.php.

③ 这次大会于 2009 年 3 月 27 日举行，上海合作组织收到了邀请，但未派代表参加。

④ 在奥巴马总统 2009 年 7 月访俄和 11 月访华期间，美国与俄罗斯和中国在支持阿富汗反恐上都达成了共识。分别见 Joint Sttement By President of the United States of America Barack Obama and President of the Russian Federation D. A. Medvedev Concerning Afghanistan（July 6, 2009）和 2009 年 11 月 18 日的《中美联合声明》。

高级官员频繁访问中亚。2009 年 7 月，国务院负责政治事务的常任副国务卿伯恩斯率领一个由国务院、国防部、国家安全委员会高级成员组成的代表团访问了中亚四国，这次访问的目的是向中亚各国传达奥巴马政府对中亚的看法，使美国与中亚关系平稳地从小布什时期过渡到奥巴马时期。

在人员方面，美国国务院主管中南亚事务的官员进行了调换。2009 年 5 月，原助理国务卿 R. 鲍彻去职，R. 鲍雷克接任负责中南亚事务的助理国务卿。鲍雷克曾在印度、斯里兰卡、马尔代夫任职，担任过美国驻斯里兰卡和马尔代夫大使。负责中南亚事务的另两位高级官员分别是第一助理国务卿帮办穆恩和助理国务卿帮办克罗尔，他们都是在 2008 年年中也即小布什政府末期被任命此职的。

根据 R. 鲍雷克助理国务卿和伯恩斯副国务卿等的阐释，美国将加强中亚外交，而不是削弱；将加深在中亚的存在，而不是减少。美国将寻求与中亚建设伙伴关系，加深美国与这一地区的政治联系。这可说是奥巴马中亚外交的基调。①

奥巴马执政之后的中亚政策显示出以下特点：

其一，在以解决阿富汗问题为重心的地区政策下，安全是美国中亚政策的核心目标之一。美国准备扩大与中亚国家的安全合作，争取中亚国家的更大支持，以帮助美国在阿巴的战争顺利进行。除了其他方面的合作外，美国希望加强北方运输线的容量和可靠性，这也是美国对中亚国家最迫切和最现实的需要。

北方运输网是美国和北约通过中亚向阿富汗运送物资的交通线。自 2001 年阿富汗战争开始以来，美国在阿富汗的后勤供应主要是通过巴基斯坦的卡拉奇港转运的。这条线路便捷便宜，但不太安全，它经常受到恐怖主义武装的袭击，而且袭击有越来越频繁之势。从 2008 年 9 月至 2009 年 3 月，武装分子有 7 次迫使运输中断，完全依赖这一条运输线显然不合理。不论从降低风险还是从增加运能考虑，美国都需要有更多的运输线路，特别是在美国将把在阿兵力增加一倍的情况下，后勤供

① William J. Burns, Under Secretary for Political Affairs, Remarks at U. S. Chamber of Commerce, Silk Road Trade and Investment: New Pathways for U. S. – Central Asia Economic Ties, October 7, 2009, http://www.state.gov/p/us/rm/2009a/130389.htm.

应也必须大幅度增加，开辟新的运输通道就更必要。

但可供美国选择的方案并不很多，空运从技术上是可行的，但成本太高，每吨物资的运输费用约为 1.4 万美元，而且空运不仅成本高，还必须每天有大量飞机穿梭起降，才能保证所需的供应量，这显然不是优选的方案。如果开辟新的陆路通道，那在除巴基斯坦外的阿富汗的 5 个邻国中，伊朗和中国可能性很小，此外只有中亚一条，也就是通过与阿富汗接壤的土库曼斯坦、乌兹别克斯坦、塔吉克斯坦进入阿富汗。

北方运输网是通过商业形式运作的，它之所以称为网，是因为它是由多条线路构成，已建成的有北线、南线和 KKT 线三条。

北线起于拉脱维亚的里加港，经苏联时期修建的铁路，穿越俄罗斯和哈萨克斯坦到达乌兹别克斯坦，从乌兹别克斯坦的铁尔梅斯进入阿富汗。

南线始于格鲁吉亚的黑海港口波季，路运到阿塞拜疆的里海港口巴库，再从巴库船运到哈萨克斯坦的阿克套港，再陆运到乌兹别克斯坦进入阿富汗。如果能得到土库曼斯坦同意，从巴库起运的货轮还可直接到土库曼斯坦的里海港口，再经乌兹别克斯坦或直接从土库曼斯坦进入阿富汗。这条线路的中转较多，但它的一个最大特点是不经过俄罗斯。

KKT 线是从俄罗斯到哈萨克斯坦后，不经过乌兹别克斯坦而转向吉尔吉斯斯坦和塔吉克斯坦，从塔吉克斯坦由公路运输进入阿富汗。由于塔吉克斯坦境内一些路段崎岖难行，对它的运能是很大的限制。

虽然北方运输网的成本较高，但它比较安全可靠。正常情况下它对巴基斯坦线路是有效补充，一旦巴基斯坦线路出现问题，它对美国的阿富汗后勤保障来说就至关重要了。而北方运输线重要性的提高，也意味着中亚对美国重要性的提高。

其二，奥巴马中亚政策的另一个核心目标是能源。能源在美国中亚政策中一直占有重要地位，但奥巴马政府把它的重要性提到了一个新高度。美国欧亚能源特别代表 R. 莫宁斯塔说，奥巴马总统和希拉里国务卿都对欧亚能源问题予以高度重视。[①] 伯恩斯副国务卿也指出：“美国

---

① Richard Morningstar, Special Envoy for Eurasian Energy, Remarks at the EU Summit “Southern Corridor - New Silk Road” May 8, 2009, http://www.state.gov/s/eee/rmk/123530.htm.

认为全球能源安全是和平与繁荣的关键。因此，我们与中亚在这个领域的合作关系比以往任何时候都重要。”① 奥巴马政府表示，美国与中亚的能源合作从来没有像现在这样重要。美国追求的具体目标是：保证美国在中亚油气开发中的份额，保证美国能源投资的安全，保证中亚油气对西向管道的供给，推动中亚能源出口多元化，鼓励中亚将来向阿富汗和巴基斯坦输出能源。

其三，奥巴马政府仍把民主和人权作为美国中亚政策必不可少的组成部分。奥巴马政府强调：只有选举的形式不一定就是民主，民主还应该包括保护少数派的权利、言论自由、政府透明、司法公正等。奥巴马政府的一个新姿态是：美国欲采取更能为中亚国家所接受的姿态，与中亚的对话要“在相互尊重的精神下，也就是说我们不自认为是智慧的垄断者，不追求把我们的制度强加于人，不对别人说教，不表现得傲慢自大”。② 奥巴马政府表示，它认识到中亚的民主变革不会有迅速的结果，因此它把重点放到长期目标上。

其四，奥巴马政府提出要促进中亚国家有竞争力的市场经济，鼓励市场改革。奥巴马政府很强调推动中亚的地区合作，包括地区的能源合作，水资源合作，交通合作等。美国有意利用北方运输网，带动沿途贸易发展，使中亚与国际市场连接起来。

其五，奥巴马政府还提出了一个新目标：防止中亚出现国家失败。此前在美国的中亚政策中未见过这种表述。显然，奥巴马政府既然提出这个问题，就表明美国认为中亚经济和社会形势严峻，存在着国家失败的可能。美国的推论是：除了哈萨克斯坦外，大部分中亚国家经济落后，贫困、社会矛盾、毒品走私普遍存在，教育、医疗、生活水平低下，一些中亚国家管理能力虚弱，贪污腐败严重。这些问题可能导致国家失败。对此，美国需要防止。

---

① William J. Burns, Under Secretary for Political Affairs, Remarks at U. S. Chamber of Commerce, Silk Road Trade and Investment: New Pathways for U. S. – Central Asia Economic Ties, October 7, 2009, http://www.state.gov/p/us/rm/2009a/130389.htm.

② Robert O. Blake, Jr., Assistant Secretary, Bureau of South and Central Asian Affairs, Remarks on the Occasion of the Launch of the Congressional Caucus on Central Asia, November 18, 2009, http://www.state.gov/p/sca/rls/remarks/132127.htm.

为了实现中亚政策的目标，奥巴马政府也采取了一些新措施和新方式。

首先，美国提出与每个中亚国家建立双边高层对话机制。这是奥巴马政府推出的最有力的一个举措。双边对话机制的形式是：对话由高层官员主持和参加，每年举行一次，在双方国家轮流进行；对话范围涵盖双边关系的所有重大问题，包括政治、经济、安全、反恐、反毒、民主、人权、非政府组织、贸易、投资、教育等等。2009 年 7 月后，美国即着手运作。2009 年 12 月，这一框架内的对话首次举行，它是在美国和乌兹别克斯坦之间进行的，乌兹别克斯坦由外长带团参加，地点是在华盛顿。

奥巴马政府对人文领域合作特别重视，注重以“软实力”加强美国的影响。美国的具体做法是准备扩大教育合作，增加专业人员交流，推进民间直接接触，加强公共外交，美国还准备把和平队派到中亚。与此同时，奥巴马政府也调整了援助的结构。对中亚援助的重点将放在经济、医疗、人权、边界安全、反毒和民主制度建设上。农业也将是美国特别关注的问题。从 2010 年起，美国将开展为期三年的塔吉克斯坦和吉尔吉斯斯坦粮食安全的综合援助项目，以保证塔吉的粮食安全。

在奥巴马当选后，美国学术界也不断有主张与中俄和上海合作组织发展关系的声音。卡内基基金会著名中亚问题专家奥尔考特教授提出了一个大胆观点，建议奥巴马政府改变政策，“接受由历史和地理赋予的俄罗斯在这一地区（指里海中亚地区—作者）的存在和中国的利益……以此推进美国的战略目标”。① 还有学者建议，除了与核心伙伴欧盟和日本合作外，“美国还应尝试与上海合作组织发展机制关系，这可以通过欧安组织来倡议，也可以做新的努力，比如建立‘上海合作组织 +3’的模式，也就是上海合作组织加美国、日本和欧盟”。②

---

① Martha Olcott, A New Direction for U. S. Policy in the Caspian Region, Foreign Policy for the Next President, Carnegie Endowment for International Peace, February 2009, p. 1.

② Elizabeth Wishinick, Russia , China, and the United States in Central Asia: Prospects for Great Power Competition and Cooperation in the Shadow of the Georgian Crisis, February 2009, p. 4. http: //www. strategicstudiesinstitute. army. mil/pubs/download. cfm? q = 907. 上海合作组织 +3 的建议最早由日本学者岩下明裕提出。

美国与上海合作组织的关系在奥巴马政府时期也确有重要发展。2011 年 3 月，美国和中国首次就中亚问题进行战略对话，其中涉及到了上海合作组织。美国对上海合作组织有更多正面的评价。鲍雷克助理国务卿认为上海合作组织是在中亚地区寻求加强中国、俄罗斯和中亚之间的安全、经济和文化合作的组织。他表示，美国还没有做出成为上海合作组织观察员或对话伙伴的决定，但美国与上海合作组织的成员国都有很好的对话和合作。对美国来说，上海合作组织是讨论推动地区稳定和繁荣的很好平台，美国与上海合作组织的合作存在可能性。[①] 可以说，这是美国对上海合作组织从未有过的明确的正面评价，也是美国从未有过的愿与上海合作组织合作的姿态。这与小布什政府时期相比有显而易见的差别。有西方学者评论，这对一直采取疏远上海合作组织政策的美国来说是一个大转变。[②] 虽然，很难预计这一转变能保持多久和发展到什么程度，但它使美国向与上海合作组织合作的方向发展，确定了美国在与上海合作组织关系上的积极趋向。

① Robert O. Blake, Jr. Assistant Secretary, Bureau of South and Central Asian Affairs Beijing, China Press Conference , March 18, 2011, http: //www. state. gov/p/sca/rls/rmks/2011/158583. htm.

② Joshua Kucera, Is the U. S. Warming to the Shanghai Cooperation Organization? March 21, 2011, http: //www. eurasianet. org/node/63115.

# 第九章　上海合作组织与阿富汗问题

阿富汗不是上海合作组织的成员国，但上海合作组织却与阿富汗有着特殊的关系。在上海合作组织的全部历史中，阿富汗问题始终没有脱离过它的视野和关注。这种情况的形成，其基本原因在于阿富汗与地区安全密不可分，中亚诸多安全问题与阿富汗有扯不断的关系，一些问题的源头也在阿富汗。没有阿富汗问题的解决，中亚安全与稳定问题难以彻底解决，而阿富汗问题的存在对地区安全也始终是挥之不去的阴影。

## 一、阿富汗问题与上海合作组织的成立

上海合作组织的历史与阿富汗局势存在着一些重大巧合。1996 年，塔利班夺取了阿富汗政权，“上海五国”也在这一年形成。2001 年，上海合作组织成立，同年发生了“9·11”事件。当然，这不是宿命，而是上海合作组织与阿富汗确实存在某种现实的内在关系。阿富汗问题是上海合作组织出现的重要背景。事实上，不管是“上海五国”还是上海合作组织的成立，阿富汗问题都是重要的因素，虽然不是直接和唯一的因素。原俄罗斯总统普京也曾经指出，在促使上海合作组织成立的因素中，阿富汗局势是其中之一。[①] 当然，不能说上海合作组织完全是因阿富汗问题而成立的，还有许多其他的重要因素促使了上海合作组织的

① 普京 2004 年 6 月 17 日在塔什干上合国家元首理事会大范围会议上的发言，http://www.russia.org.cn/chn/？SID = 74&ID = 469。

出现。不过，无论如何，上海合作组织与阿富汗局势的联系是显而易见的。阿富汗问题不仅是推动上海合作组织成立的因素，而且它对上海合作组织的议事日程也有重要影响。自上海合作组织成立之始，阿富汗问题始终是它的重要关注和议题之一。

上海合作组织形成的直接动因源于边界问题，但在上海合作组织成立之后，边界问题退居其次，安全成为推动上海合作组织的主要动力。安全议题的出现首先是由于上海合作组织成员国国内的安全形势。20世纪90年代是恐怖主义急剧蔓延的年代，中国、俄罗斯和中亚国家都遭受到了严重的恐怖主义问题。1994年底，俄罗斯第一次车臣战争爆发，在“上海五国”形成之时，车臣战争仍在进行之中。1999年，第二次车臣战争爆发。中国在20世纪90年代遭遇到了“东突”恐怖主义活动的高潮，从90年代初开始，“东突”分子在中国新疆连续制造爆炸、凶杀、暴乱事件，使中国新疆的安全形势空前严峻。中亚地区在20世纪90年代也处于动荡不定之中，恐怖主义势力十分活跃。1999年，乌兹别克斯坦发生了针对卡里莫夫总统的系列恐怖爆炸。1999年春和2000年夏，来历不明的大股武装力量两次突然入侵乌兹别克斯坦和吉尔吉斯斯坦等国家，使整个中亚受到极大震动。可以看到，20世纪90年代，特别是在它的后半期，这一地区陷入了恐怖主义的巨大威胁中。

如果各国所遇到的仅是国内问题，也许并不至于使它们感到有必要与其他国家联合起来，这种联合也不能解决各国国内的安全问题。但20世纪90年代的情况是恐怖主义地区化和国际化的出现，即恐怖主义形成了地区性和世界性的联系。各种恐怖主义在不同的具体目标下结成了统一阵线，这种情况使得各国的恐怖主义问题也表现出地区化和国际化。在中亚地区，恐怖主义地区化的趋势表现得十分明显，尽管各国恐怖主义势力的主体不同，具体政治目标不一样，但在共同的意识形态的联结下，它们构成了一个相互关联的地区性网络，而位于这个网络中心的就是阿富汗。90年代下半期的阿富汗是一个令周边国家惶恐不安的恐怖主义之都。在塔利班掌握阿富汗国家政权后，它公开支持周边各国的恐怖主义，为它们提供资金，培训人员，供应武器，它真正成了恐怖主义力量的大本营，成为一个以国家面目出现的恐怖主义力量，或说恐怖主义国家。由于阿富汗这样一个恐怖主义国家的存在，它周边地区的恐怖主义问题有了不同含义：它的危害和危险程度大大增加了。

塔利班统治之下的阿富汗对周边国家是一个严重问题，它不但危险，更严重的是难以解除。塔利班拥有一支勇敢善战、装备良好、达数万之众的军队。在塔利班最盛时的20世纪90年代后半期，没有哪个国家认为可以用军事手段解决阿富汗问题。俄罗斯从1979年陷入阿富汗战争10年，1989年才从这个“流血的伤口”痛苦地撤出。90年代的情形下，全面衰退的俄罗斯无心也无力再在军事上介入阿富汗。中国更不可能这样做。至于中亚国家，它们的武装力量甚至比阿富汗还弱小。政治对话是理想的方式，但与塔利班的政治对话极其困难。极端的意识形态使塔利班对国际关系准则不屑一顾，政治对话缺乏共同的游戏规则基础，它对于解决阿富汗问题难现成效。在恐怖主义威胁日益严峻的形势下，在阿富汗塔利班问题看来将长期化的情况下，联合起来共同应对是保证地区和各自安全的最可行方式，也是最好的方式。

当然，不能得出这样的结论，即上海合作组织完全是因阿富汗问题而成立的。如果做一个假设：假如塔利班没有控制阿富汗，那么上海合作组织还会不会成立呢？答案是很可能还会成立，因为各国仍面临恐怖主义的威胁，中国的“东突”问题，俄罗斯的车臣问题，中亚“乌伊运”和其他恐怖组织问题都仍然存在。不过，没有阿富汗塔利班和“基地”组织的背景，中亚地区的安全状况会是不同的样子，恐怖主义的地区化不会发展得那么快，它整体的威胁程度也相对会小。在这种情况下，上海合作组织受安全因素影响的程度会轻一些。上海合作组织成立的根本原因是对合作的需求。这种需求是区域合作大势所致，也是多边关系顺利发展的产物。合作的内容是广泛的，安全和经济是重点，但不一定是并行发展，当安全问题突出时，对安全合作的需求会更大；当安全问题缓和时，它的重心就会向经济或其他领域偏重，但对合作的需求会一直存在，阿富汗问题最终会导致某种机制性合作框架的出现。

不过，历史无法假设，事实是当时阿富汗的形势严峻，它对上海合作组织的成立产生了推动作用，并且在上海合作组织成立后，阿富汗问题始终受到高度关注，是其议事日程中不变的一个议题。

## 二、上海合作组织与阿富汗的关系

上海合作组织所有成员国都与阿富汗是邻国或近邻，它们与阿富汗有着种种密切联系，或是地理的，或是历史的，或是民族的，或是宗教文化的。它们或是在阿富汗有着某种存在，或是受到阿富汗问题的直接影响，由于相同或不完全相同的原因，它们都关注阿富汗问题，在阿富汗问题上有确定的政策。上海合作组织成员国都与阿富汗保持着国家关系，也都支持上海合作组织在阿富汗问题上发挥作用。

上海合作组织的阿富汗政策是各成员国政策的综合反映，或者说，各成员国的态度和立场，都不同程度地影响了上海合作组织的阿富汗政策。

中国是阿富汗的6个邻国之一，两国的共同边界是在瓦罕走廊。相对于阿富汗的其他5个邻国，即伊朗、土库曼斯坦、乌兹别克斯坦、塔吉克斯坦和巴基斯坦，中国与阿富汗的关系较为单纯。中阿没有复杂的历史问题，中国在阿富汗没有族裔居民群体，中阿没有困难的边界领土问题，中国没有介入过阿富汗的冲突。中国在阿富汗问题上的首要关切是新疆的安全和稳定。阿富汗对新疆安全的影响主要表现在两个方面：一方面是“东突”势力与“基地”组织和塔利班的联系，另一个方面是阿富汗对周边形势的影响。随着中国在阿富汗投资的增加，中国在阿富汗的经济利益开始形成规模，并为中国越来越重视。

中国在阿富汗问题上有清晰和一贯的政策。中国支持阿富汗政府，与阿富汗政府保持着良好关系。中国支持国际社会在解决阿富汗问题上的努力，并积极参与其中。中国参加了几乎所有重大的阿富汗问题国际会议。中国为阿富汗提供援助，参加阿富汗国内的经济重建，并在阿富汗投资项目。

中国认为，单靠军事手段不能解决阿富汗问题，阿富汗问题的根本出路还是实现民族和解。中国支持阿富汗国内进行政治谈判和推动民族和解进程。中国对阿富汗未来的基本主张是“阿人主导”和“阿人所有”，即由阿富汗人自己主导国内政治进程，阿富汗人自己在阿富汗当家作主。同时，国际社会应帮助阿富汗加强主权、自主权和发展能力。

中国希望阿富汗在对外关系上首先应与周边国家睦邻友好。[①] 中国反对阿富汗一切形式的恐怖主义，但不介入阿富汗内部政治之中。中国不参与对阿富汗的军事行动。

在上海合作组织与阿富汗的关系上，中国支持上海合作组织与阿富汗的双边关系发展，积极推动双边的合作。中国赞成上海合作组织参与阿富汗问题的解决。在阿富汗局势面临重要转折的情况下，中国认为上海合作组织应发挥更大作用。中国在阿富汗问题上的这些看法和主张，在上海合作组织的政策中得到了基本的反映。

乌兹别克斯坦和塔吉克斯坦都是阿富汗的中亚邻国，这两个国家与阿富汗的关系有相似之处，它们不仅与阿富汗接壤，而且与阿富汗有着复杂的历史、民族、宗教、社会联系。阿富汗有塔吉克族和乌兹别克族裔居民，其中塔吉克族是阿富汗的第二大民族，约占居民总数的27%，乌兹别克族与另一少数民族哈扎拉族是阿富汗第三大民族，约占全国人口的9%。[②] 在阿富汗内战中，塔吉克族和乌兹别克族武装都属于北方联盟，塔吉克斯坦和乌兹别克斯坦也是北方联盟的支持者。由此，塔乌对阿富汗国内政治拥有一定影响，也有自己传统的利益。乌兹别克斯坦与阿富汗的边界虽然不长，只有130多公里，但它有铁路和公路与阿富汗连接，这使它成为从中亚进入阿富汗最便利的通道。塔吉克斯坦与阿富汗的边界长达1200多公里，且多处于高山峻岭之中，边界状况十分复杂。塔乌与阿富汗密切和复杂的联系，使阿富汗问题在两国外交中占重要地位。两国都对阿富汗问题特别重视，都在阿富汗问题上有自己的政策主张。而且，在上海合作组织的渠道之外，两国都还与阿富汗有双边和多边的框架，如塔吉克斯坦与阿富汗、巴基斯坦、伊朗的四国机制。而乌兹别克斯坦提出了“6+3”的主张，即阿富汗的6个邻国加俄罗斯、美国和北约。

哈萨克斯坦不与阿富汗直接接壤，但它是阿富汗的近邻。作为中亚国家，它也直接受阿富汗问题的影响。在阿富汗问题上，哈萨克斯坦最担忧的是宗教极端主义和恐怖主义势力的外溢，还有毒品问题。哈萨克

---

① 杨洁篪外长在阿富汗问题波恩会议上的讲话，2011.12.06，http：//www.fmprc.gov.cn/chn/pds/ziliao/zt/dnzt/yjcwzbfhwtdwzh/t884414.htm。

② Central Intelligence Agency. The World Fastbook. Afghanistan.

斯坦支持上海合作组织参与阿富汗问题的解决，并且认为，在2014年国际联军从阿富汗撤出后，在阿富汗许多重大问题的解决中，上海合作组织可能是最佳人选。①

虽然上海合作组织各国都对上海合作组织的阿富汗政策有影响，但影响最大的是俄罗斯。在上海合作组织内，俄罗斯在阿富汗议题上最为活跃，在推动上海合作组织介入阿富汗问题上最为积极。上海合作组织的阿富汗政策中俄罗斯因素最多，它的主张基本上都在上海合作组织的政策中反映出来。因此，了解俄罗斯与阿富汗的关系及政策，有助于更好地理解上海合作组织的阿富汗政策。

俄罗斯对阿富汗问题的特别关注有很深的历史和现实原因。俄罗斯与阿富汗有超出一般想象的深远渊源，它对阿富汗的兴趣也经久不衰。自19世纪俄罗斯征服中亚后，阿富汗成了俄罗斯的邻国，并且成为俄罗斯继续南下的目标和走廊。在19世纪的一大半时间里，俄罗斯和英国为争夺中亚进行了旷日持久的“大游戏”，阿富汗是主要战场之一。在阿富汗从英国殖民保护下独立的1919年，俄罗斯即与阿富汗建立外交关系，是第一个承认阿富汗独立的国家。随后，俄罗斯与阿富汗签署了友好条约。

从20世纪50年代中期开始，俄罗斯（苏联）与阿富汗的关系越来越密切。苏联向阿富汗提供大量的经济和军事援助，帮助阿富汗政府培训专家，训练军队，建设项目，逐渐把阿富汗纳入到了它的势力范围。1979年，苏联出兵阿富汗，推翻了政变上台的反苏政权，并占领了阿富汗。在整个50—80年代，苏联是对阿富汗影响最大的国家，它是阿富汗最大的贸易伙伴，最大的援助国，最密切的朋友。但苏联对阿富汗的占领遭遇到持续的抵抗，阿富汗成了苏联“流血的伤口”。1989年，苏联被迫从阿富汗撤军。两年后，苏联解体，新独立的中亚国家横亘在俄阿之间，俄罗斯不再与阿富汗接壤。与此同时，俄罗斯陷入全面危机，自顾不暇，它扶持的阿富汗政权垮台，它在阿富汗的影响大大削弱。

1992年，在纳吉布拉政权被推翻后，俄罗斯宣布承认阿富汗伊斯

① Н. Назарбаев. Десять лет будущего. 《Российская газета》, 03 июня 2011 г..

兰国。同年，由于阿富汗内战的紧张局势，俄罗斯暂停了驻阿大使馆的活动。1996 年，塔利班夺取政权。俄罗斯不承认塔利班政权，对塔利班持公开的反对立场。俄外交部称塔利班控制下的阿富汗已成为“国际恐怖主义的中心”和“输出好战的极端主义和分离主义的前进基地”，认为塔利班是“全球破坏性力量的突击队，是对国际和平和安全体系的威胁”。① 俄罗斯仍承认流亡的阿富汗伊斯兰国政府，与其保持着联系，并向其提供援助。与此同时，俄罗斯支持联合国制裁塔利班，积极参与解决阿富汗问题。

塔利班政权倒台后，俄罗斯恢复了驻阿大使馆的工作。尽管俄罗斯在阿富汗已退居次要角色，但俄阿都有意发展密切关系。2002 年 2 月，也就是在阿富汗临时政府成立后不久，俄罗斯外长伊万诺夫即访问了阿富汗。同年，阿富汗临时政府国防部长、外交部长和政府主席都访问了俄罗斯。第一副主席兼国防部长法希姆在 2002 年 2 月访俄。这是第一个到访的阿富汗临时政府部长，他受到了时任总统普京的接见。俄罗斯同意向阿富汗提供后勤和技术帮助，帮助阿富汗组建职业军队。2002 年 3 月，阿富汗临时政府主席卡尔扎伊访问俄罗斯。两国发表联合声明，表示俄阿将在广泛和长远的基础上发展政治、经贸、科技、文化等关系。两国达成 17 项协议，俄罗斯允诺将参与阿富汗的重建。2002 年 11 月，阿富汗外长阿布杜拉又访问了俄罗斯。

不过，俄阿关系的良好势头没有延续，两国关系基本平稳，俄罗斯保持着对阿富汗一如既往的关注和支持，但两国关系的发展速度不是很快，俄阿总统虽然多次见面，但多是在其他场合，相互正式访问很少。卡尔扎伊在 2002 年后的 8 年里未再访俄，直到 2011 年 1 月才再次访问俄罗斯。2008 年，卡尔扎伊向梅德韦杰夫发出了邀请，梅德韦杰夫也接受了邀请，但访问迄今未成行。② 双方外长保持着轮流互访。阿外长在 2006、2008、2010 年访问俄罗斯，俄外长在 2007、2009 年访问了阿

---

① Сообщение Министерства Иностранных дел Российской федерации. 30 августа 2001 г., http://www.mid.ru/ns - rasia.nsf/1083b7937ae580ae432569e7004199c2/432569d80021985f43256ab8005099a7?OpenDocument.

② Дмитрий Медведев посетит с визитом Афганистан, 28.08.2008, http://www.afghanistan.ru/doc/12787.html.

富汗。此外，因参加卡尔扎伊的就职典礼和喀布尔阿富汗问题国际大会，俄外长在2009年和2010年到过阿富汗。在其他职能部门中，俄阿保持联系较多的是安全、禁毒和经济部门。

俄罗斯参与阿富汗的经济重建。油气、电力、工业、交通、基础设施等是俄罗斯特别感兴趣的领域。阿富汗有油气和矿产资源，苏联曾经在阿富汗进行过勘探和开发，并发现了一些石油、天然气、铜矿等储藏。苏联时期，阿富汗曾向苏联输出天然气，现在俄罗斯希望重新进入阿富汗油气和矿产领域。在20世纪50—80年代，苏联帮助阿富汗建设了142个项目，包括发电站、飞机场、油气设施、公路、工厂、学校等等。[①] 例如，阿富汗四个国际机场中的三个都是俄罗斯帮助修建的。俄罗斯优先考虑的是承担对这些项目的现代化改造。俄罗斯在阿富汗的最大项目是纳格卢水电站改造，这个水电站由苏联在1966年帮助建造。改造在2010年下半年完成，项目金额为3250万美元。[②] 这一项目完成后，可保证喀布尔50%的电力需求。此外，俄罗斯还承建了一些小型水电站的建设，以及其他一些不太大的项目。俄罗斯拟参与一些新的项目，包括修建新的水电站，恢复兴都库什山的萨朗隧道等。

俄罗斯十分重视教育合作。教育是俄罗斯在阿富汗的重要“资产”。在苏联时期，大量阿富汗青年在苏联接受教育，苏联也在阿富汗兴建了不少教育设施，推广苏式教育，例如喀布尔工学院就是由苏联援建的。这所大学现在每年仍有几百名懂俄语的学生毕业。在阿富汗政界和精英界，也还有不少人可以说俄语。现在俄罗斯希望重返阿教育领域，帮助阿富汗发展教育，在中学和大学推广俄式教育体系。同时，也接受更多阿富汗学生到俄罗斯留学。

俄罗斯向阿富汗提供人道主义援助。2002—2008年，俄罗斯提供的援助超过3000万美元。2009年，俄罗斯开始执行一项新的1100万美元

---

① 苏联帮助阿富汗建设的全部项目名单见：Перечень основных объектов и работ, по которым выполнение обязательств СССР по оказанию технического содействия Афганистану завершено , http: //www. ferghana. ru/news. php? id =9462.

② Российско – афганское торгово – экономическое сотрудничество. 27 – 02 – 2009, http: //www. mid. ru/ns – rasia. nsf/1083b7937ae580ae432569e7004199c2/432569d80021985f43256b5f00546c61? OpenDocument.

的援助。[①] 阿富汗对苏联有110多亿美元的债务。2007年，俄罗斯免除了其中的100亿美元。俄原打算有条件地注销这笔债务，即如果阿富汗放弃提出对苏联占领的物质赔偿要求，俄就免除剩余的债务，但俄在2010年勾销了全部剩余债务。[②] 俄罗斯官方认为它对阿的援助是120多亿美元，这是把免除的债务包括在内了。

安全和禁毒是俄阿合作的重要领域。两国在这一领域保持着较为密切的联系，应该指出的是，俄阿安全合作有一部分是在俄罗斯与北约的框架下进行的。俄罗斯向阿富汗提供军事技术援助，包括机场设备，飞机维修，通讯器材，轻武器装备，军事培训等。俄罗斯还准备向阿富汗提供直升机和训练飞行员。从2002年到2008年，俄为阿军队建设提供了2亿美元援助。[③] 俄罗斯在阿富汗设有联邦禁毒机构代表处。2009年，俄阿签署了禁毒合作协议。阿富汗还被邀请作为观察员参加集体安全条约组织以打击毒品为目标的“通道”军事演习，并设有集安组织—阿富汗禁毒工作小组。在俄罗斯—北约委员会的框架内，在俄罗斯建立了禁毒警察训练基地，为阿富汗等国进行人员培训。

自2009年以来，俄罗斯对阿政策明显趋于活跃。这主要有两方面的原因。一方面是国内的原因。随着时间的流逝，俄罗斯在阿富汗的“伤口”逐渐愈合，不论是精英阶层还是普通民众，对阿富汗战争的惨痛经历已开始淡漠。不仅如此，从正面理解那段历史的现象开始出现，或者说，那段历史正在从“负资产”变成“正资产”。俄罗斯开始强调俄阿的历史友好，赞扬苏联在阿富汗进行的大量建设，宣传苏联帮助阿富汗取得的进步。2009年是苏联从阿富汗撤军20周年和俄阿建交90周年。俄罗斯举行了纪念活动，并在莫斯科举办了第一届俄阿论坛，阿富汗副总统哈利利率庞大的代表团出席。分析家发现，现在的情形与过去大不一样了，虽然俄罗斯不否认对阿富汗的入侵，但“1980—1990年

---

① Российско－афганское торгово－экономическое сотрудничество. 27－02－2009，http：//www. mid. ru/ns － rasia. nsf/1083b7937ae580ae432569e7004199c2/432569d80021985f43256b5f00546c61？OpenDocument.

② Никита Мендкович. СССР и НДПА：мифы，факты，политика. 12. 04. 2010，http：//www. afghanistan. ru/doc/17097. html.

③ Замир Кабулов：《Россия готова оказать помощь в восстановлении афганской армии》4. 03. 2009. http：//www. afghanistan. ru/doc/14181. html.

代的屈辱部分地抹去了：集体记忆被修复，意识形态冲突被淡化，对苏联时期强大的怀念在增长”。[①] 俄罗斯对阿政策积极的另一原因是国际方面的，这主要与阿富汗形势有关。美国准备从阿富汗逐渐撤军，俄对2014 年后阿形势将如何变化也没有把握，它对俄罗斯将是严峻挑战，形势迫使俄罗斯积极行动。

时过境迁，俄罗斯在阿富汗问题上已不满足于继续跑龙套，它准备作为一个独立角色发挥作用。[②] 在一定意义上，可以说俄罗斯是在为美国撤军做准备。这种准备包括多个方面：其一是国内准备，使社会在心理和政策上支持俄罗斯重返阿富汗；其二是加强与阿富汗的双边联系，直接影响阿富汗的发展。卡尔扎伊总统 2011 年访俄是双边联系加强的最新表现，这也是阿富汗总统第一次正式访俄。梅德韦杰夫总统说：“2014 年后阿富汗要依靠自己的力量保证国家的安全和独立，对此，俄罗斯准备给予实质性的帮助。”[③] 俄驻阿大使表示：“除了军事存在外，俄罗斯准备参与帮助阿富汗的一切形式。”[④] 其三是加强在中亚军事存在和军事反应能力，以应对中亚和阿富汗发生不测。2009 年，在集体安全条约组织的框架内建立了第一支快速反应部队。这支部队的主要活动区域是在中亚。与此同时，许多迹象表明俄在努力加强它在中亚的军事存在，特别是在吉尔吉斯斯坦和塔吉克斯坦。

俄罗斯对阿富汗未来的政治定位有明确立场，这就是中立和独立。也就是说，阿富汗不应成为任何国家的附属，不应为任何外国所控制，也不应实行倒向某一国家的外交政策。俄罗斯的这一方针在阿富汗新政权形成之初即已确定。在俄阿 2002 年 3 月发表的联合声明中，宣布未

---

① Marlene Laruelle, Beyond Afghan Trauma: Russia's Return to Afghanistan. Jamestown Foundation, August 2009, p. 23.

② Никита Андреевич Мендкович, Большая игра России, 24. 09. 2010, http: //www. afghanistan. ru/doc/18417. html.

③ В Москве состоялись переговоры президентов России и Афганистана, 21. 01. 2011, http: //www. afghanistan. ru/doc/19348. html.

④ Петр Гончаров. Россия Афганистан никогда не забывала. 19. 01. 2011, http: //rus. ruvr. ru/2011/01/19/40356105. html.

来的阿富汗应是“一个和平、统一、中立、繁荣、与邻国和睦相处的国家”。[①] 现在俄罗斯依然坚持这一立场。俄外长拉夫罗夫 2010 年 7 月在喀布尔阿富汗问题国际会议上强调：“在国际社会为稳定进行的努力结束之后，恢复阿富汗的中立地位，将是形成地区和睦与合作氛围的关键因素之一。”[②] 从这一立场出发，俄罗斯支持“喀布尔进程”，即由阿富汗政府接管全部安全和行政取能，认为这是阿富汗实现真正独立的正确道路。

俄罗斯对阿富汗现政权的前景不是没有担忧，但在政策上仍以现政权及其长期存在为基点。也就是说，俄支持维护现行的阿富汗政治和宪法体制，支持以现政权为阿富汗的长期政治构架。不过，俄学术界有分析指出，俄在对阿政策上有三种可能的战略。第一种是不介入战略，即不出手，不出力，袖手旁观，坐以待变。第二种是现实政治战略。根据这一战略，考虑到俄缺乏影响整个阿富汗的能力，它应重点发展与阿富汗北部省份的关系。北方是俄罗斯利益的主要所在地，俄应将其建设为安全缓冲区，并使阿富汗北方处于俄罗斯的影响之下。如果未来阿富汗发生危机，分裂为南北两部分，俄罗斯也可以接受。第三种战略就是建立一个统一和独立的阿富汗。分析认为，这三种思想对俄阿富汗政策都有一定影响，俄在政策上有时出现不协调即源于此。[③]

俄罗斯对塔利班在政治上持否定看法，不把塔利班作为普什图族的政治代表，对塔利班持不妥协立场。这与塔利班曾长期与俄罗斯为敌有关，同时俄罗斯也要顾及塔吉克斯坦和乌兹别克斯坦等中亚国家的态度。俄罗斯反对塔利班重回阿富汗政治，并且主张铲除塔利班。在塔利班政权被推翻后，俄罗斯对阿富汗政治重建的原则就是“塔利班因支持国际恐怖主义声名狼藉，在阿富汗政权结构中不能有塔利班的位置。不

---

① Совместное российско – афганское заявление 12 марта 2002 года, Москва, http: //www. mid. ru/ns – rasia. nsf/1083b7937ae580ae432569e7004199c2/e0018c496258406ec32571220032416e? OpenDocument.

② Выступление Министра иностранных дел России С. В. Лаврова на Международной конференции по Афганистану, Кабул, 20 июля 2010 года, http: //www. mid. ru/brp_ 4. nsf/0/E6BEB2613842F7FEC3257766004B3739.

③ Peter Topychkanov, Russia's AfPak Policy – A Waiting Game? March 24, 2010. Carnegie Europe. Event Transcript, p. 3.

消除这一反人民和犯罪势力就不能指望彻底铲除阿富汗的恐怖主义”。[①] 对于美国和阿富汗政府试图与塔利班和解的政策，俄罗斯坚决反对。美国新阿巴战略提出要与温和的塔利班谈判，这一政策最初得不到俄罗斯的理解。俄罗斯有一种看法，认为塔利班就是塔利班，它不把塔利班划分成“好的”或“不好的”塔利班。[②] 俄驻联合国代表明确表示，与塔利班谈判违反联合国安理会制裁塔利班的决议，俄罗斯反对这一做法。[③] 对于阿富汗政府欲招抚塔利班领导人的试图，俄罗斯同样持反对立场。俄认为塔利班领导人是制造恐怖活动的罪犯，对他们绝不能宽恕。[④] 俄罗斯表示，它理解阿富汗民族和解的重要性，但塔利班参加这一进程“不可改变的条件是放弃暴力活动，彻底断绝与‘基地’组织的一切联系，承认阿富汗伊斯兰共和国的宪法和法律。”[⑤] 不过，俄国内也有一种舆论，认为俄应调整政策，与塔利班和普什图族多打交道。

俄罗斯主张在阿富汗问题上进行地区和国际合作，并且是这种合作的积极参与者。俄罗斯推动国际合作有明确的主题，那就是禁毒。俄极力推行这样一种观念，即阿富汗毒品不仅是对俄罗斯的威胁，也是对欧洲和美国的威胁，它应被视为一种全球性威胁。而且，“就危害程度而言，贩毒比恐怖主义更具毁灭性”。[⑥] 俄罗斯强调，贩毒与恐怖主义有密切关系，恐怖主义组织从事贩毒，毒资是恐怖主义组织的重要资金来

---

① Выступление Постоянного представителя России при ООН С. В. Лаврова на заседании Совета Безопасности по ситуации в Афганистане 13 ноября 2001 года, http://www.mid.ru/ns-rasia.nsf/1083b7937ae580ae432569e7004199c2/432569d80021985f43256b0900398f0e? OpenDocument.

② Russia's AfPak Policy - A Waiting Game? March 24, 2010. Carnegie Europe. Event Transcript, p. 3.

③ В. Чуркин: Россия выступает против переговоров с главарями《Талибана》и《Аль-Кайды》, 7.01.2010, http://afghanistan.ru/doc/16361.html.

④ Сергей Лавров: Россия против “прощения” лидеров Талибана. 17.11.2008, http://www.newsland.ru/News/Detail/id/317090/cat/42/.

⑤ Стенограмма выступления Министра иностранных дел России С. В. Лаврова на открытии специальной конференции по Афганистану под эгидой ШОС, Москва, 27 марта 2009 года 27-03-2009, http://www.mid.ru/ns-rasia.nsf/1083b7937ae580ae432569e7004199c2/432569d80021985fc325758600366be1? OpenDocument.

⑥ 俄麻醉药品管理总局局长维·万诺夫语，http://rusnews.cn/eguoxinwen/eluosi_anquan/20100608/42804748.html。

源。俄主张把反恐和禁毒联系起来，反恐和禁毒并重。俄罗斯认为美欧在阿富汗重反恐，轻禁毒，俄罗斯对此不满意。俄公开表示："北约在阿富汗有庞大的力量，但它没有采取有效措施消灭毒品。"① 俄罗斯努力使它们相信，阿富汗毒品不仅是俄罗斯的问题，也是它们的问题。俄罗斯主张把禁毒提高到与反恐同样重要的位置，并且形成联合禁毒的国际合作和机制。

俄罗斯力图发展在阿富汗的战略存在，增强在阿富汗问题上的影响力，成为美国和北约有分量的对话伙伴。俄与美国和北约都有关于阿富汗问题的双边对话。不过，在与美国和北约的对话中，俄罗斯注重依托多边框架，或者说，俄罗斯的策略是依托多边框架，进行双边对话。这是因为俄罗斯的资源和能力毕竟不足，在美国和北约面前势单力薄，俄罗斯需要借重多边框架以增加自己的分量。

在俄罗斯倚重的多边框架中，最重要的是集体安全条约组织和上海合作组织。在集体安全条约组织和上海合作组织之外，俄罗斯还组建了一个新的架构，即俄罗斯、阿富汗、巴基斯坦、塔吉克斯坦四边机制。俄、阿、巴、塔四国总统 2009 年 7 月在塔吉克斯坦首都杜尚别举行了第一次会晤，2010 年 8 月在俄罗斯南方城市索契举行了第二次会晤，2011 年 9 月在杜尚别举行了第三次会晤。在总统会晤之外，还在 2010 年 9 月举行了四国外长会晤，2010 年 10 月举行了经济部长会晤，2010 年 12 月举行了禁毒部门领导人会晤，并签署协议，决定建立"中亚禁毒四国机制"。

集体安全条约组织是军事安全组织，它由俄罗斯和 6 个原苏联国家组成，包括 4 个中亚国家。集体安全条约组织由俄罗斯主导，拥有采取军事行动的功能和能力。2009 年集体安全条约组织组建了快速反应部队，它的主要功能是反侵略、反恐、打击跨国犯罪、禁毒、消除紧急事

① 俄麻醉药品管理总局局长维·伊万诺夫语，http://www.itartass-sib.ru/index.php?option%3Dcom_content%26view%3Darticle%26id%3D25384：rossiya-afganistan-pakistan-i-tadzhikistan-dogovorilis-o-sozdanii-antinarkoticheskogo-kvarteta%26catid%3D37：mr%26Itemid%3D82。

态后果等。俄军在快速反应部队中兵员最多。[①] 但集体安全条约组织的弱点是政治代表性不强，参与国际政治受到较大限制。

俄、阿、塔、巴四国机制的特点是功能性强，不拘泥于政治的繁文缛节，直接进入具体合作。它的主要议题是阿富汗问题、禁毒、能源和交通等项目建设等。俄罗斯没有解释它建立这一机制是出于什么考虑。有俄分析家认为，这是俄罗斯的“大游戏”，是俄欲提高它在这一地区战略地位的表现。通过四国机制，俄可更实质性地影响阿富汗的未来发展，并为它影响大中亚地区增加了手段。四国机制与上海合作组织在目标上没有冲突，它的功能比上海合作组织要狭窄。俄把四国机制称为非正式机制，并把它放在上海合作组织框架之内，它认为四国机制是上海合作组织对解决阿富汗问题的贡献。[②]

上海合作组织是政治安全组织。它的政治代表性广泛，特别是在阿富汗问题上，它有独特的资源。在有关阿富汗问题的国际舞台上，俄罗斯把上海合作组织作为重要的平台。俄罗斯外长拉夫罗夫在 2011 年 11 月波恩阿富汗问题国际大会上表示：“上海合作组织有阿富汗和它的所有邻国参与其活动，在国际社会解决阿富汗问题中，它是协调地区努力的最适宜的平台。”[③] 上海合作组织的成员和观察员中包括阿富汗 6 个邻国中的 5 个，它还包括了俄罗斯、印度、哈萨克斯坦这样一些重要国

---

① 根据俄总统顾问普里霍季科的介绍，快速反应部队由俄提供一个空降兵师和一个空降兵突击旅，约 8000 人，哈萨克斯坦提供一个空降兵突击旅，4000 以下，其他成员国白俄罗斯、亚美尼亚、吉尔吉斯斯坦、塔吉克斯坦、乌兹别克斯坦提供一个营以下的兵力。但乌军不作为快速反应部队的固定兵力，它只在它认为需要时参加行动。Саммит в Кремле вышел блоком// Страны ОДКБ хотят стать военной силой не хуже НАТО. 《Коммерсантъ》, № 20 (4075) от 05.02.2009, http://www.kommersant.ru/doc.aspx? DocsID = 1113224&NodesID = 2。

② 俄外长拉夫罗夫讲话。Стенограмма выступления и ответов Министра иностранных дел России С. В. Лаврова на вопросы СМИ в ходе совместной пресс – конференции по итогам переговоров с Министром иностранных дел Афганистана З. Расулом, Москва, 25 ноября 2010 года, http://www.mid.ru/ns – rasia.nsf/1083b7937ae580ae432569e7004199c2/432569d80021985fc32577e6005e4cb3? OpenDocument。

③ Выступление Министра иностранных дел Российской Федерации С. В. Лаврова на Международной конференции высокого уровня по Афганистану, Бонн, 5 декабря 2011 года, http://www.mid.ru/bdomp/brp_4.nsf/2fee282eb6df40e643256999005e6e8c/47fae13e90f579414425795d0052d2ba! OpenDocument.

家。因此，上海合作组织有更好的政治适用性，俄罗斯乐于在国际政治中更多地使用它。俄罗斯积极宣扬上海合作组织在阿富汗问题上的重要作用，也常常以上海合作组织代表的身份谈论阿富汗问题。例如，在阿富汗问题莫斯科国际会议、海牙会议、喀布尔会议上，以及在俄美阿富汗问题对话中，俄罗斯都是这么做的。在俄罗斯的倡议下，上海合作组织在2009年召开了第一次阿富汗问题国际会议，地点也是在莫斯科，欧盟、北约、美、英、德、法、意、加、日以及其他众多国家参加了这次大会。

俄罗斯不拒绝在军事上帮助阿富汗。俄罗斯为阿政府训练军队，提供军援，并提供武器，事实上它一直保持着间接的军事介入。但俄罗斯不向阿富汗直接派兵，不打算在阿富汗部署军事存在。媒体曾多次传出俄准备出兵的报道，但每次都被俄官方坚决否认。

与美国的关系是俄罗斯对阿外交的重要内容。在阿富汗问题上，俄罗斯的对美政策有两个基点，即反恐和地缘政治。这两个基点背道而驰。从反恐的角度，俄罗斯愿与美国合作；从地缘政治的角度，俄罗斯对美国在阿富汗和中亚的存在心存疑虑，特别是不能容忍美国控制中亚。2001年“9·11”事件后，美国军队进入阿富汗作战，并在中亚建立军事基地，这得到了俄罗斯的支持和同意。但是，在推翻塔利班政权后，美国没有任何从中亚撤军的迹象，这使俄罗斯的不满和怀疑增加，地缘政治考虑在俄对美政策中上升。从2003年开始，美国在原苏联地区鼓动“颜色革命”，欲对中亚进行政治改造，俄美关系开始逆转。2005年，在俄罗斯的推动下，上海合作组织提出美国应给出从中亚撤军的时间表。这意味着俄罗斯开始实施把美军从中亚挤走的政策。2009年，俄美关系“重启”，其中阿富汗合作是重要内容。两国总统就阿富汗问题发表联合声明，重申将在阿富汗问题上继续合作。[①] 俄美又回到以合作为主的轨道。

俄罗斯不欢迎美国在阿富汗保持长期军事存在，坚持阿富汗政府最终应独立自主，这是它的一贯政策。但在“短期”和“长期”军事存

---

① Joint Statement by President of the United States of America Barack Obama and President of the Russian Federation D. A. Medvedev Concerning Afghanistan, July 6, 2009, http://www.state.gov/p/eur/rls/wh/125657.htm.

在的划分上，俄罗斯在2011年做出了确定。在此之前，俄罗斯不希望美国仓促撤军，担心美国和北约撒手不管，一走了之。这必将导致局势大乱，俄罗斯将不得不直接面对阿富汗乱局。这对俄罗斯将是极为不利和困难的形势，俄罗斯的周边环境将恶化，中亚局势将更加复杂。因此，俄罗斯支持国际联军在阿富汗的驻扎。① 在2011年之后，俄罗斯开始明确表示国际联军应在2014年后完全从阿富汗撤出，更不必说美军。俄罗斯外长拉夫罗夫在2011年伯恩阿富汗国际大会上表示：“国际安全援助部队是由联合国安理会授权进入阿富汗的，它也应当在完成任务后撤出。以其他形式继续在阿富汗和它的邻国保持外国军事存在的想法是非建设性的。”②

对俄罗斯来说，中亚是比阿富汗更敏感的地区。在这一地区，俄坚持不懈地要把美国军事存在逐出。在2005年11月汉纳巴德基地被迫关闭之后，美在中亚的军事基地只剩玛纳斯一处。俄罗斯一直试图也将这一基地关闭。2008年底，俄罗斯许诺向吉尔吉斯斯坦提供20亿美元贷款，此后不久，吉总统巴基耶夫在莫斯科宣布已做出关闭玛纳斯基地的决定。评论普遍认为，这两件事情有内在联系，关闭基地是贷款的条件。但是，巴基耶夫后来改变了主意，他又与美国达成协议，允许美国继续使用玛纳斯基地。这最终导致了俄罗斯抛弃巴基耶夫，也成为2010年巴基耶夫被推翻的伏笔。由此可见，俄罗斯在中亚坚决不允许美国军事存在扎根，并且不把美军事存在与阿富汗形势挂钩。

上海合作组织有关阿富汗问题的多数重大举措都是由俄罗斯倡议的，比如成立上海合作组织—阿富汗联络小组，举行阿富汗问题国际大

① 俄罗斯副外长博罗达夫金在2009年时说：“在当前条件下，国际安全援助部队是遏制恐怖威胁的力量。它的存在有利于阿富汗、该地区和国际安全。由此，俄罗斯准备继续给予它政治支持。”Интервью заместителя Министра иностранных дел России А. Н. Бородавкина агентству “Интерфакс” о содействии России в деле восстановления Афганистана, 25 марта 2009 года, http://www.mid.ru/ns-rasia.nsf/1083b7937ae580ae432569e7004199c2/432569d80021985fc3257585002b06f8?OpenDocument。

② Выступление Министра иностранных дел Российской Федерации С. В. Лаврова на Международной конференции высокого уровня по Афганистану, Бонн, 5 декабря 2011 года, http://www.mid.ru/bdomp/brp_4.nsf/2fee282eb6df40e643256999005e6e8c/47fae13e90f579414425795d0052d2ba! OpenDocument.

会，建立针对阿富汗的禁毒安全带，制订上海合作组织与阿富汗打击恐怖主义、毒品走私和有组织犯罪的行动计划，等等。

俄罗斯不仅支持上海合作组织更多地关注阿富汗问题，而且主张它更多地介入阿富汗问题。在2010年3月上海合作组织阿富汗问题国际会议上，俄外长拉夫罗夫明确表示上海合作组织不能置身于集体努力之外，由此可见俄罗斯的态度。[①] 在美国和国际安全援助部队从阿富汗撤军的情况下，俄罗斯对阿富汗问题的关注更高，并推动上海合作组织做出主动性反应。俄罗斯认为，上海合作组织“应当准备阿富汗及其周边形势的各种可能，及时采取必要的应对措施。这是（上海合作组织）目前第一位的任务。”[②]

## 二、上海合作组织的阿富汗政策的演变

上海合作组织在阿富汗问题上有一以贯之的基本原则，不过在具体政策上也有阶段性的演变。需要说明，在1997年之前，“上海五国”——也即上海合作组织的前身——是以边界安全问题为基本议题，并未涉足其他议题。它转入地区安全和经济合作是从1998年才开始的。因此，1998年应是它登上地区舞台的真正开始。

上海合作组织的阿富汗政策不是以某一个特定文件表达出来的，而是反映在它的大量政治活动和重要文件中。尽管上海合作组织的阿富汗政策有一以贯之的基本精神，但也可分为有所差别的不同时期。以其特征而言，“9·11”事件之前可为第一个阶段，“9·11”事件至2005年为第二个阶段，2005年至今为第三个阶段。

“9·11”事件之前阶段是从1996年“上海五国”形成到2001年9月。上海合作组织2001年6月才成立，在此之前当然不可能有上海合作组织的阿富汗政策。不过，“上海五国”是上海合作组织的前身，上

① Стенограмма выступления Министра иностранных дел России С. В. Лаврова на открытии специальной конференции по Афганистану под эгидой ШОС, Москва, 27 марта 2009 года, http://www.mid.ru/brp_ 4.nsf/0/B718BA819FB38EF0C325758600366BE1.

② Леонид Моисеев: “На ШОС в мире возлагаются большие надежды” 23.05.2011, http://www.infoshos.ru/ru/?idn=8246.

海合作组织与它在阿富汗问题上的立场一脉相承，因此将其作为一个阶段也是合理的，为方便起见，统以上海合作组织的阿富汗政策称之。

在“9·11”事件之前，阿富汗是塔利班掌权，推行极端宗教主义政策，支持恐怖主义。上海合作组织各国均为阿富汗的邻国和近邻，处于阿富汗恐怖主义外溢首当其冲的位置。这一时期，上海合作组织对阿富汗局势极为忧虑和关切，在它历次的重要公报或声明中，都清楚地表示了这一点。1998年7月，“上海五国”外长在联合声明中对阿富汗的紧张局势表示“不安”。1999年8月，中、俄、哈、吉、塔五国元首在联合声明中表示对阿富汗形势“深表忧虑”。2000年3月，五国国防部长对阿富汗局势表示“严重关切”。可以感到，“上海五国”对阿富汗局势有切肤之痛，其忧虑的程度也是越来越重。

但“上海五国”没有直接介入阿富汗内部争端，它也不具备主动解决阿富汗问题的能力，联合防御是它这个时期的安全选择。对于阿富汗的内部争端，上海合作组织不支持或反对任何一方。它认为国内和解是解决阿富汗问题的基本途径，主张各集团进行政治谈判，照顾到各利益阶层的利益，实现国内和平。它反对用军事手段解决阿富汗问题，认为军事途径不可能解决问题。考虑到当时是塔利班掌权，拥有最强大的军事力量，而代表阿富汗乌兹别克族、塔吉克族和其他一些族群利益的派别在政治上受到驱逐，在军事上处于劣势，因此“上海五国”的这种立场对它们是更有利的，也更易于为它们所接受。

“上海五国”支持国际社会参与解决阿富汗问题，但主张应以联合国为中心，联合国应在解决阿富汗问题中发挥主导组织作用。“上海五国”赞成解决阿富汗问题的“6+2”模式。这个模式是以阿富汗的6个邻国加上俄罗斯和美国作为框架和平台，帮助解决阿富汗问题。阿富汗的6个邻国分别是中国、塔吉克斯坦、乌兹别克斯坦、土库曼斯坦、伊朗和巴基斯坦。

还需要指出的是，“上海五国”明确提出：“反对任何外部势力利用阿富汗及其领土从事危害本地区安全的活动。”这里的“外部势力”是否有所指，它指的是谁，是国家还是组织，“上海五国”是指哪些可能危害地区安全的活动，对所有这些问题并没有具体说明。可以用排除法做一个推测，阿富汗周边邻国都可以排除在外，欧洲、日本也应在排除之列，作为国家来说那剩下的就只有美国。不过，美国虽然曾与塔利班有染，但这时关系已经变坏，美国即使想利用阿富汗及其领土也是很难的。这样一来，就剩下两种可能：一种可能是泛指，没有特定含义；另一种可能是指国际恐怖主义势力，具体说是“基地”组织。这应是一种合理的理解。

以“9·11”事件为标志，上海合作组织的阿富汗政策进入到另一个阶段。“9·11”事件使阿富汗形势根本改观，上海合作组织面临着完全不同的局面。这个时期，它需要回答的主要是三个问题：第一个问题是对阿富汗战争的立场；第二个问题是与阿富汗新政府的关系；第三个问题是关于阿富汗重建的原则。这三个问题中的第一个最快得到了确定，第二个和第三个问题也很快有了回答。2002 年 1 月，上海合作组织外长发表联合声明，全面和详细地阐述了对阿富汗问题的看法、主张和政策，其要点包括：明确将塔利班列为支持恐怖主义的组织，赞成推翻塔利班政权；支持阿富汗临时政府，准备与阿富汗权力机构展开合作对话；主张阿富汗为中立国家，反对把阿富汗纳入某一势力范围；由阿富汗人民自己选择政治模式和发展道路，反对外部把自己的政治模式强加于阿富汗；国际安全援助部队需按联合国授权行事并得到阿富汗合法政权同意；向阿富汗提供人道主义援助；在联合国主导下开展阿富汗重建的国际合作，等等。概括地看，这一时期上海合作组织阿富汗政策的基本要点是支持打击塔利班；与阿富汗新政府合作，向其提供援助；主张阿富汗国家的独立自主，反对将阿富汗纳入任何国家的势力范围。

应该说，在推翻塔利班后，各国普遍有认为塔利班问题已基本解决的看法，对阿富汗的前途有比较乐观的期待。但形势的发展超出预料，阿富汗国内没有稳定下来，经济恢复缓慢，国家重建困难重重。这种形势显然与刚刚推翻塔利班后的情况很不相同，它的核心问题已经发生了某种转移。

上海合作组织阿富汗政策的第三个阶段开始于 2004 年。这一时期的特点是上海合作组织建立了与阿富汗的直接联系，它在阿富汗问题上显示出更大程度的主动性。2004 年 6 月，阿富汗过渡政府总统卡尔扎伊作为客人首次参加上海合作组织峰会，这是上海合作组织加强与阿富汗联系的表现。也是在这次峰会上，决定建立上海合作组织—阿富汗联络组。从2006年开始，阿富汗总统作为客人出席了历次上海合作组织峰会。

2005年7月上海合作组织阿斯塔纳峰会发表声明，提出国际联军应制定在上海合作组织成员国驻军的最后期限。这一声明在国际上特别是在美国引起了重大反响，它被认为是上海合作组织在俄中操作下试图把美国军事基地从中亚赶走。事实上，反对美军在中亚长期存在是俄中的一贯立场，因此阿斯塔纳声明不表明它们突然改变了政策。上海合作组织表示，它将继续支持国际联盟在阿富汗的反恐行动，提出美国从中亚撤军是因为阿富汗大规模反恐军事行动已告一段落，阿富汗国内局势发生了积极变化，因此美国没有必要继续保持军事基地。

2005年11月，上海合作组织代表在联大阿富汗问题会议上发言，对上海合作组织的主张做了阐述。它包括三方面的内容：其一，促进政治稳定和经济发展，实现民族和解，建立一个没有恐怖、战争、毒品和贫穷的稳定的阿富汗；其二，阿富汗与周边国家睦邻友好，创造友善合作的周边环境；其三，在联合国的主导下进行国际支持和援助，尊重阿富汗的主权，保证它的统一，不干涉其内政，国际反恐联盟的行动须按联合国的授权并经阿富汗政府同意。[①] 可以感到，上海合作组织在阿富汗问题上的政策重心有所调整，更加注重其国内政治经济问题和民族和解，没有强调阿富汗的中立，代之以希望阿富汗与周边国家的睦邻友好。同时，坚持阿富汗的主权和联合国主导的原则。

上海合作组织—阿富汗联络组议定书也在2005年11月签署。联络组不设专门人员，它由上海合作组织秘书处及其各成员国代表和阿富汗政府代表组成，阿富汗政府的代表由其驻中国大使馆官员充任。联络组的主要职能是“为在共同感兴趣的问题上开展合作提出建议”，它等于是一个机制性的联系渠道，使上海合作组织与阿富汗可以经常和随时进行磋商。阿富汗是唯一与上海合作组织有这种形式的联系机制的国家，这反映了阿富汗的特别地位，也反映了上海合作组织更富主动性的阿富汗政策。所谓更富主动性，就是更主动地接触，更积极地参与。在参与

---

① 张义山大使代表上合在第60届联大审议阿富汗问题时的发言，2005/11/29。http：//www. china - un. org/chn/ldhy/yw/ld60/t223885. htm。

的形式上，从站在外部开始进入内部；在安全指导思想上，转向更加积极。上海合作组织阿富汗政策的这一调整反映了它有意扮演更大的角色，也反映了它对阿富汗在本地区各种关系中的独特作用更为看重。随着上海合作组织对阿富汗问题越来越关注，它对联络组机制的重视也越来越高。2007 年上海合作组织峰会讨论了挖掘在阿富汗问题上潜在可能性的问题，提出要首先利用上海合作组织—阿富汗联络组机制，2008 年进一步提出要加强上海合作组织—阿富汗联络组的工作。

从 2008 年开始，不管在上海合作组织成员国中，还是在其学术界中，希望上海合作组织在阿富汗问题上发挥更大作用的呼声越来越多，这在俄罗斯和中亚国家更为明显。在这个背景下，阿富汗议题在上海合作组织的议事日程中出现明显的加强倾向。2008 年 8 月上海合作组织杜尚别峰会提出要加强上海合作组织—阿富汗联络组的工作，决定筹备召开阿富汗问题特别国际会议，并建议安理会授权国际安全援助部队在阿富汗打击毒品生产和走私。2008 年 10 月，上海合作组织成员国和阿富汗代表会议在北京举行，就阿富汗形势交换了看法。2009 年 1 月，上海合作组织成员国就阿富汗问题举行了副外长级磋商。2009 年 3 月，上海合作组织阿富汗问题特别会议在莫斯科举行。除了上海合作组织成员国和观察员国代表之外，阿富汗、土库曼斯坦、土耳其、美国、英国、法国、德国、意大利、加拿大、日本的代表，还有联合国秘书长潘基文，以及独联体、集体安全条约组织、欧盟、北约、欧安组织、伊斯兰会议组织、亚信组织的代表参加了会议，可谓是一次具有广泛代表性的国际会议，这在上海合作组织的历史上也是第一次。这次国际会议的召开表明上海合作组织开始欲在阿富汗问题上扮演更重要的国际角色。它认为上海合作组织“不仅是就阿富汗问题开展广泛对话的适宜论坛之一，也是阿富汗与邻国加强务实合作、打击恐怖主义、贩毒和有组织犯罪的有前景的多边渠道”。①

上海合作组织与阿富汗的合作也从宣言到行动。2009 年 3 月，上海合作组织与阿富汗政府签署了《上海合作组织成员国和阿富汗伊斯兰共和国打击恐怖主义、毒品走私和有组织犯罪行动计划》。这一计划规定

① 《上海合作组织阿富汗问题特别会议宣言》，2009 年 3 月 27 日，莫斯科。

了上海合作组织和阿富汗具体的合作行动和方式。在禁毒领域，双方将进行情报交流，实施联合行动，合作实施监管，打击毒品交易和洗钱，实施培训项目，主管部门建立交流机制，建立“禁毒和金融安全带”等；在反恐领域，双方的合作包括边防监管，对恐怖威胁采取联合行动，在获取恐怖组织情报上相互协作，相互提供涉恐人员名单，相互协助缉捕和移送恐怖分子，切断恐怖组织的融资来源和渠道等；在打击有组织犯罪方面，将联合打击非法贩卖武器，进行情报交流，研究开展打击跨境有组织犯罪的联合行动及其机制化等。

面对阿富汗面临的转折，上海合作组织也再次确定了它的基本立场。大致可概括为：上海合作组织认为阿富汗仍是本地区安全稳定的严重威胁；在阿富汗问题上，上海合作组织将继续与国际社会合作；上海合作组织认为单纯依靠军事手段不能解决阿富汗问题，它认为问题之根本首先在于阿富汗的社会经济问题，因此，须把重点首先放到解决社会问题上，包括交通和基础设施建设。这里，上海合作组织没有说与塔利班和解是根本出路；上海合作组织依然把帮助阿富汗的经济重建作为它的主要参与方式，它支持各成员国在这方面的双边或多边合作；在政治上，对于2014年后将进入新时期的阿富汗，上海合作组织对它的希望是“独立、中立、和平、繁荣的国家”。①

2011年6月，阿富汗政府向上海合作组织提出了成为观察员国的申请。阿富汗从上海合作组织成立后的初期即参与其活动，阿富汗国家和政府领导人也一直参加上海合作组织的元首峰会和总理峰会，但从未提出过参加上海合作组织的问题。2008年，阿富汗外长斯潘塔还曾在莫斯科说过，阿富汗还没有成为上海合作组织观察员的打算。② 阿富汗在参与上海合作组织活动近10年之后提出成为观察员的申请，应该说不是简单和偶然的举动。从阿富汗来说，这与它为2014年后所做的准备不无关系，显示了它加强与本地区组织关系的愿望，也反映了它对上海合作组织的期望。阿富汗驻俄罗斯大使的讲话表明了这一点。就阿富汗申请成为上海合作组织观察员，他解释说：“我们抱着乐观和极大的兴

---

① 《上海合作组织成员国元首签署阿斯塔纳宣言》和《上海合作组织十周年成员国元首理事会会议新闻公报》，2011年6月15日。

② http：//rusnews. cn/guojiyaowen/guoji_ sco/20080526/42155555. html.

趣注视着上海合作组织的活动。我们相信上海合作组织有极大潜力，它有使我们的地区在经济上更强大和更安全的能力。”[①] 对上海合作组织来说，把阿富汗纳入上海合作组织机制内，阿富汗和阿富汗问题也将从上海合作组织的“外部事务”变为“内部事务”，上海合作组织也将直接进入到阿富汗问题中。

随着2014年的临近，阿富汗将进入一个新时期，上海合作组织的阿富汗政策也会进行新的调整。总的趋势是，上海合作组织与阿富汗的联系会更密切，它对阿富汗问题会更加关注，它在阿富汗问题中的地位和作用会继续提高。

① Азизулла Карзай：《Россия остается великой державой и нашим близким соседом》28. 11. 2011，http：//afghanistan. ru/doc/21445. html.

# 第十章　上海合作组织的可能性和限度

可能性和限度是两个对立的概念。不过，它们之间有密切的内在联系。在一定意义上，它们有相同的含义，可能性是限度的内容，限度是可能性的界限。可能性和限度都不是绝对的，它们是相对于特定时期和条件而言。随着时间和条件的变化，可能性和限度会发生改变。在某些条件下，可能性可能增大，限度减小；或者反过来，限度增大，可能性减小。

如同所有地区组织一样，上海合作组织也有其可能性和限度。客观地认识上海合作组织的可能性和限度是十分必要的，这是上海合作组织政治和功能定位的基础。唯有建立在准确认识之上的定位才是合理的，唯有合理的定位才是可行的。超出可能性的定位脱离实际，结果将是欲速则不达。过低的定位则不能发挥其具有的潜力，限制了它应有的功能。对于政策和策略的制定也是一样，唯有认识到其可能性和限度，才能制定恰当的发展战略和策略，反之则将是闭门造车。上海合作组织的可能性和限度不是固定不变，这里所述是相对于现发展阶段、并根据过去的经验而言。

## 一、上海合作组织政治地理空间的可能性和限度

政治地理空间是指政治活动的地理区域，用简单的话说，就是上海合作组织是哪个地区的组织。政治地理空间与单纯的地理空间有所不同，政治地理空间是以“政治”为限定的地理空间，它与该组织所占

据的地理空间不一定完全相等，它可大于或小于其地理空间。政治地理空间的可能性和限度则是指其可到达的边界。

上海合作组织有六个成员国，分别是中国、俄罗斯、哈萨克斯坦、吉尔吉斯斯坦、塔吉克斯坦、乌兹别克斯坦；四个观察员国，即蒙古、印度、巴基斯坦、伊朗；两个对话伙伴，为白俄罗斯和斯里兰卡。就成员国所占据的自然空间而言，它囊括了几乎整个欧亚大陆。如果把观察员国包括在内，它的自然空间又扩大到西亚和南亚大陆。显然，上海合作组织的政治活动并未达到这么广阔的范围。

从上海合作组织的实际活动看，它的政治地理空间不仅没有外展到观察员国的范围，而且也小于成员国的范围。虽然，通过建立观察员机制，上海合作组织的政治影响扩散到这些国家，但它们尚不是上海合作组织的基本区域。观察员国参与到了上海合作组织的议题中，而它们并不是上海合作组织的议题。

中国和俄罗斯是上海合作组织的重要成员，但在政治地理上，无论中国还是俄罗斯都不是它的中心。中俄在上海合作组织中的利益主要是与中亚有关，两国在上海合作组织首先是为了解决与中亚有关的问题，它们所寻求的是本国与中亚有关的政治、安全和经济利益。就政治而言，中国努力扩大在中亚的存在，俄罗斯极力保持在中亚的影响。就安全来说，中国的安全关注是与中亚相连的新疆，俄罗斯的安全关注是与中亚接近的高加索地区。而在经济上，中国重视中亚的能源和交通潜能，俄罗斯力图与中亚重新一体化。可以说，中俄在上海合作组织的政治、安全、经济关切都是以中亚为中心。对两国来说，上海合作组织首先是处理中亚事务的平台，其他功能基本是衍生的，或是在这一基础上发展起来的。

那么，上海合作组织的政治地理区域是在哪里呢？作者认为是中亚及其周边地区。这是因为：上海合作组织是以中亚为基本议题，它的政治活动是围绕着中亚展开，它的目标取向是解决与中亚有关的问题。稍加观察即可看到，上海合作组织的安全合作是以中亚为主战场，上海合作组织的经济合作是以中亚为基本区域，上海合作组织的能源合作是以开发中亚能源为重点，上海合作组织的交通合作是以中亚为主轴。显然，中亚是上海合作组织活动的地理依托。

因此，虽然上海合作组织以“上海”命名，虽然它的秘书处设在北京，虽然中国和俄罗斯起着关键作用，虽然上海合作组织的许多重要活动是在中国和俄罗斯举行，但中亚及其周边才是它基本的政治地理区域。

有看法把上海合作组织视为欧亚组织，特别是俄罗斯学术界常用这一概念。这一看法有其道理。从地理上说，上海合作组织横跨欧亚大陆，把它看作是欧亚组织有合理性。不过，从政治地理定位的角度，如果做仔细推敲的话，这一定位是值得商讨的。欧亚的概念可以有不同的含义，它可以指欧洲和亚洲，如欧亚对话就是欧洲国家和亚洲国家的对话。但一般所说的欧亚是指欧洲和亚洲之间这块广大的地区，它既不是欧洲也不是亚洲，是一个独立的地区，有独立的政治文明。在现代政治中，欧亚地区常常是指原苏联地区。把上海合作组织看作是欧亚组织的理由是它包括了中俄这两个大国，占据着广大的欧亚大陆。不过，如果仔细分析，可以看出这一定位在概念上有含混之处。它在构成上使用的应是欧亚概念的前一种含义，即指欧洲和亚洲。但上海合作组织不能说是一个欧洲和亚洲国家的组织，俄罗斯不能作为欧洲国家的政治代表。如果以欧亚概念的后一种含义说，那中国也不是欧亚国家，而是亚洲国家。而从政治使命来说，如果把上海合作组织定位于欧亚组织，那它应以解决欧亚重大问题为使命。根据欧亚概念的两种含义，这或是以解决欧洲和亚洲的关系为中心，或是以解决原苏联地区的重大问题为己任。显然，这两种使命都不适合上海合作组织。上海合作组织不应成为“东方”和“西方”对立的翻版，它也不可能把解决原苏联地区问题作为目标。虽然中亚是在欧亚之内，但“欧亚”和“中亚”还是不同，它们代表着十分不同的议题。欧亚组织应是以探讨“欧亚”议题为使命，中亚组织则是以解决“中亚”问题为目标。上海合作组织虽然横跨欧亚大陆，从纯粹的自然地理上也可说它是一个欧亚地区组织，但在政治地理上，它不是欧亚地区组织，或说不完全是。从国际实践看，一些大国参与地区组织，并不一定使其政治活动推进到该国。如美国参与一些地区组织的活动，但这些活动不会扩展到美国。一些地区组织，在其范围之外发挥作用，并不一定表明它成为这一地区的组织。像欧盟和北约的活动都扩大到了其他地区，包括中亚，但这并不意味着它成为这一地区的组织。上海合作组织有类似的情形。上海合作组织的中心议题不是“欧亚”，它的政治抱负不是解决“欧亚”问题，它的功能设置不是以“欧亚”为导向。中国和俄罗斯参与上海合作组织，也不意味着它将承担中俄的“欧亚”战略使命。上海合作组织确有超出中亚的影响，包括地缘政治和“欧亚”影响，不过这应解释为它所产生的效应，不一定表明它是欧亚组织。未来，如果上海合作组织继续发展，它的影响和能力大大增强，它开始承担起解决欧亚地区重大地缘政治问题的使命，那时，它才可能成为名符其实的欧亚组织。俄罗斯科学院远东研究所第一副所长卢嘉宁认为，上海合作组织的中亚定位和欧亚定位不相矛盾，中亚定位是它现在的状态，欧亚定位是它未来扩大和发展带来的可能。这一解释是比较客观的。[①]

在政治地理上，上海合作组织应保持稳定还是向外扩展？这首先取决于上海合作组织的自身状况。如果上海合作组织停滞不前，则这个问题根本不会被提出。如果它持续发展，它的地理政治空间也会扩展。在这种情况下，又将出现这样一个问题：它应向什么方向发展？可能的方向有三个：一是欧亚；二是亚太；三是西南亚。当然，从理论上说，它也可同时向这些方向发展。

向欧亚扩展不是上海合作组织的主要方向，即使欧亚是指原苏联地区，它的空间也不大，只有在原苏联地区的亚洲部分存在可能。而在原苏联地区的欧洲方向，俄罗斯已是上海合作组织所可以达到的极限，再继续向前是白俄罗斯和乌克兰，上海合作组织的政治活动扩展到这些国家是没有意义的。俄罗斯对上海合作组织向亚太方向发展有越来越大的兴趣，俄罗斯总统上海合作组织代表巴尔斯基提出了上海合作组织的“东进”战略，他主张上海合作组织应该向东发展，成为亚太大家庭的一员。为此，首先应着重发展与东盟的关系，以此作为进入亚太大家庭的门径。[②] 俄罗斯外长拉夫罗夫也指出，上海合作组织

---

① Сергей Лузянин, Стратегия развития ШОС и политика России в этой организации. Институт Дальнего Востока РАН. 2012. С. 7.

② Кирилл Барский, Партне рство: необходимость и возможности, 24. 02. 2012, http://journal-neo. com/? q=ru/node/13515&subscribe=1.

可以作为亚太安全的一个支点。[①] 应该说，上海合作组织可以向东发展，可以尝试与东盟建立更密切的关系，也可以参与亚太地区的安全建构，但这属于它的对外关系的发展范畴，是上海合作组织与其他机制的关系问题，它对上海合作组织的发展是一个重要的外生变量。而从增加上海合作组织发展的内生变量来说，最有潜力的方向应是西南亚，包括阿富汗、南亚、西亚。西南亚方向之所以是最可能的选择，是因为它与中亚在地理上直接相连，政治上没有鸿沟，安全上有共同议题，经济上有结构性需求。应该说明，这里所说的向西南亚方向的扩展是以中亚为中心的西南周边，不是把整个西南亚都纳入进来，它也是以“中亚”议题为中心，不是把西南亚的议题都纳入进来。可以这样说，从中长远角度，上海合作组织的立身之地应是大中亚，也就是中亚和它的周边地区。这是它最合理、最现实的政治地理区域。

## 二、上海合作组织成员的可能性和限度

上海合作组织的扩大十分引人关注。至少从 2007 年开始，上海合作组织就已开始酝酿制定接收新成员的标准，[②] 媒体也对上海合作组织的扩大有诸多评论和预测。[③] 但迄今为止，上海合作组织尚没有接收过新成员。以往通常解释说，上海合作组织不能扩大是因为没有标准和程序。2010 年，上海合作组织塔什干峰会通过了《上海合作组织接收新成员条例》，它解决了标准和程序的问题。这一文件的签署有重要意义，按乌兹别克斯坦总统卡里莫夫的话说，“这等于是打开了接受新成员国

① Выступление и ответы Министра иностранных дел России С. В. Лаврова на вопросы СМИ на пресс - конференции по итогам деятельности российской дипломатии в 2010 году. Москва, 13 января 2011 года. , http: //www. mid. ru/brp_4. nsf/0/02105390C32B1239C3257819003FF6A3.

② 上海合作组织秘书长努尔加利耶夫接受塔斯社及哈萨克斯坦国家电视台联合采访。2007. 1. 17，http: //www. sectsco. org/html/01188. html。

③ 2007 年上海合作组织比什凯克峰会前夕，俄《独立报》已预测上海合作组织将在当年扩大。Виктория Панфилова, ШОС начнет расширяться в Бишкеке. 21. 03. 2007, http: //www. ng. ru/cis/2007 - 03 - 21/6_ bishkek. html。

和扩大的大门”。①

实际上，上海合作组织的扩大关键在于政治，标准和程序不是问题的关键。具体来说，上海合作组织的扩大取决于两点：一是它在扩大问题上是否形成共识，是否各国都认为需要进行扩大；二是各成员国对候选国是否达成一致，都同意接受某一候选国加入。就第一点来说，接收新成员条例的制定表明，上海合作组织达成了基本共识，准备讨论接收新成员，虽然有的成员国较为谨慎，有的较为积极。就第二点来说，在新成员问题上，上海合作组织虽然还未曾正式讨论，但各成员国都有自己的想法，要达成一致并不容易。

笔者认为，上海合作组织的扩大应参照四个原则：其一是地域原则；其二是政治原则；其三是效率原则；其四是主题原则。

地域原则是指新成员应是中亚周边国家。地域原则在上海合作组织存在着共识，上海合作组织是地区组织，它的成员构成应是某一特定地区的国家，它的扩大也应在某一特定地区的范围内。在这一基本原则上，成员国没有分歧。但是，对于这一“特定地区”应有清楚的界定。按照作者的看法，这一特定地区应表述为中亚和周边国家，而不能是上海合作组织的周边国家。这就是说，新成员只应来自中亚和中亚周边国家。如果不是这样，上海合作组织的扩大将散无边际，失去地区组织的特性。中国和俄罗斯都是上海合作组织国家，它们的邻国包括欧洲国家，包括美洲国家，也包括东南亚国家，显然上海合作组织不应该向这些方向扩大。

政治原则是指新成员应承认上海合作组织宪章，接受它的基本政治理念和原则，遵守它的规章和制度。不过，现在的情况与上海合作组织的初期已有很大不同，新成员与老成员不能再适用于同一标准。因此，不一定要求新成员加入上海合作组织所有的政治和安全条约，也不应把这作为加入上海合作组织的必须条件。例如，上海合作组织是从边界安全问题发展起来的，新成员与这些相关的条约没有关系。再比如《长期

① 乌兹别克斯坦总统卡里莫夫语。Выступление Президента Республики Узбекистан Ислама Каримова на заседании Совета глав государств ШОС в расширенном составе. 11 июня 2010 г., http://www.jahonnews.uz/rus/rubriki/politika/wystupleniye_ prezidenta_ respublyky_ uzbekystan_ islama_ karimova.mgr.

睦邻友好合作条约》，也不一定适用于所有新成员。新成员国间已长期存在的民族、边界等纠纷也不一定是加入上海合作组织不可逾越的障碍。这些问题在老成员国间也不是完全没有。事实上，边界和领土等纠纷在许多国家都存在，难以彻底解决，特别是在亚洲，完全没有这些问题的国家并不多。

效率原则是指新成员的加入不应给上海合作组织带来重大矛盾，不应影响上海合作组织的内部团结，不应结构性地降低上海合作组织的工作效率。简单说，扩大应有利于上海合作组织的发展，而不是有害于其发展。上海合作组织在政治上平等，不管大国小国都有平等的“一票”。根据上海合作组织宪章，它的决策原则是：“给予以不举行投票的协商方式通过，如在协商过程中无任一成员国反对（协商一致），决议被视为通过。”[①] 这就是说，每个成员国都有事实上的否决权。按照一般的规律，成员国越多，形成一致的难度就越大。因此，新成员的增加不可能不对决策效率产生一定负面影响。这里应避免的是不产生“结构性的”负面影响，即新成员不带来结构性的冲突关系，不会导致出现常态的、固定的对立。应该指出的是，效率原则在实践中是很难把握的，因为它主要体现为动态的过程。从静态的角度，可以比较容易地对效率原则做出评估，比如说主体越多，达成一致的概率就越小。但这只是就概率而言，并不表明效率的实际降低。这实际上也不能成为不扩大的充分理由。效率的实际降低与否主要是在动态的过程中，表现在各主体的具体政策和态度中，即它们的政策是一致还是冲突，而预知各主体在每一具体问题上将采取什么具体政策显然是不可能的，因而也难以预先认定某一新成员国的加入是否符合效率原则。

最后是主题原则。这是指新成员国的加入不应改变上海合作组织的基本主题，并且新成员国应能融入上海合作组织的主题。上海合作组织在安全、经济、人文领域已经形成了自己的主题，这体现着它的工作重心、发展方向和预期目标，扩大不应导致它们的改变。如果主题发生改变，也意味着上述这些方面都将随之改变，这将给上海合作组织带来严重问题。当然，上海合作组织的主题可以扩大，也会随着它的发展而发

① 《上海合作组织宪章》（2002 年 6 月 7 日）第 16 条。

展，但这应以它的意愿和需要为基础，应是一个自然的过程，而不是被动地被打乱。新成员国可以丰富上海合作组织的议题，扩展它的框架，但从根本上说是它们加入到上海合作组织原有的架构中，而不应是解构或取代它。

参照以上四个原则，可对上海合作组织可能的新成员做一个勾勒。

从地域原则的视野，中亚周边国家有土库曼斯坦（本身即是中亚国家）、蒙古、印度、巴基斯坦、阿富汗、伊朗、土耳其、阿塞拜疆、格鲁吉亚、亚美尼亚等。不过，因不同原因，其中多数国家在当前阶段不太可能加入上海合作组织。

土库曼斯坦和蒙古在最大程度上符合上述四项参照，但土库曼斯坦追求中立外交路线，蒙古更多是面向东北亚，它们都未提出过加入上海合作组织的申请，也没表现出希望加入的强烈愿望。不过，这两个国家具有加入上海合作组织的最有利条件，只要它们提出，上海合作组织就有极大的可能接受它们。

阿富汗也是最接近前述四项参照的国家。从长远来看，阿富汗应是上海合作组织扩大的天然候选，但目前阿富汗仍处于战乱之中，前景不明，并且美国和西方对其有主导影响。虽然阿富汗与上海合作组织保持着密切联系，并一直参与上海合作组织的活动，但在一段时期内不太可能成为上海合作组织的正式成员。不过，它完全可以成为上海合作组织的观察员。

伊朗积极要求加入上海合作组织，并提出过正式申请。伊朗在上海合作组织中的主要支持者是塔吉克斯坦。塔吉克斯坦与伊朗皆属伊朗语系，两国保持着密切交往，伊朗还是塔吉克斯坦重要的援助国。作为回报，塔吉克斯坦也为愿伊朗加入上海合作组织出一把力。[①] 不过，俄罗斯已经表示，处于联合国制裁下的国家不能加入上海合作组织。[②] 这意

① 据报道，塔吉克斯坦总统拉赫蒙曾致信上海合作组织成员国首脑，希望上海合作组织接受伊朗为成员国。Tajikistan urges SCO to enroll Iran. 12. 06. 2008，http：//www. inform. kz/eng/article/2165654。

② 俄罗斯总统梅德韦杰夫在2010年6月上海合作组织峰会后答记者，Дмитрий Медведев ответил на вопросы российских журналистов. 11 июня 2010 года，Ташкент，http：//www. kremlin. ru/news/8021。

味着至少在联合国制裁取消之前，伊朗没有加入上海合作组织的可能。而更重要的问题是伊朗特立独行的政治角色和它与美国的紧张关系。如果伊朗加入上海合作组织，也必将把这一问题带入进来。上海合作组织在国际政治中的色彩有可能为之一变，美国与上海合作组织的关系将可能出现对立。上海合作组织没有必要过于在意美国的反应，也不必把自己的发展置于取决于他人的地位，但伊朗问题确实有很大的复杂性，上海合作组织对伊朗的加入会十分慎重。

土耳其因语言文化和宗教的关系，对中亚一直充满兴趣。它与中亚国家关系密切，并在中亚有较大影响。土耳其在地域和主题上与上海合作组织有接近之处。但土耳其是北约成员，又在努力加入欧盟，上海合作组织与土耳其建立某种联系有合理性，如对话伙伴，但现在看不到土耳其成为上海合作组织成员国的可能性。

阿塞拜疆、格鲁吉亚、亚美尼亚地处高加索，虽然与中亚邻近，但现阶段还不是上海合作组织的发展方向，这些国家也没有向上海合作组织靠近的意图。

最后是印度和巴基斯坦。在土库曼斯坦和蒙古之后，这两个国家是最可能的候选国。

或是出于自尊心，或是由于其他考虑，印度没有正式提出过加入上海合作组织。不过，加入上海合作组织有利于印度全面介入中亚，由此推断，如果上海合作组织不反对，印度可能会愿意加入。而且，印度在上海合作组织中有强大的支持者，俄罗斯在为印度积极奔走。从地域和政治角度，印度与上海合作组织基本契合，它与中亚毗邻，在政治上与上海合作组织的宗旨没有严重分歧。但从主题和效率角度，印度会带来很多问题。印度支持打击三股势力，也会热衷区域经济合作。但印度打击三股势力的矛头很可能会指向巴基斯坦。不管巴基斯坦是作为上海合作组织的观察员还是正式成员，这都将对上海合作组织的内部关系造成严重的问题。印度虽然会支持区域经济合作，也可做出独特的贡献，但它的兴趣是以南亚为中心，这会造成上海合作组织区域合作重心的分散和框架的过分拉大，有使上海合作组织主题分散化的可能。简而言之，由于印度的体量庞大，也由于南亚复杂的地区关系，它的加入虽可大大增加上海合作组织的分量，但给上海合作组织带来的风险也成正比上升。因此，在印度问题上，各成员国会有多种意见，上海合作组织对印度的加入需要仔细考虑和权衡。

巴基斯坦是最积极要求加入上海合作组织的国家。早在 2005 年巴基斯坦被接纳为观察员之时，巴总理阿齐兹就表示说，这只是第一步，巴基斯坦的最终目标是加入上海合作组织。[①] 此后巴基斯坦没有改变过这个目标。在 2009 年上海合作组织叶卡捷林堡峰会上，巴总统扎尔达里再次表示，希望成为上海合作组织的正式成员。[②] 过去，由于塔利班问题，巴基斯坦与俄罗斯和一些中亚国家关系不好。近年来，它们的关系得到改善。不过，巴基斯坦政局不稳，国内情况复杂，它与印度又存在着克什米尔问题等复杂关系，上海合作组织对巴基斯坦的加入也会十分谨慎。但是，如果上海合作组织准备接纳印度，那很可能也会同时接纳巴基斯坦。

## 三、上海合作组织的政治可能性和限度

上海合作组织的历史显示了它的政治能量和潜力，同时也显露了它的局限和限度。在谈到上海合作组织的可能性时，往往首先会说到它广大的空间，众多的人口，丰富的资源，巨大的市场。这是上海合作组织的“自然禀赋”，是它成为一个有分量的地区组织的物质条件。不过，一个地区组织更重要的可能性来自政治，来自各成员国对它的认同程度，来自上海合作组织表现出的实际功能，以及它的地区和国际认可度。

上海合作组织各成员国都奉行发展上海合作组织的长期政策。在过去这些年里，在国际和地区层面，以及在一些成员国内，曾发生过许多重大变化，但各成员国都没有改变对上海合作组织的基本政策。没有成员国离开上海合作组织，也没有成员国对它的前景表示怀疑。以吉尔吉斯斯坦为例，吉在 2005 年发生“郁金香革命”，2010 年发生政权骤变，

① Шаукат Азиз (премьер – министр): Пакистан хочет стать полноправным членом ШОС. 27. 10. 2005, http: //www. centrasia. ru/newsA. php? st = 1130402880.

② Пакистан хочет стать полноправным членом ШОС – президент. 16/06/2009, http: //www. newskaz. ru/politics/20090616/232308. html.

但它仍继续参加上海合作组织的活动。

上海合作组织已经证明它可为成员国带来利益，各成员国都在不同方面不同程度地获益，这说明上海合作组织符合各成员国和地区合作的需要。

上海合作组织的国际和地区认可度在提高，这不是表现在舆论的热烈关注上，而是表现在它的稳定和发展上。许多国家希望以不同方式进入上海合作组织，越来越多的国家和组织愿与上海合作组织合作，这都是上海合作组织的国际和地区认可度提高的证明。

但上海合作组织的限制性因素也同时存在：其一，各国的国情差异巨大，包括政治制度、意识形态、宗教文化。这与欧盟完全不同，与东盟有所相似，但比东盟更加突出。其二，上海合作组织各国有共同利益，但各国的具体需求有很大差异，导致政策和主张上的不同。其三，上海合作组织各国都实行多方位的外交政策。在中亚地区机制上，除中国外，其他成员国都不把“鸡蛋”放在上海合作组织这一个“篮子”里。其四，上海合作组织处在一个不稳定的地区，一些中亚成员国内处于不稳定状态，对上海合作组织的长期稳定形成威胁。其五，中亚国家在政治、经济、安全、社会的向度上虽仍有共性，但存在着分化的趋势，各国之间的差异在拉大。同时，一些中亚成员国间关系复杂，政治信任度不高，存在许多矛盾，其中边界、民族、水资源等矛盾最为严重，这制约着上海合作组织的政治融合度。

这些因素决定了上海合作组织的限度。从政治角度，可得出的结论是：上海合作组织难以成为紧密型的组织，任何这种高度的定位都不切实际。半紧密型是上海合作组织的适当模式。上海合作组织内部的政治基础是相互接受，而不是相互一致。相互接受和相互一致都可为合作的基础，但在深度和稳定性上，前者达不到后者的程度。由此，上海合作组织可争取地区代表的身份，但不能期望像欧盟那样紧密。上海合作组织成员虽有政治热情，但在主权让渡上有较大保留，特别是中亚国家，它们都是新独立国家，还处在对于主权和独立的敏感期，对超国家的联合有本能的谨慎。这使上海合作组织发表政治宣言容易，但行为能力不强。西方有评论认为上海合作组织仍是一个论坛，这不符合实际。不管从政治还是技术标准看，上海合作组织都已是一个组织。但它确实在行为能力上存在弱点。在国际政治层面，由于其半紧密型的性质，上海合作组织可作为一个政治力量发挥作用，但它主要是政治象征意义的，是表达一种政治态度和观点，不太可能是一种统一行动的力量。此外，由于地区和内部的潜在不稳定，上海合作组织缺乏稳定和长期的参照路标，这使它对本地区的长期设计往往意外受阻。

## 四、上海合作组织安全合作的可能性和限度

上海合作组织在安全合作上具有最大的可能性，也是其可能性实现最多的领域。这是因为安全问题普遍和大量存在，各成员国都对此感到担忧，有合作的现实需求。而且，许多安全问题不是孤立地存在，而是地区性问题，各国无法独立解决，需要地区性的合作。同时，安全合作不一定需要大量的经济投入，它没有突出的利益分配问题，获益多少不是严重问题，引起的矛盾和冲突较少。

事实上，上海合作组织首先是一个安全组织。在上海合作组织内，除了秘书处外，仅有的一个常设机构，即地区反恐机构。在过去的时间里，上海合作组织安全合作的质和量都大大发展。所谓质是指合作的深度，所谓量是指合作的范围。上海合作组织建立起了安全合作的法律框架，它体现在所通过的法律文件中，包括《打击恐怖主义、分裂主义和极端主义上海公约》、《上海合作组织反恐怖主义公约》、《上海合作组织成员国长期睦邻友好合作条约》。在这个基础上，上海合作组织成员国的司法、执法和国防部门开展着合作，包括举行联合军事演习。上海合作组织安全合作的范围也在扩大，从最初的边界安全、反恐、禁毒、打击跨国犯罪等向综合安全发展。现在，上海合作组织的目标是要“将本组织建设成为维护地区和平、稳定，促进地区繁荣的可靠保障。”①还应该指出，上海合作组织在阿富汗问题上有越来越积极的表现，这是更大范围的地区安全问题。

虽然上海合作组织在安全合作上有极大的可能性，但它主要是在非

① “上海合作组织成员国元首理事会第十次会议宣言”，2010 年 6 月 10—11 日，塔什干。

传统安全领域，而不是在传统安全领域。其合作范围的扩大基本是在非传统领域之内，而不是从非传统领域向传统领域扩展。这个事实可以表明：非传统安全是上海合作组织的可能性所在，传统安全是它的限度所在。这不是说上海合作组织没有正常的国防军事交流，也不是说它拒绝在这一领域的合作，事实上，上海合作组织也有意在国防军事合作领域有所发展。尽管如此，但就可能性和限度而言，非传统安全领域的潜力要远远大于传统安全领域。

非传统安全领域之所以是上海合作组织的可能性所在，首先是因为上海合作组织是以非传统安全为目标而建立的组织，它的安全合作也是以非传统安全为中心展开的。在过去这些年里，上海合作组织安全合作所针对的主要目标一直是三股势力、贩毒、非法走私武器和跨国犯罪等，这些都是典型的非传统安全问题。从上海合作组织的政治原则和理念来说，它也没有以传统安全模式来进行安全合作建构的意图。上海合作组织的宗旨规定着它不以其他国家为安全目标。它不准备建立军事集团，不会形成“东方的北约”，无意与北约或其他军事集团相抗衡。这些都是上海合作组织的原则，它明确地写在上海合作组织的宪章中。上海合作组织也没有成为军事集团的客观条件。上海合作组织没有敌对国，传统的军事安全对它不是严重威胁，它没有结成军事联盟以抵御外来威胁的需求。还应该看到，上海合作组织在非传统安全问题上有高度共识而较少矛盾，但一旦转入传统安全领域，情况就会复杂得多。成员国将会以不同于非传统安全问题的坐标来考虑问题，在对外目标上难以一致，相互关系中的问题会成为一些国家更关心的因素。所有这些因素，都限制着上海合作组织，使它在传统安全领域难以大有作为。上海合作组织可以进行正常的军事交流和国防合作，这种交流和合作也有继续发展的可能和必要。但欲进行深度的合作，则有很大的困难。上海合作组织没有共同的军事力量，没有传统的军事设施和部署，也没有动用联合军事力量的机制。从中近期看，上海合作组织不太可能突破这一限度。上海合作组织举行过多次联合军事演习，有的演习中动用了重型装备甚至战略武器，如战略轰炸机、大型水面战舰和潜艇。西方有看法认为其所使用的兵器超过了反恐的需要，因此它不是反恐演习，而是传统的大国军事演习，有着传统的地缘政治性质。这种解读有其理由。不过，上海合作组织的联合军演既是反恐军事演习，也是成员国间国防军事合作的一种形式，意在增强成员国在国防军事领域的相互理解，密切它们的关系，同时各国也有意通过联合军演进行练兵。上海合作组织的军事演习同时带有这两种意义，但反恐的目的无疑是主要方面。从上海合作组织已进行过的 9 次联合军演（到 2011 年为止）来看，使用战略武器的演习只有一次，即在“和平使命 - 2005”的演习中，这次演习实际上也是中俄双边演习，其他都是可用于反恐的战术武器，有的演习完全是警察性质的，是完全针对具体的反恐预想。

未来，上海合作组织安全合作最多的可能性仍是在非传统安全领域，在传统安全领域的正常合作也有机会，但不是主要的。非传统安全将是上海合作组织面临的长期问题，它已取代传统安全威胁成为最重要的安全问题。在这一领域中，上海合作组织有广阔的合作空间，也有很大的合作潜力。

## 五、上海合作组织经济合作的可能性和限度

上海合作组织经济合作的框架颇大，雄心颇高，项目颇多。2003 年，上海合作组织批准了《上海合作组织成员国多边经贸合作纲要》，它成为上海合作组织经贸合作的蓝图。纲要提出了三步走的发展规划。2004 年上海合作组织又批准了落实多边经贸合作纲要的措施计划。措施计划涉及了 11 个领域的合作，提出了 127 个项目。[①] 2005 年，上海合作组织成立了银行间合作联合体（银联体）和实业家委员会。

在上海合作组织的框架内，与经济合作有关的活动相当多。每年一度的总理会晤都是以经济合作为主题。其下还有许多政府部门之间的会晤机制，包括海关、经贸、交通、农业、科技等。在此之下，又有许多相应的专家工作机制。此外还有非官方的活动机制，如银联体和实业家委员会也定期举行活动。上海合作组织的经济合作涉及贸易、能源、交通、信息、金融、海关、电信、农业、科技、环保等等，范围十分广

① “上海合作组织总理会晤”，http：//news. xinhuanet. com/ziliao/2010 - 11/29/content_ 14246019. htm。2008 年上海合作组织重新修订多边经贸合作纲要落实措施计划。

泛，而且还可能继续扩展。

经济利益是天然的利益，它为各成员国所需要和重视，自上海合作组织成立之始，经济合作就是它的重要内容。上海合作组织的经济合作有很大的可能性。它的成员国在地理上相连和邻近，这为经济合作提供了巨大便利，交通方便，来往便捷。例如在中国和中亚之间，有两条铁路和数十条公路联系，今后还会增加更多，这为多层次的民间经济往来提供了便利。地理上的邻近还会产生大量的特别合作需求，例如交通网络建设、能源网络建设等。地理上的邻近还为区域经济合作提供了条件，它是区域经济合作的天然框架。上海合作组织成员国在经济结构上有明显的不同特点，从纯经济的角度说，它表现出很强的互补性结构，这也是可产生经济需求和可能的重大来源。上海合作组织国家还保持着良好的政治关系，这为经济合作提供了有利的政治条件。

上海合作组织的经济合作具有极大的可能性。经济合作是长久的需求，是根本性的利益，每个国家都孜孜以求。但是，也应该看到，上海合作组织的经济合作也存在许多限制性因素，它的限度也是显而易见的：

其一，虽然对经济合作都有兴趣，但各成员国对经济合作的设想不一样，它们眼中看到的是不同的图景。尤其是中俄之间，差异就更明显。中国希望看到未来的上海合作组织将是一个一体化经济区，在这个区域内，成员国最大程度地实现经济结构上的互补。但这不是俄罗斯希望看到的图景。它主张上海合作组织进行基础设施的项目建设，对成立能源俱乐部有很大热情，但不赞成上海合作组织自贸区或一体化。中亚成员国的想法又有所不同，它们希望的是从上海合作组织的经济合作中得到具体的实惠，取得项目，得到贷款，获得优惠，其中哈萨克斯坦的情况有所不同，它有石油收入，经济状况较好，它对上海合作组织的经济需求也较低。中亚国家对上海合作组织自贸区缺乏热情。

其二，成员国经济差异悬殊。中国经济体量巨大，且仍在强劲增长。在中国经济的庞大身躯面前，中亚成员国过于弱小，甚至俄罗斯也显得单薄。差异不一定是经济合作的障碍，在某些情况下，它可能是合作的有利条件。但在上海合作组织中，巨大差异造成了困难。它不是表现在经济上，而是表现在政治上。具体来说，中亚国家乃至俄罗斯担心受到中国经济的强烈冲击，成为中国经济的附庸。评论经常说上海合作组织是巨大市场，但很少说它是谁的市场。在中亚国家和俄罗斯看来，它更多的是中国的市场，而不是它们的市场。因此，它们对上海合作组织框架内的区域经济一体化不积极。

其三，上海合作组织成员国不仅在经济体量上有巨大差异，在经济理念和思维方式上也存在很大差别，这使它们用不同的逻辑看待问题，出现观念的冲突和话语体系的不联通，它们对同一事物往往会有不同的理解。相对来说，中国在经济上处于强势地位，它的开放性和外向性更高一些，它的思维更多依据经济理性的逻辑。俄罗斯和中亚国家在经济上处于弱势地位，又长期受"苏联式"思维的影响，心态较为保守，这使它们对对外合作有本能的担心。这种观念和思维方式的差异对上海合作组织的经济合作有很大影响，虽然这种影响是无形的。

还应该看到，在一些观念和思维的冲突中，俄罗斯和中亚国家的想法有其道理。例如，中国喜欢使用经济结构互补理论，从经济理性上说，这是一种很合理的理论。但俄罗斯和中亚国家的思想不同。在它们看来，按照这种逻辑，结果就是中国从俄罗斯和中亚获得油气、矿产和其他自然资源，而它们从中国得到日用、轻工和工业产品，因为中国的轻工业和工业发达，但缺乏能源和矿产资源，而俄罗斯和中亚拥有丰富的自然资源，但轻工业和制造业落后。事实上，俄罗斯和中亚国家对这种互补模式并不欢迎，它们希望的是优化不良的经济结构，而不是将其固化；它们要使自己的工业发展起来，而不是被代替。这种对结构互补逻辑的挑战该说是强有力的，它给出的启示是，虽然结构互补理论在经济上是有效的，但它不是绝对和万能的，它需在一定的条件下才能产生作用。具体来说，它需与其他的理论和逻辑共同构成一个系统，发挥其功效，补偿其弱点，这样它才是真正有效的。

其四，资金来源困难。上海合作组织经济合作的金融支持问题一直没有得到解决。有研究认为，上海合作组织在应对全球经济危机中有显著成效，特别表现在中俄向上海合作组织成员国承诺提供600亿美元的资金，这其中包括了中国向俄罗斯提供的用于换取石油的250亿美元，以及俄罗斯向欧亚经济共同体反危机基金提供的75亿美元，但把这算作上海合作组织的资金投入是很牵强的。经济合作需要大量和持续的投入，尤其是交通等重大项目的建设，需要的资金巨大，回报期可能会很长，没有稳定的资金支持难以开展。上海合作组织对这一问题有清楚的认识，并且很早就开始考虑这一问题。它的基本思路是形成上海合作组织的融资机制，并提出了成立上海合作组织发展银行。但迄今为止，上海合作组织发展银行仍未能建立起来，它的合作还停留在银联体的形式上。在过去这些年里，上海合作组织经济项目的资金都来源于中国的贷款。未来，即使上海合作组织银行能够成立，资金来源仍可能是大问题。除了中国外，有能力提供资金的成员国主要是俄罗斯和哈萨克斯坦。但俄罗斯是否愿意是未知数，哈萨克斯坦有一定能力，但远不及中国和俄罗斯，其他中亚成员国则几乎没有能力。

其五，一些成员国市场发育不足，经济活动环境不良，政府管理的效率不高，贪腐现象严重，缺乏正常的经济和法律秩序的条件。政治和社会的不稳定也是严重的问题。一些国家没有长期的发展规划，即使有也不能保证长期的实施，政府的短期行为比较突出，这也给上海合作组织的经济合作造成困难。

以上这些因素，造成了上海合作组织经济合作的困难，对上海合作组织的发展形成了制约。有必要再次指出，看到困难不是要放弃努力，而是要客观地认识问题，并选择最合适的解决问题的方式。

就上海合作组织的经济合作来说，不管存在什么困难，它都会继续发展，这一点没有疑问。但在中近期，它的发展也会有一定限度，这种限度主要表现在一体化的进程和目标上。

尽管上海合作组织在其文件中没有把自贸区确定为目标，也没有提出经济一体化设想，但实际上走的是一体化的思路。按照美国经济学家巴拉萨的理论，经济一体化分四个阶段，分别是：贸易一体化，即取消对商品流动的限制；要素一体化，即实行生产要素的自由流动；政策一体化，即经济政策的协调一致；完全一体化，即所有政策的全面统一。与这四个阶段相对应，一体化组织又由低向高分为6个类型，分别是优惠贸易安排、自贸区、关税同盟、共同市场、经济同盟、完全经济一体化。巴拉萨认为，经济一体化“既是一个过程，又是一种状态。就过程而言，它包括旨在消除各国经济单位之间差别待遇的各种措施；就状态而言，则表现为各国经济单位之间各种形式差别待遇的消失”。[①] 参照这一理论，上海合作组织制定的货物、资本、服务和技术自由流动的目标，它在海关程序、标准一致化、商务流动和监管环境方面的谈判，还有在电子商务、海关、质检、投资促进、发展过境潜力五个方向的专项工作，都应属于经济一体化的范围，而且在某些方面还超出了自贸区的层次。

从现实情况看，现阶段在整个上海合作组织的框架内形成统一或共同接受的经济交往规则和秩序，虽然不说是不可能的，但也是极其困难的。在未来的中近期，区域经济一体化或自由贸易区的设想没有现实可能。从现实的结果看，上海合作组织三步走的经济计划过于激进，低估了这一过程的困难和复杂性，在时间上要求过急。现在已经过了中期目标的时间线，但预定的目标未能完全实现，没有形成稳定、透明的规则和程序，大规模多边经贸合作也未充分实现。当然，突然爆发的世界经济危机也是一个意外因素，它对上海合作组织各成员国都造成了负面影响，其中有的成员国受到的打击十分沉重，这也影响了上海合作组织区域经济合作的进程，打乱了它的步伐。

---

① Bela Balassa, The Theory of Economic Integration, London: Allen & Unwin, 1962, p. 1. 转引自在梁双陆：《边疆经济学：国际区域一体化与中国边疆经济发展》，人民出版社，2009 年版。

# 第十一章　对上海合作组织的展望

通向未来的道路只能从脚下的道路开始，远景蓝图的绘制只能从现在的一笔一划开始，其间不能跨越。上海合作组织也是如此，它将来的前景与现在的发展不可分割。

恰当的发展路径对上海合作组织的未来发展有重要意义，它是引导上海合作组织走向成功的桥梁。上海合作组织的发展方针，应是以满足本地区最突出的需求、在经济合作上取得突破、处理好内部的棘手问题为指导。在此，作者提出5个发展路径。它们是：其一，把维护地区稳定纳入基本功能；其二，在阿富汗问题上有所作为；其三，突破经济合作的瓶颈；其四，与欧亚联盟形成合作关系；其五，解决好扩大问题。

## 一、维护地区稳定

在当前和今后相当长时期内，地区稳定是中亚面临的最大问题之一，也是地区最大的需求之一。不管是在中亚地区还是在其之外，对地区稳定的担忧超过了对它的信心，稳定确实已经成为中亚地区的一个焦点。在这种情况下，把维护地区稳定纳入上海合作组织的安全功能有现实的必要，也有长远的意义，它适应地区的核心需要，符合中国、俄罗斯和中亚国家的利益，也是上海合作组织影响扩大的重要途径。

地区稳定是相对于地区动荡而言，不是相对于变动和变化而言。从哲学的意义上讲，变化是常态，稳定是相对的。变化孕育着发展进步，稳定是保守停滞的家园。不是一切稳定都是积极和正面的，也不是一切变化都是消极和负面的。上海合作组织所要维护的地区稳定应有清晰的界定，它针对的是对地区的和平与发展有危害性的动荡。在这个意义上，上海合作组织应与保守、消极、停滞的维护者划清界线，上海合作组织在政治上应保持进步的组织形象。上海合作组织维护地区稳定，它针对的应是事件已造成和可能造成的后果，而不是根据它的原因。这就是说，上海合作组织反对一切具有危害性的地区动荡，它的目标是管理事件本身，而不一定是解决它的根源。这还意味着，不管任何原因引起的动荡，只要它对地区稳定造成威胁，上海合作组织都可考虑介入。

地区动荡的发生往往是在一国国内，而不一定是在整个地区，特别是在事件的初期。指出这一点意在说明：一国国内的动荡也在地区动荡的含义之内，而且是它的主要表现形式。国家是地区的构成部分，与整个地区的稳定不可分割。这也就是说，上海合作组织对地区动荡的介入包括国内动荡，并且多数情况下是国内动荡。

国家政权稳定与地区稳定有密切关系。在通常情况下，政权稳定与地区稳定是正向关系，而且，执政者在上海合作组织中行使着代表该国的权力，它们本身就在上海合作组织的决策机构之内。因此，上海合作组织对国家政权稳定有自然的偏好。西方有学者认为，上海合作组织主要是维护国家政权稳定，特别是中亚国家的政权安全。① 这种看法有失片面，虽然地区稳定与政权稳定存在关联性，上海合作组织希望政权稳定，但从根本上说上海合作组织是地区稳定的维护者，而不是国家政权的保卫者。维护地区稳定不等于维护国家政权稳定，国家政权的变换更替是该国民众的权力，上海合作组织不能越俎代庖。从根本上说，上海合作组织所维护的是原则和规则，而不是某种特定的政治制度或个人。但对于非法和暴力的政权更迭，上海合作组织应持反对的态度，对于政权交替过程中出现的动荡局势，上海合作组织可以介入。这种介入在形式上仍是对危机的管理，而不是对国家政权变更的干预。它的目标是维护地区的稳定，而不是保卫某一政体、政权、个人。同时，上海合作组织也应反对其他外部国家对其成员国国家政权更替的干预，对于鼓动推翻合法国家政权的行为，上海合作组织应采取明确的反对立场。

---

① Stephen Aris, Eurasian Regionalism: Shanghai Cooperation Organization. Palgrave Mcmillan, 2011, p. 71.

地区动荡会有多种多样的表现形式，上海合作组织可介入的形势包括：国内流血冲突和内战，或可造成这种结果的形势；国家间的双边冲突，或可导致这种局面出现的形势；民族冲突，或带有这种危险的形势；混乱和无政府主义状态；恐怖主义和极端势力可能上台的局面；人道主义灾难的形势，等等。

上海合作组织的介入应是建设性介入。关于建设性介入的内涵和它与不干涉内政原则的关系，在中国与上海合作组织一章中已有解释。建设性介入不是对不干涉内政原则的否定，它的含义是在尊重国际法准则、尊重国家主权的前提下，以积极参与的方式化解冲突和危机，避免事态的恶化，促进国家和地区的和平与稳定。在建设性介入政策上，上海合作组织首先需要达成政治共识。作为地区组织，它应负起维护地区稳定的责任，并成为地区危机管理中最重要的角色之一。上海合作组织也有达成这种共识的可能。俄罗斯在这一问题上的态度一向较为积极，它认为："保证每个成员国和地区的稳定与安全是我们从开始就定下的任务。"[①] 哈萨克斯坦也赞成上海合作组织承担更大责任。哈总统纳扎尔巴耶夫曾表示，上海合作组织在吉尔吉斯斯坦的两次动荡中都无所作为，并认为上海合作组织应该建立应对地区冲突和热点问题的机制。[②] 在达成政治共识的基础上，上海合作组织应正式将维护地区稳定纳入它的基本职能，并反映在其政治文件中。从现在的情况看，上海合作组织没有明确规定这种功能。2009 年，上海合作组织叶卡捷琳堡峰会批准了《上海合作组织关于应对威胁本地区和平、安全与稳定事态的政治外交措施及机制条例》，规定在出现重大安全事态时进行"磋商、协调立场和开展合作"。不过，根据文件的表述来看，它针对的应是来自外部的威胁，而不是内部的动荡。[③] 上海合作组织需要补足这一缺失，形成针对地区内动荡的政治性文件。

---

① 俄总统梅德韦杰夫在 2010 年上海合作组织峰会上讲话，На заседании Совета глав государств - членов Шанхайской организации сотрудничества в расширенном составе. 11 июня 2010 года，http：//www. kremlin. ru/transcripts/8019。

② Выступление Президента Республики Казахстан Н. А. Назарбаева на Саммите ШОС в Астане，http：//www. akorda. kz/ru/speeches/external_ forums/s.

③ 《上海合作组织成员国元首理事会会议联合公报》，2009 年 6 月 16 日，http：//www. sectsco. org/CN/show. asp？ id = 232。

为了建设性介入政策的实施，上海合作组织还需形成有效的行动机制。机制不是机构，它是设定的行动程序，不一定要求设立机构。上海合作组织所需要的只是设置这种程序。这种程序可是多层次的，如给予秘书长特别授权，在发生重大事件时，秘书长代表上海合作组织做出及时反应，启动紧急磋商机制，包括协调员、副外长、外长、安全会议秘书等不同层次的磋商。此外，还应设置采取联合行动的决策和行动机制。

应对地区动荡需要资源的支持，包括政治、安全、财政等资源。这是更为困难的问题。没有资源的支撑，上海合作组织就无法有效地实施其计划。政治和安全资源需靠全体成员国的授权，财政资源则只能依靠主要大国的提供。

上海合作组织对地区动荡的介入，可以是所有成员国共同行动，也可以是部分成员国的行动。上海合作组织还应寻求与它的伙伴组织进行协作。在其他地区组织中，集体安全条约组织是最主要的选择。上海合作组织与集安组织是伙伴关系，两个组织在成员上有交叉，在功能上有重合，协作可提高效率，还可减少两个组织竞争的可能。

最后，需要指出，建设性介入概念的提出是从理论上解决不干涉内政的问题，即建设性介入不是干涉内政，也不是对不干涉内政原则的否定。这从理论上给予了上海合作组织实施建设性介入的可能。不过，建设性介入是给上海合作组织增加的政策选项，但不是上海合作组织唯一的选项，也不是必须的选项。这就是说，上海合作组织可以视情采取建设性介入，但也可以选择不介入；它不是只能采取介入政策，也不是在任何形势下都要介入。建设性介入将会困难重重，并且伴随种种风险，不是上海合作组织想介入就能介入的，也不是任何介入都会带来预想的结果。上海合作组织在做出政策选择时需要审时度势，充分考虑各种因素，根据具体的形势做出最恰当的政策选择。

## 二、纳入阿富汗问题

上海合作组织应把阿富汗问题纳入到它的安全功能中。阿富汗是地区安全的又一个焦点，它不仅直接影响上海合作组织各国的安全，而且是整个地区安全稳定的重大和长期因素。虽然上海合作组织在阿富汗问题中一直发挥着作用，但总的来说，由于客观和主观的原因，它在阿富汗问题上是处于边缘地位。如同维护地区稳定一样，把阿富汗问题纳入到上海合作组织的基本安全功能中，符合地区的安全需要和成员国的要求，而且将使上海合作组织向地区安全管理者的方向转变，这将为它在本地区安全结构中建立巩固的地位，并将显著地提高其国际影响。

阿富汗对本地区的重要性显而易见。对于它的周边地区特别是中亚和南亚来说，它是安全的“神经中枢”，牵动着地区安全的全局。虽然不能说阿富汗安则天下安，但阿富汗不安则周边地区肯定不会安宁。阿富汗是毒品的源头，周边国家和俄罗斯乃至欧洲深受其害，其程度之深已成为许多国家严重的社会问题。阿富汗在地缘政治上有格局塑造的作用，它能够改变地区地缘政治格局，又能影响大国关系的状态。大国关系在这里有用武之地，它是大国合作或竞争的大舞台。阿富汗问题是美国以及北约向中亚输出军事存在的基本理由。对美国在中亚驻军可以有不同的看法，但在阿富汗安全形势越来越严峻的情况下，要求美国撤出军事力量缺乏有说服力的理由，这种要求也不能得到有关国家的充分理解。反过来说，在阿富汗形势稳定的情况下，美国在中亚驻军的“合理性”就失去了基础。也许届时美国可以寻找其他理由，这是另一个问题。阿富汗对地区整合和区域经济合作有重要意义。在自然地理上，阿富汗是连接中亚、西亚、南亚的枢纽，或者说它是阻隔这些地区的屏障，换言之，阿富汗既可使这些地区连为一体，又可使它们可望而不可及，具体它起哪种作用，则取决于阿富汗的政治和安全状况。在“9·11”事件之前，由于塔利班政权的存在，阿富汗使中、南、西亚相望而不能相通，区域经济合作无从谈起。塔利班政权被摧毁后，障碍被清除，出现了区域间畅通无阻的可能。但阿富汗安全局势的久拖不定，以及大国间的地缘政治因素，又限制了区域合作的前景。由此说，不解决阿富汗问题，大区域经济合作虽然说不是不可能，但也将是极为困难的。概而言之，由于以上因素，阿富汗问题是一把钥匙，它可以打开许多地区问题之锁。有鉴于此，上海合作组织不能不在阿富汗问题上担当起重要角色。

阿富汗局势正处于关键的转折时期。从 2011 年 7 月开始，美国从阿富汗撤军，阿富汗政府将在 2014 年结束之前接管国家安全和管理职能，这也被称为喀布尔进程。由阿富汗人自己治理自己的国家，这毫无疑问是正确的路径，也是解决阿富汗问题的必经之途。不管西方和国际社会在阿富汗做什么，最终还是要由阿富汗人自己掌控国家的命运。否则，阿富汗就不可能成为正常国家。但是，正确的大方向不一定产生希望的结果，它还取决于具体的条件和策略。阿富汗未来局势难以预料，存在着多种可能性。喀布尔进程有将阿富汗引导向逐渐稳定的可能。尽管人们对阿富汗政府有诸多不满，但它代表的社会制度和生活方式仍有一定的社会基础，得到了相当多民众的接受。并不是所有阿富汗人都喜欢塔利班所代表的宗教极端主义制度和生活方式，毕竟它不体现社会进步的方向。

外国军队撤出也不全是消极影响，它减少了一个重要的刺激因素，消除了部分阿富汗人由外国军队的占领所激起的不满，从这一点说撤军对缓解阿富汗国内矛盾有积极意义。在外国军队撤走后，阿富汗政府军将不可能再依赖他人，它将为自己的生存而战。就军事力量来说，阿富汗政府有 17 万国民军，13 万警察，阿富汗政府仍有大大超出塔利班的军事优势。而且，阿富汗政府享有国际社会的支持，虽然各大国在阿富汗问题上各有想法，但它们的支持都在阿富汗政府一边。与此相反，没有一个大国和周边国家支持塔利班。

但喀布尔进程将十分艰难，它能否成功取决于一系列条件。阿富汗政府保持团结和有效至关重要。如果政府不能成为有力和有效的政府，甚至发生内讧，出现四分五裂的局面，则喀布尔进程的失败不可避免。民族和解是成功的必由之路。阿富汗政府已确定了与塔利班对话的政策，但两者之间的政治鸿沟是如此之大，很难期望在不改变基本的政治制度和结构的情况下达成妥协。完全招抚塔利班并不现实，在最大程度上分化塔利班，将最强硬的塔利班的影响减小到不致造成重大危险的程度，这就已是比较理想的结果。

国际社会持续的政治、军事和物质支持不可缺少。阿富汗政府在相当长一段时期内不能自立，没有国际援助它很难支持下去。阿富汗总统卡尔扎伊认为，至少在10年里还需要国际社会援助。[①] 可以相信国际社会将会继续支持阿富汗政府，不过要在10—15年里持续保持大规模援助不是没有问题的。

经济和社会发展是阿富汗长期稳定的基础。阿富汗是世界上最贫穷的国家之一。在一个民众穷困、生活无望的社会基础上不可能实现巩固的稳定。虽然不能指望阿富汗政府能迅速改变现状，但它至少要给民众以希望，否则民众不可能长期接受它。

局势走向逐渐稳定是最好的结果，但这只是一种可能，却不是唯一的可能。阿富汗还可能出现的局面是既不能实现国内和平稳定，但塔利班也不能改变大局，政府维持有限度的控制，国家陷于长期动荡不定的僵持状态。更糟的情况是政府失去对国家的控制，出现全国性内战和混乱。有前车可鉴：1989年苏联从阿富汗撤军后，拥有12万多军队的纳吉布拉政府只维持了3年多就垮台了。虽然现在和那时的情景很不一样，但其教训亦可为警示。还有一种可能是在新的国家意识形态和政治基础上，阿富汗各政治和社会力量达成共识，形成新的国家政治体制和权力结构。而最坏的情况是现政权垮台，塔利班卷土重来，重新控制国家政权。这种前景也不能被排除，事实上，许多人所做的正是这种预测。

如果阿富汗局势发生严重恶化，周边国家和地区是首当其冲的受害者，上海合作组织和它的成员国及观察员国都包括在内。这对上海合作组织而言将是极其严重的局面和十分严峻的挑战。上海合作组织的发展环境将会改变，它的正常议事日程不得不调整，它的工作重点将转移到应对阿富汗危机上。作为地区安全机制，上海合作组织也将面临考验。它是否是可靠和有效的组织，也将通过这一考验得到验证。

上海合作组织及其成员国在阿富汗问题上发挥了重大作用。它提供的政治支持、经济帮助和安全协作对阿富汗安全和国家重建有重要贡献。不过，不可否认的是，美国和欧洲在阿富汗问题上起着实际的主导作用，上海合作组织处于次要地位。随着喀布尔进程的发展，客观上将

---

① 卡尔扎伊在2011年12月5日波恩阿富汗问题国际大会发言中所说。见“阿富汗问题国际会议承诺2014年后继续支持阿富汗重建”，http：//world. people. com. cn/GB/1029/42355/16504090. html。

使周边国家和本地区组织更多地介入阿富汗，它们都不得不更直接地面对阿富汗问题，并承担更多的责任。关于美国撤军的性质有多种评估。有看法认为美国是要甩包袱，从阿富汗脱身，把这个烂摊子留给其他国家。不过，从美国多方面的表示来看，它并没有放弃阿富汗和从阿富汗战略撤出的意思。所谓美国甩包袱只是要他国分摊经济和安全负担，但不是让阿富汗随风飘零，随意落入他国主导的轨道。美国派兵到阿富汗是为了实现美国的战略目标，但维持大量驻军本身并不是美国的战略目标，因此撤军不等于美国改变了战略目标。美国撤军可以说有被迫的因素，但它还远没到被迫从阿富汗战略撤出的地步，它也没有这么做的需要。但无论美国从阿富汗撤军的性质是什么，它在阿富汗的存在都将极大地减小，阿富汗问题将以放大的形式凸显在本地区国家及组织面前。在某种意义上，不管愿意还是不愿意，形势将迫使上海合作组织更大程度地介入阿富汗问题，或者说形势将把阿富汗问题“强加”于上海合作组织头上。

上海合作组织在阿富汗问题上具有不可忽视的能力和潜力。它的最大优势或者说最大潜力在于它与阿富汗相邻，这使上海合作组织在阿富汗问题上拥有了独一无二的资源，而且这个特点无法替代，也无法改变。除蒙古之外，上海合作组织的成员国和观察员国都是阿富汗的邻国或近邻。阿富汗6个邻国中有5个在上海合作组织之内，唯一的例外是土库曼斯坦。俄罗斯、哈萨克斯坦、吉尔吉斯斯坦、巴基斯坦、印度不仅是阿富汗的近邻，而且都在阿富汗问题上有重要作用。可以说，阿富汗在地理上是为上海合作组织国家所包围。从长远来说，美国和北约的军队终将撤走，美国和西方在失去兴趣后也可能离开，而上海合作组织国家将永远在这里。阿富汗的命运最终还是要同当地国家联系在一起。它的安全需依托本地区的安全框架，它的经济需借助本区域合作来发展，它的最佳出路是融入地区的安全与经济框架。

上海合作组织虽然拥有相当大的资源，但这些资源尚未充分使用，它们主要还是表现为潜力。潜力在静止的状态下不会自动发生作用，它只有在使用时才变为能力。上海合作组织需要把潜力转化为现实的能力，并最有效地运用这种能力。

上海合作组织在阿富汗问题上应立足两个基点。面对阿富汗前景莫测的变局，上海合作组织的基本政策应是积极帮助其平稳过渡，争取实现局势的逐步稳定。阿富汗的和平与稳定符合上海合作组织的利益，政权颠覆和混乱将给上海合作组织带来严重危害。这对上海合作组织来说是代价最小的选择，任何其他局面都会要求上海合作组织付出大得多的成本。认为上海合作组织可在美国失败后出来收拾残局的想法不切实际，阿富汗局势一旦失控，很可能发生内战，形势绝非上海合作组织所能控制。而且，仅靠上海合作组织也承担不了阿富汗重建的负担。在努力帮助阿富汗实现稳定的同时，上海合作组织也须准备面对另一种局面，即阿富汗局势的恶化和逆转。应对这种前景也应在上海合作组织的阿富汗政策中，上海合作组织需有相应的思想准备和行动的预措施。

需要明确的是，把阿富汗问题纳入上海合作组织的安全功能中，是指上海合作组织应把解决阿富汗问题视为基本任务之一，但不是说上海合作组织将承担解决阿富汗问题的重负。上海合作组织是帮助解决阿富汗问题，但不是由它来解决阿富汗问题。上海合作组织不能解决阿富汗问题，它没有解决阿富汗问题所需的足够能力。上海合作组织帮助解决阿富汗问题的主要形式是政治帮助、经济援助、人文发展和地区合作，它没有在军事上介入阿富汗问题的必要。

上海合作组织应形成新的阿富汗政策，它的核心是上海合作组织将在阿富汗问题上从二线走到一线。新政策可通过一系列行为综合地体现出来。

在国际层面，上海合作组织应定位于国际合作框架内的独立角色，而不是美国和西方分配的角色。它不超越于联合国主导的国际合作框架，它与国际社会包括美国和欧洲进行合作，但它不是美国和西方的配角。

上海合作组织应该推出自己的阿富汗问题纲领，并以此实际地介入由美国和西方主导的阿富汗问题。纲领应有宏观视野，表达它对阿富汗问题的政治看法和认识，反映它对解决阿富汗问题的基本主张和设想，并有相应的可操作的行动路线。这个纲领之所以需要，是因为它可体现上海合作组织在阿富汗问题上的国际形象，能够整体地反映上海合作组织的原则、政策、看法、设想。虽然上海合作组织与美国和西方在阿富汗问题上有原则上的共同性，但在具体的理念、角度、重点、途径上有一系列不同，甚至是重大差别。同时，它也表明上海合作组织在阿富汗问题上是一个行动着的组织，而不仅仅是表明原则立场。上海合作组织应该提出这一纲领，还因为它作为本地区组织，最了解什么方式更符合实际，什么结果对本地区最有利。从这个角度说，上海合作组织也有这种历史责任。作为本地区的组织，它没有理由不负起这种责任。上海合作组织提出的纲领不一定能为西方完全接受，但这不妨碍上海合作组织提出它，也不妨碍上海合作组织推动它。重要的是它能为多数当地国家所接受，并符合本地区的需要和利益。

上海合作组织可成为解决阿富汗问题的地区平台。有关阿富汗问题的各种解决方案可在这个平台讨论和产生，有关国家可以在这个平台上协商政策，它也可邀请有关方面在这个平台上进行接触和谈判。上海合作组织还应成为阿富汗问题的国际论坛，它的特别之处在于它是以上海合作组织为基础的国际交流和协商的机制，反映着上海合作组织的主导地位，是上海合作组织作为独立角色的一种体现。上海合作组织曾在2009年召开过阿富汗问题国际大会，国际社会广泛参加了这次会议，这是一种有效的形式。

上海合作组织可在其议事日程中为阿富汗问题设置专门议题。从2008年开始，阿富汗问题在上海合作组织的议事日程中开始明显突出。上海合作组织加强了上海合作组织—阿富汗联络组的工作，倡议召开阿富汗国际大会，就阿富汗问题专门举行了副外长会议。但作为一个议题，它在上海合作组织的议程中不是主要的，也不是单列的，上海合作组织始终把本组织的安全、经济、人文合作作为主要议题。上海合作组织的新阿富汗政策是将阿富汗问题纳入到其安全功能中，同时提高阿富汗议题的地位。

上海合作组织在阿富汗政策上应有所协调。上海合作组织有资源和潜力，但它缺少可供其统一使用的资源，它的资源多体现在各成员国身上，并没能很有效地整合为上海合作组织的共同资源，这是它的一个缺陷，对它也是一种损失。当然，没有可能也没有必要把各国的资源和行动都整合起来，但一定程度的协调和共同行动既是可能的，也是需要的。这符合各成员国的利益，有利于提高上海合作组织的行为能力，也可提高效率和效果，同时并不降低各成员国的作用和影响。

上海合作组织不直接参加阿富汗的军事行动，政治、经济、社会、人文是它参与阿富汗重建的主要途径。在政治上，上海合作组织可在推动阿富汗国内政治和解上有所尝试。政治和解是阿富汗问题的最佳解决方式，也是阿富汗长期稳定的最好保障。在阿富汗政府同意的前提下，上海合作组织可以帮助推动这一进程。上海合作组织扮演这一角色有较有利的条件，它是本地区的组织，不是塔利班的主要敌人，不强求阿富汗接受外来政治模式，较容易为各政治力量所接受。有中亚学者提出，可以把上海合作组织作为阿富汗政治调解的平台，并且认为这是真正可以取得积极成果的平台。推动这个过程有积极意义，一旦能启动这个过程，上海合作组织也将真正推动阿富汗的政治重建。在经济上，上海合作组织应与阿富汗形成基础设施上的更密切的联系，首先是公路铁路交通和信息通讯；向阿富汗提供能源电力；发展贸易；在经济领域特别是农业领域进行合作，等等。在社会和人文领域，上海合作组织可与阿富汗进行教育合作，为阿富汗培养政治精英，培训技术和行政人员，接受阿富汗留学生。上海合作组织可帮助阿富汗消除战争后果和贫困，包括救灾减灾，提供卫生医疗帮助等。

上海合作组织可对向阿富汗派出人道主义支援人员进行研究，在一定条件下，也可探讨以上海合作组织名义派出维和人员的可能。阿富汗问题是上海合作组织发展此项功能的良好机会，即使现在不能付诸实施，探讨这一问题也是有意义的开端。它的意义不仅是在于阿富汗问题，更重要的是为将来上海合作组织的类似活动提供试验，如果可行，将来可沿用到其他形势下，包括上海合作组织所在的地区之内。

上海合作组织应提升与阿富汗的关系，可以接纳阿富汗为观察员，将来条件具备时，也可接纳其为正式成员。这将使阿富汗进入到上海合作组织的制度性机制中，它将融入到上海合作组织的安全、经济、人文合作中，上海合作组织也将自然地把阿富汗问题视为“自己的问题”。

在加强上海合作组织与阿富汗政府关系的同时，上海合作组织应该扩大与阿富汗的接触面，即与更广泛的政治和社会团体接触，特别是要与阿富汗各主要派别有所沟通，建立联系。扩大接触面可更好地跟踪阿富汗内部的情况，更有效地投射上海合作组织的影响，并且在需要的时候，有可能在阿富汗做调解和斡旋的工作。

在阿富汗政府已经与塔利班对话谈判的情况下，在塔利班可能以某种形式重返的前景下，如何对待塔利班是上海合作组织需要面对的重要问题。显然，继续把塔利班作为对立面，将来可能会陷入被动，但完全改变对塔利班的态度也不妥当。还应该看到，阿富汗相当一部分居民对塔利班的看法与外界很不相同。在中亚国家学术界，也有对塔利班不同的认识。在这一问题上，上海合作组织需要审时度势，做出一定的调整。上海合作组织应强调反对恐怖主义的政治原则，突出对恐怖主义行为的反对，但淡化对塔利班的直接反对。这不改变反恐的原则立场，同时留有策略上的机动空间。

在应对阿富汗局势恶化的挑战中，上海合作组织应把集体安全条约组织作为主要伙伴。上海合作组织与集体安全条约组织应建立应对阿富汗威胁的合作机制，在危险出现时，两个组织可协调行动。这在政治上有利于上海合作组织的内部团结，又可减少上海合作组织与集体安全条约组织的功能重合，还可大大提高它们的效能。

上海合作组织可与美国和西方在阿富汗问题上形成机制性协作关系。美国有寻求国际社会支持的迫切愿望，同时，安全成为美国目前阿富汗政策的基本导向，使阿富汗政府接管各项职能与上海合作组织的主张一致。[①] 就这一层面和这一阶段而言，它与上海合作组织有了相互接近的基础。上海合作组织可对美国和欧洲表现出更开放的合作姿态，走出实质性的步骤。这既是为解决阿富汗问题努力，也有利于提高上海合作组织的地位。

---

① 在2009年3月31日海牙阿富汗问题国际大会上，美国国务卿希拉里表示，安全是关键的第一步，否则一切都不会成功。她表示阿富汗邻国的作用至关重要，呼吁国际社会的提供更多支持。Hillary Rodham Clinton, Remarks at The International Conference on Afghanistan, The Hague, Netherlands, March 31, 2009, http: //www. state. gov/secretary/rm/2009a/03/121037. htm。

## 三、突破经济合作的瓶颈

在上海合作组织的所有合作领域中，经济合作是最为困难的，也是合作效果最不理想的，这已为许多成员国所公认。哈萨克斯坦总统纳扎尔巴耶夫说："经济合作仍是上海合作组织的薄弱环节。许多项目和计划未能完全实现，没有带来应有的效益。"① 俄总统上海合作组织代表也认为，上海合作组织在经济方面的成绩不佳。② 有评论形容，在上海合作组织所有的"篮子"中，经济"篮子"是最空的一个。③ 可以说，经济合作已经成为上海合作组织发展的最大瓶颈。在一定意义上，它变成了检验上海合作组织发展的一个标志，对上海合作组织的前途有重要影响。

经济合作的困难在于它不仅仅取决于政治意志，更重要的是取决于现实的条件，并且需要资源的大量投入。每个参与者都有自己所特别希望得到利益，都要估算它参与的得失之比，它们要找到契合点不是易事。在上海合作组织的经济合作中，又掺杂了复杂的政治和地缘政治、地缘经济因素，这使它变得更加困难重重。

关于经济合作问题，在"中国与上海合作组织"和"上海合作组织的可能性与限度"的章节中已进行了分析。概而言之，作为经济合作框架，上海合作组织未来的目标应是地区经济的发展和稳定，换句形象的话说，它应成为地区经济的发动机和稳定器。这样一种表述更符合地区的需要，更易为各国所接受，也更为科学合理。推动地区经济的发展是上海合作组织的终极目标，其他的都是手段和途径，自贸区和一体化也是达到这一目标的形式。稳定器是针对应对国际和地区经济危机而言。2008 年以来的世界经济危机表明，世界经济的发展有不可预测性，

---

① Н. А. Назарбаев. Десять лет будущего. 《Российская газета》, 03 июня 2011 г..

② Леонид Моисеев: "На ШОС в мире возлагаются большие надежды", http: //www. infoshos. ru/ru/? idn = 8246 23. 05. 2011 .

③ Борис Царев. 10 лет после Шанхая. На юбилейном саммите в Астане обсуждали, станет ли ШОС азиатским аналогом НАТО или Евросоюза. 2011. 06. 16, http: //www. ng. ru/cis/2011 – 06 – 16/6_ shanghai. html.

在经济全球化的形势下，世界经济动荡使每个国家都难以幸免，弱小的经济体尤其难以承受。在这一背景下，对上海合作组织产生了新的需求，即它应当具有保障地区经济稳定的功能，特别是中亚成员国，对这种需求的愿望更为强烈。上海合作组织的稳定器功能可通过两种基本形式体现。一是协商协调机制，在出现危机时协调经济政策，采取协作措施，相互提供帮助；二是建立发展和稳定基金，它的功能在正常情况下是支持上海合作组织的经济项目，在出现严重经济危机时可用于特别救助。

上海合作组织在未来几年应做出一些标志性的成绩，以证明其合作的实质性进步，例如：就经济合作的宏观理念和设想达成新的共同认识；成立上海合作组织发展银行和设立上海合作组织专门账户；确定和完成数个大型项目；完成国际道路运输便利化协定，等等。

## 四、与欧亚联盟结为伙伴

与欧亚联盟的关系将怎样发展，这是上海合作组织面临的重大课题和挑战。中近期未来，俄罗斯主导的欧亚联盟将进入实施阶段。推动原苏联地区的一体化是俄罗斯的长期战略，但在过去这些年里，它基本停留在纸面上，没有实际的运作。2008 年世界金融危机后，形势发生变化，一体化进程开始实际启动，从纸面进入实践。俄罗斯所主导的一体化以欧亚经济共同体为基本框架，按照俄罗斯的思路，它将分为四个层次逐次实施，它们分别是海关联盟、共同经济空间、欧亚经济联盟和欧亚联盟。[①] 为方便起见，以下以欧亚联盟统称之。

欧亚经济共同体成立于 2000 年 10 月，它的条约在 2001 年 5 月 30 日正式生效。欧亚经济共同体的基本目标是在成员国间形成海关联盟和共同经济空间，加深经济和人文一体化。欧亚经济共同体现有 5 个成员，它们是俄罗斯、哈萨克斯坦、白俄罗斯、吉尔吉斯斯坦、塔吉克斯坦。乌克兰和摩尔多瓦在 2002 年 5 月成为欧亚经济共同体观察员，亚

① Владимир Путин. Новый интеграционный проект для Евразии – будущее, которое рождается сегодня，http：//www. izvestia. ru/news/502761.

美尼亚在2003年1月也获得观察员身份。观察员国可以参加共同体的活动，但不具有投票权。

海关联盟在欧亚经济共同体的框架之内，它成立于2007年10月，由俄白哈三国组成。2011年7月，海关联盟正式启动，三国相互的海关开放，实现了商品的自由流动。2011年10月，海关联盟原则同意接受吉尔吉斯斯坦的加入申请，程序性工作有可能在2012年完成。在吉尔吉斯斯坦加入海关联盟后，塔吉克斯坦也有可能被接纳进海关联盟。[①]

在海关联盟的基础上，从2012年1月开始，俄白哈共同经济空间开始运作。共同经济空间是比海关联盟更高一层的一体化形式。它以欧盟的申根协议为蓝本，将在诸多领域实行协调的政策和行动，包括宏观经济政策、竞争规则、技术规范、农业补贴、交通、自然垄断行业的税率，以及统一签证和移民政策等。

2011年12月，俄白哈成立欧亚经济委员会，它是一个超国家机构，总部设在莫斯科。[②] 欧亚经济委员会的成立将为欧亚经济联盟的形成铺平道路，此后将出现的是欧亚联盟，欧亚联盟预计可在2015年建成。[③]

在欧亚经济共同体内有欧亚发展银行。该银行于2006年1月由俄罗斯和哈萨克斯坦共同创建，注册资金为15亿美元，其中俄罗斯10亿，哈萨克斯坦5亿。其后亚美尼亚、塔吉克斯坦、白俄罗斯、吉尔吉斯斯坦分别加入，其资金份额是亚美尼亚10万美元，塔吉克斯坦50万美元，白俄罗斯1500万美元，吉尔吉斯斯10万美元。[④]

世界金融危机发生后，欧亚经济共同体在2009年又成立了反危机基金，以帮助成员国稳定经济。反危机基金的初始资金为85.13亿美元，其中俄罗斯出资75亿，哈萨克斯坦10亿，白俄罗斯1000万，吉尔吉斯斯坦、塔吉克斯坦、亚美尼亚各100万。

欧亚联盟对上海合作组织提出了重大的挑战。确切说，这一挑战与

---

① В. Путин: Вопрос о вступлении Таджикистана в ТС может быть рассмотрен после присоединения к ним Киргизии, http: //spb. rbc. ru/freenews/20111019210759. shtml.

② 俄白哈成立欧亚经济委员会，http: //www. rusnews. cn/guojiyaowen/guoji_ cis/20111219/43260709. html。

③ 俄白哈政府将向欧亚联盟超国家机关移交175项职权，http: //www. rusnews. cn/guojiyaowen/guoji_ cis/20111118/43218706. html。

④ http: //www. eabr. org/rus/about/foundation/.

其说是来自欧亚联盟本身，不如说是上海合作组织各成员国对它的理解。欧亚联盟对上海合作组织的影响还难以确切断定，但它的影响无疑将是很大的。这种影响首先不是取决于欧亚联盟是否顺利推进，而是通过俄罗斯的心态乃至政策的改变表现出来。俄罗斯对上海合作组织的经济合作本也有所保留，对一体化设想没有兴趣。在俄罗斯雄心勃勃地要将它的宏伟蓝图付诸实现之时，它对上海合作组织的经济合作和一体化是否会强烈排斥？俄罗斯向来注重可见的利益和直接的实利，其外交思维有较多的机会主义成分，因时因事而突然变化是常有的。随着欧亚联盟的发展，俄罗斯对上海合作组织经济合作的政策是否会变化，这是一个问题。

欧亚联盟还给上海合作组织提出了一个重要问题：在欧亚联盟付诸实施的情况下，上海合作组织的经济合作和一体化是否还需要？欧亚联盟包括了上海合作组织 6 个成员国的 3 个，以后还可能增加。如果出现这种情况，则意味着上海合作组织除了中国外几乎都将是欧亚联盟的成员，这对上海合作组织来说将是一种奇特的局面。欧亚联盟在功能上与上海合作组织有重合，在成员上包括了大多数上海合作组织国家，而且，与上海合作组织相比，它的发展在速度上更快，在质量上更高，在前景上更清晰真实。这一进程的快速发展，客观上使上海合作组织处于不利的形势，对它造成很大的压力。应该看到，欧亚联盟对上海合作组织的影响是多方面和复杂的。一方面，它推动了经济一体化在部分上海合作组织成员国之间的发展，它的方向与上海合作组织一致。如果这一进程是开放的，在一定意义上，它可为上海合作组织的一体化准备条件，对上海合作组织有积极作用。另一方面，如果欧亚联盟对上海合作组织的一体化是排斥的，两者将形成矛盾和对立的关系。而一旦出现这种关系，它对上海合作组织的一体化来说近乎于釜底抽薪。

不能不注意到，在俄罗斯、中亚和西方的舆论中，把欧亚联盟和上海合作组织对立起来观点十分流行。这些看法综合起来，其基本观点就是：上海合作组织是中国在中亚经济扩张的工具，它阻碍俄罗斯的欧亚一体化。欧亚联盟是俄罗斯对中国的反击，它的目标是阻滞中国在中亚的扩张。欧亚联盟可为中亚国家提供保护伞，使它们避免成为中国的经济附庸。[1] 还有看法断言："未来几年中亚将是中俄经济竞争的中心，传统大国俄罗斯将试图从不断强大的中国手里收复失地。"欧亚联盟与中国的冲突不可避免。[2]

这些看法代表了俄罗斯、中亚和西方学术界的一种判断和主张，也反映了一定的现实。不过，在这种论点的背后，对立排斥是大国关系的逻辑前提，"零和游戏"是大国关系的基本样式，非白即黑、非此即彼是大国关系中的唯一选择。这是冷战时代的思维特点和生存方式，已不完全适用于后冷战时期，也不是中国与俄罗斯和上海合作组织与欧亚联盟必定要仿效的模式。一个有意思的现象是，在一些中亚国家，对中俄竞争与对抗的渲染甚至比在中俄两国都重，这可能是因为它们有更直接的亲身感受，也可能是受传统的使大国相互制衡的思维影响。按照这种思维，大国的竞争和对抗可为中亚国家提供更大的政治空间，可使中亚国家的分量增加，中亚国家可从中获取更多利益。

上海合作组织与欧亚联盟是不同的架构，但两者并非不能共存。这两个架构是建立在完全不同的概念之上。上海合作组织是以自然地理区域为特征，它的基础是由于处于同一区域而产生的合作需求，而俄罗斯主导的一体化是以原苏联国家为特点，它的基础是在苏联时期形成的特殊联系。这两个概念都有其存在的自然合理性，它们之间没有必择其一的冲突，也无需以排斥对方为生存条件。两个框架可并行不悖，同时发展。事实上，欧亚经济共同体出现的时间还早于上海合作组织，它的前身也叫海关联盟，1995 年成立时只有俄罗斯和白俄罗斯两国，1999 年变成了俄白哈吉塔 5 个国家。那时还没有上海合作组织，显然不能说它是针对上海合作组织的。俄罗斯推动欧亚经济共同体的努力从没有停止过，也不能认为这都是为与上海合作组织竞争。俄罗斯在原苏联地区的

---

① 这些观点可参见：Roman Muzalevsky，Russian – Led Customs Union Intensifies Sino – Russian Rivalry in Central Asia. Eurasia Daily Monitor Volume：8 Issue：147 August 1，2011. К. Сыроежкин，Ф. Толипов，К. Симонов，М. Лаумулин，Катрин Пужоль. Евразийская интеграция и Китай：виртуальный экспертный форум. 25. 11. 2011，http：//www. centrasia. ru/newsA. php？ st = 1322198160。

② Dina Tokbaeva. Central Asia Focus of Russia – China Rivalry，December 27，2011，http：//www. eurasiareview. com/27122011 – central – asia – focus – of – russia – china – rivalry/.

一体化战略有其内在的需求，内在的动力，内在的规律，并不与上海合作组织有直接的因果关系。上海合作组织对欧亚联盟也没有造成妨碍。上海合作组织已经存在了10年多，而欧亚联盟并未因此消亡，反而出现了加速发展的趋势，如果上海合作组织阻碍欧亚联盟发展的话，结果应是相反。事实上，上海合作组织在政治上与欧亚联盟是伙伴，在地区结构上对欧亚联盟不排斥，它的经济合作帮助了成员国的发展，促进了地区经济的整合，这客观上有利于欧亚联盟的一体化进程。

上海合作组织不能不进行经济合作，它也不必放弃区域经济一体化的理想。从长远来说，区域经济合作将向区域经济一体化发展，在一定意义上，它们有内在联系。对于地区组织来说，在经济成为国家关系最重要内容的今天，没有经济合作是难以理解的，这几乎等于是慢性自杀。北约不涉及经济合作，但有欧盟从事经济合作；集体安全条约组织不搞经济合作，但有欧亚经济共同体来进行。上海合作组织是综合性的地区组织，它没有平行的经济合作机制，它把不同的功能集于一身，经济合作是其不能缺少的内容。

上海合作组织也无法不进行经济合作。中国与所有上海合作组织成员国都是重要的经贸伙伴，包括参加海关联盟的俄罗斯和哈萨克斯坦。2011年，中俄贸易超过了800亿美元，中国已跃升为俄罗斯最大贸易伙伴国。两国的目标是在2015年达到1500亿美元，到2020年进一步提高到2000亿美元。中哈2010年贸易额按中方统计为204亿美元，按哈方统计为140.9亿美元，在哈当年外贸总额中占17.33%，也在哈外贸伙伴中占第一位。[①] 两国计划到2015年将双边贸易增加到400亿美元。欧亚联盟的建立不会中断上海合作组织成员国与中国的经济关系，不管它的发展情况如何，它也要与中国发展经济往来。中国与上海合作组织成员国都是邻国或近邻，它们将永远共同生活在这里，随着各国经济的发展，它们之间的经济联系将越来越密切。这是自然之势，难以改变，在看待地区关系时，不能不看到这一大图景。这意味着经济合作也将是上海合作组织的长久需要。而且，毕竟欧亚联盟不能包括所有上海合作组

① 按照中国的统计，2010年中国成为哈萨克斯坦第一大贸易伙伴。2011年2月2日，http://kz.mofcom.gov.cn/aarticle/zxhz/hzjj/201102/20110207388771.html。

织成员，况且上海合作组织的经济合作是把观察员国也纳入在内。如果上海合作组织实施扩大，则它的范围更广，它所覆盖的区域与欧亚联盟会有更大不同。

上海合作组织与欧亚联盟不能对立，这将意味着中国与俄罗斯的对立将给上海合作组织带来灾难性后果，也将给欧亚联盟造成严重问题。它们甚至也不应变成竞争性关系。欧亚联盟包括了大多数上海合作组织成员，自己与自己竞争是不可思议的，实际上也是不可能的。理想的状态是上海合作组织与欧亚联盟形成伙伴关系，相互支持与合作。上海合作组织对欧亚联盟的经济一体化应表示理解和支持。欧亚联盟的存在有其合理性，包括中国在内的许多国家都在进行区域经济合作，原苏联国家当然也可以，况且它们有着历史形成的密切联系。欧亚联盟如能推动地区经济的发展，它对上海合作组织和中国也是好事。当然，合作关系的形成不仅取决于上海合作组织，也取决于欧亚联盟，但上海合作组织应更为主动。与此同时，上海合作组织还需寻求与欧亚联盟平行发展的方式和途径。从长远来说，在经济功能上，上海合作组织与欧亚经济共同体有形成某种联系的可能。同一些国家内的多个经济合作过程可以殊途同归，这也是一种可能的选择。区域合作将产生自然的张力，它的趋势是向外扩大而不是向内缩小，因此，尽管这还不能为俄罗斯所接受，但两个进程的接近顺乎自然。上海合作组织不应拒绝这种前景。不仅如此，上海合作组织还应当争取这种前景。

但在当前阶段，上海合作组织的主要任务是推动经济合作，而不是实现一体化。上海合作组织的一体化不能急于求成，它应通过经济合作的发展而逐渐形成。现阶段的工作应是为将来可能的一体化创造条件，而不必以一体化为主导。上海合作组织的一体化应从大处着眼，小处着手。大处着眼是指它应有更广阔的视野，它应走出前原联地区，以更大的空间为战略构架，具体来说，就是以中亚为中心向周边扩展。小处着眼是指在具体的实施上可以不拘一格，由点及面，多层次进行，不必全面展开，整体推进。

还应该看到，在中国的周边地区，任何区域经济合作都不会不受到中国的影响，也不会不考虑到中国因素，对欧亚联盟国家来说也是如此。中国的经济存在是不能绕过的现实，中国经济所能提供的可能性是不能忽视的机会，这也为俄罗斯所认识，如有俄罗斯学者所说："在当代世界，任何一体化计划都需考虑到中国不断增长的力量。"① 从根本上说，中国与俄罗斯的合作，上海合作组织与欧亚联盟的合作，在最大程度上符合中国和俄罗斯的利益，也有利于上海合作组织和欧亚联盟。可以相信丘夫林教授的判断："在海关同盟、共同经济空间和欧亚联盟问题上与中国形成伙伴关系，找到相互可以接受的经济合作方式，包括利用上海合作组织的可能性，避免竞争变为对立，这符合俄罗斯的利益。我认为，在现代地缘政治条件下，这些任务是完全可能解决的。"②

在上海合作组织与欧亚联盟的关系上，未来可能还会有一个更严峻的问题。欧亚联盟现在还处于从第二阶段向第三阶段发展的过程，即从共同经济空间向欧亚经济联盟的发展，它的第四阶段将是建立综合性的政治经济联盟，那时它将真正拥有欧亚联盟的名称。如果说，欧亚共同体的经济一体化是对上海合作组织的经济合作提出问题，那欧亚联盟提出的将是政治问题，这个问题将是：在欧亚联盟出现后，上海合作组织还能否保持它的面貌？抑或是：还需不需要上海合作组织？欧亚经济联盟对上海合作组织的影响不是整体性的，它主要是涉及上海合作组织的经济合作的方向，欧亚联盟则不同，它将是超国家的政治经济构架，它有很强的地缘政治和地缘经济含义，它对上海合作组织的影响将是整体性的。这是一个重大的问题。它现在还没出现，也不能确定它是否一定出现，但这种可能是存在的。

## 五、处理好扩大问题

处理好扩大问题包括三层意思。一层意思是不应为扩大问题耗费过多精力，使扩大议题喧宾夺主，冲淡上海合作组织的合作主题，尤其是

① Евгений Винокуров, директор Центра интеграционных исследований Евразийского банка развития （Россия）. Евразийская интеграция и Китай: виртуальный экспертный форум, 5. 11. 2011, http: //www. centrasia. ru/newsA. php? st =1322198160.

② Г. Чуфрин, Евразийская интеграция и Китай: виртуальный экспертный форум, 5. 11. 2011, http: //www. centrasia. ru/newsA. php? st =1322198160.

不能因扩大问题影响内部团结，在相互关系上留下阴影，特别是在中俄之间。另一层意思是要避免扩大给上海合作组织带来不可逆的严重负面结果。第三层意思是如何使扩大推动上海合作组织的发展。

扩大本不是问题，所有成员国原则上都不反对扩大，关键在于扩大的对象是谁和什么时候扩大。如果是土库曼斯坦或是蒙古加入上海合作组织，这不会引起太大异议。但如果是其他国家，则情况会大不相同。上海合作组织现在所面临的正是这种情况。由于俄罗斯强力推动印度加入上海合作组织，使扩大问题凸显出来。扩大还是不扩大——这成了上海合作组织的重大选择，这一选择将影响上海合作组织的未来面貌和结构，影响它的发展方向和前途，甚至会影响它的内部关系，包括中俄关系。

在印度的问题上，上海合作组织成员国有不同的主张。俄罗斯是扩大的激进派。它主张接纳印度，并且不反对把巴基斯坦一同加入。俄罗斯认为上海合作组织的扩大是一定的，不过是时间早晚的问题，它希望加快扩大的进程。① 中国是扩大的谨慎派，它不反对扩大，但强调扩大应慎重进行，不宜操之过急。它担心扩大会带来过大的副作用，比如影响内部团结和降低效率。它认为与扩大组织相比，提高它的效率更为重要。俄罗斯有评论认为，中国对印度加入上海合作组织的消极态度是由于双边的复杂关系，② 这也不是没有道理。中印两国边界问题尚未解决，而且，达赖集团利用印度领土从事危害中国主权和领土完整的活动，这有悖于上海合作组织的政治要求。哈萨克斯坦和乌兹别克斯坦这两个中亚大国对急剧改变上海合作组织的成员结构都没有表示出很大热情，它们对扩大也持谨慎态度，与中国的立场较为接近。纳扎尔巴耶夫总统曾经表示："扩大不应是目的本身，更不应使上海合作组织受到损害，以至上海合作组织存在的意义发生改变。"③ 乌兹别克斯坦也没有扩大的

---

① Интервью Спецпредставителя Президента Российской Федерации по делам ШОС К. М. Барского агентству《Интерфакс》, Москва, 1 ноября 2011 года, http: //www. mid. ru/brp_ 4. nsf/0/AC5EC2628F593B704425793D0039DD5F.

② А. Лукин. Задача для ШОС: клуб лидеров или – серьезный международный механизм? 09. 03. 2011, http: //infoshos. ru/ru/? idn = 7832.

③ Н. А. Назарбаев. Десять лет будущего. 《Российская газета》, 03 июня 2011 г..

急切要求。卡里莫夫总统认为，接收新成员章程的通过不意味着上海合作组织的自动扩大，它只不过是建立了新成员加入的法律基础。[①]

在对扩大问题不同的主张背后，反映着对上海合作组织未来发展的不同想法。虽然存在不同的看法和主张是正常的，但扩大问题确实对上海合作组织具有挑战意义：扩大将使上海合作组织发生什么变化？它对上海合作组织将发生建构还是解构作用？它是否将严重降低上海合作组织的效率？它是否会导致内部团结问题？它是否会改变上海合作组织的基本方向？简而言之，扩大将使上海合作组织变得更为强大、使它的发展空间更为广阔，还是将使它走向削弱、变成一盘散沙？扩大无法实验，一旦迈出这一步，就不可能逆转，没有回头路可走。这对上海合作组织来说，犹如一扇不透明的大门，不知打开门之后将会看到什么。

扩大的正面效果显而易见。印度和巴基斯坦的加入将使上海合作组织的面貌发生重大改观。上海合作组织将成为一个北起俄罗斯、跨越中亚、包括中国、覆盖南亚次大陆的巨型地区组织，按照有的俄罗斯学者的说法，在人口和面积上，它的规模将仅次于联合国而成为世界第二大组织。这样一个庞然大物的出现不能不引起国际反响，并对世界地缘政治格局产生影响，上海合作组织的国际地位势必因此提升。印巴的加入也会为上海合作组织的发展提供更多的选择和可能，特别是在安全合作上，它将有利于形成更完整的地区安全机制。

但是，它的潜在风险也是很大的。印巴关系始终是一个问题，它会把它们的矛盾带到上海合作组织中来。假使印巴发生严重冲突，将使上海合作组织陷入困难的境地。印巴加入将使上海合作组织更像一个“大国俱乐部”，中俄印在其中有彰显角色，使中亚国家的地位降低，从而影响它们的政治积极性。印巴加入对上海合作组织的内部关系会带来复杂影响，有可能造成派系的出现，这对上海合作组织也是很危险的。印巴加入还会给上海合作组织原有规划的实施造成很大困难。例如，上海合作组织的长期经济目标商品、服务、资金、技术的自由流动，在印巴加入的情况下将更难实现。上海合作组织的经济框架本来已经过大，情

① А. Калабанов. ШОС поможет Киргизии деньгами и наблюдателями, http://www.utro.ru/articles/2010/06/11/900411.shtml.

况已经够复杂，再加上印巴，规模还要大大扩张，情况就更加复杂，经济规划的落实会更困难。至于自贸区和一体化，将会无从着手，很可能将无疾而终。再例如维护地区稳定问题，南亚的地区稳定问题是如此之频繁和严重，上海合作组织显然不能承担维护南亚地区稳定的任务。当然，印巴加入也会提供一些经济合作的可能性，如把中亚和印巴联系起来的跨地区能源和交通项目，这会受到一些成员国的欢迎，虽然说这与是美国“新丝绸之路战略”的核心思想相接近，符合美国的地缘政治和地缘经济目标。印巴加入还有可能造成上海合作组织的议题散化。应该看到，在印巴加入的情况下，上海合作组织的议题扩大是自然之势。例如，如果上海合作组织首脑会议在印巴举行，南亚问题就不能不受到一定关注。印巴都是大国，南亚又是多事之地和热点议题，它有可能冲淡上海合作组织的中心议题。新议题的增加是正常的规律，它不是绝对的坏事，关键在于不能因为它使上海合作组织失去重心。还应该看到，即使是扩大的正面效果，如国际分量的增加，也不一定都能实现。物理上的膨胀不一定导致力量的增强，新要素的增加只有通过有效的组织才能转化为实际的能力。扩大使上海合作组织的成员、人口、面积增多，但如果它们不能被有效地组织和融合，则它们不过是零散的物件，并不能产生真正的能量。换句话说，如果不能有效地整合，那扩大只是增加上海合作组织的体量而已，使它看起来十分庞大，但这并不能使它更强大。越大的组织越容易松散，这是一个自然的规律。一个松散无力的组织，不管它有多大，都不会成为真正的“力量中心”。

扩大有风险，但不扩大有压力。这对上海合作组织来说确实是一个两难的问题。但上海合作组织最终还是要做出抉择，而选择只有两个：扩大或是不扩大。

虽说暂不扩大是可能的，但从中长期趋势来看，上海合作组织更可能是进行扩大，而不是维持现状。在这种假设下，问题就不再是扩大或不扩大，而是如扩大以后如何做。如果上海合作组织进行扩大，并且扩大的对象是印度和巴基斯坦，上海合作组织首先应当充分利用扩大所带来的有利因素，推动上海合作组织的发展。扩大不单单是成员的增加，新成员的加入，特别是像印度和巴基斯坦这样重要国家的加入，会带来一系列新的因素，包括国际政治上的、地缘政治上的、多边关系上的、地区安全上的、区域经济上的以及地区交通能源等领域上的。上海合作组织应该认真研究这些新因素的利用问题，使它们成为上海合作组织发展的新的可能性。印度和巴基斯坦的加入将使上海合作组织呈现新的格局，同时，在印巴加入后，上海合作组织的基本格局也应是基本确定的，以后即使再有新成员加入，也不应是遥远的国家和很大的国家，不会大规模改变上海合作组织的面貌。这就是说，在相当长时间里，上海合作组织的基本格局将保持稳定。上海合作组织可以这一格局为基础，对它的发展规划重新审视，在保持基本议题方向不变的情况下，适当进行调整和重新布局，并辅以符合需要的实施措施，为上海合作组织勾勒出新的发展前景和路径。

另一方面，上海合作组织需要对扩大进行风险控制，即在扩大的情况下，如何防止或减小可能的消极后果。一个最容易被想到的方法是在权力分配上进行某种设置，它的实质是对新成员的权力做出限制，使其不能拥有否决性权力，以避免决策效率的下降。例如，联合国就是这种模式，它的常任理事国拥有比非常任理事国更大的权限，而且常任理事国有否决权，非常任理事国则不具有否决权。可以想象，如果所有理事国都拥有否决权的话，那安理会决议通过的概率将大大降低。

不过，这种模式移植到上海合作组织未必合适。上海合作组织不同于联合国，它的基本职能是促进内部合作，而不是管理世界。对新成员权力的限制造成了成员国事实上的政治不平等，它有违上海合作组织政治平等的精神。这对于新成员是一种政治矮化，对它们的自尊心和参与热情是一种伤害，使它们产生怨言。事实上，这与观察员的地位也没有太大区别。与其造成这样的消极结果，还不如不给予它们成员国的身份。这种方式对解决扩大可能带来的问题也不会有多大作用。如果说，印巴加入将使内部关系变得复杂的话，那与它们的地位不一定有太大关系，对于上海合作组织原有的合作议题，看不到印度和巴基斯坦有反对的理由，它们可能造成的复杂性更多地在于提出新议题。这就是说，即使印巴有否决权，它们一般也不会去否定上海合作组织的原有议题，它们的兴趣在于从本国角度提出新议题。在这种情况下，有无否决权无关紧要，只要有提议权就够了。即使它们不能直接提议，其他成员国也可代为提出。

对于扩大后的风险，可以通过这样一些方式尝试进行控制，以尽量减小可能的消极后果。一是议题的设置。上海合作组织在扩大之时应做出规定，确定新成员的加入不能改变它的基本议题方向。二是地域的限定。上海合作组织同时要明确它的地区合作概念是以中亚为中心向周边发展，而不能把重心转向西亚和南亚。由此，上海合作组织所说的地区稳定和区域合作也是以中亚为中心。三是灵活的机制。上海合作组织框架内的合作项目可以采取选择性加入的形式，新成员不一定加入所有原来的项目。四是政治的约束。上海合作组织与新成员需有政治约定，规范新成员的行为模式，包括不能把某些它们的特殊问题带入上海合作组织。

总而言之，上海合作组织应最大程度地利用扩大带来的可能性，最大限度地降低其可能的消极后果。这是基本的原则。

## 六、上海合作组织的前景

展望上海合作组织的未来，它存在多种可能的前景。可以做四个假设。第一种假设是它的影响大幅上升，行为能力大大增强，在地区事务中占据主导地位，在国际事务中成为重大的角色；第二种假设是遭遇重大变故，出现瘫痪或解体；第三种假设是它的内在动力渐趋衰退，逐渐走向式微；第四种假设是虽发展得不是很快，但也不是停滞不前，它一步一步地向前发展，在地区事务中保持着稳定的重要地位，并在国际事务中有逐渐增长的影响。

第一种假设虽然令人向往，但它的可能性却不是很大。在可见的将来，上海合作组织在地区事务中难以达到高度的整合，如类似欧盟之于欧洲的水平。在国际事务中，上海合作组织也难以成为具有重大影响的角色，如像欧盟和北约在国际事务中的地位。这有一些列原因。从中近期看，能够给上海合作组织以强力推动的新增因素不是很多，扩大可谓主要的一个。除此之外，上海合作组织的发展基本是依赖原有的动力源。从上海合作组织的情况说，不能期望它可以迅速解决存在的问题，并出现跃进式的变化。这是来自上海合作组织自身的局限。从外部环境来说，现在是一个多边机制盛行的世界，多边机制的繁荣和交叉并存构成了当今国际政治的一大特点。不同层次、不同规模、不同组合、不同性质的多边机制大量存在，并且仍在不断涌现。许多国家都同时参加着多个多边机制，并乐此不疲地徜徉于不同的多边机制之中，以寻求更多的外交可能性。大量的多边机制分享着有限的国际政治资源和空间，分担着国际政治的功能和责任，这使得任何一个多边机制要独享资源和独占风头变得十分困难。以与上海合作组织有关的多边机制来说，除了独联体、欧亚经济共同体、海关联盟、亚信之外，还有中俄印、金砖国家、20 国集团、突厥语国家大会等。在次次地区的层面，中国、俄罗斯和其他上海合作组织成员国还有其他一些小多边的机制。所有这些机制或多或少都与上海合作组织有一些相似的功能。这可以说是来自国际环境的限制。由此看，第一种前景是一种很高或说是过高的期望。

第二种假设即遭遇突然变故和出现解体，这种可能性也很小。比如说，即使有成员国退出，只要不是核心国家或几个国家同时退出，它也不会导致上海合作组织解体，而核心国家和几个国家同时退出的可能性很小。这种情况的出现或是由于中俄关系出现逆转，或是一些成员国国内发生重大政治变化，例如极端主义势力夺取政权等，但这都是很小概率的可能。

第三种假设，也就是上海合作组织逐渐走向衰退，这在西方是一种流行的看法。西方有学者评论：“如果说阿富汗是帝国的坟场，那么亚洲就是国际组织的坟场，上海合作组织也在其中。这些组织频于召开会议，但却难以看到哪怕是一件实质性成果。与上海合作组织相比，多数其他组织在成员和逻辑上更为一致和合理，而上海合作组织看起来更像一个说“不”的沙龙，它成立的目的就是挑衅自由民主组织。”① 还有学者认为：“尽管上海合作组织宣称要大规模合作，但它未能把官方宣言变成真正的地区合作……不管上海合作组织有什么地区合作和影响的雄心，成员国的协调却远落其后。作为一个集体安全组织它的能力不强……在非安全领域它就更弱。”② 还应看到，在俄罗斯和中亚学术界，

① John Quiggin，China's Imminent Collapse. Special Coverage：Sept – Oct Issue of The National Interest，September 13，2011.

② Alexander Cooley，China，Russia，and the SCO，http：//www. foreignaffairs. com/articles/65724/alexander – cooley/cooperation – gets – shanghaied. December 14，2009.

也有对上海合作组织的悲观看法，认为上海合作组织失去了前进的动力，出现了发展的危机，陷入了停滞的困境。[①] 有俄罗斯学者指出："今天，对上海合作组织成员国最坏的帮助，就是在它的成立纪念日滥发溢美之词，并认为，今后几年靠过去成就的惯性仍能继续发展。这已经不够了。相反，它的惯性有可能使它已取得的成绩化为乌有，并使它变成一个空洞的摆设，这还是最好的情况。"[②] 应该指出，在西方"唱衰"上海合作组织的背后往往不仅仅有学术的评价，而且也有某种政治的导向，对此应有认识。不过，客观地说，"空转"和停滞的危险不是完全不存在，它是上海合作组织面临的现实挑战，也是上海合作组织最需努力避免的前景。

在所有四种假设中，第四种假设具有最大的现实可能性，即上海合作组织虽可能发展得不是很快、但却稳步地向前，它在地区事务中保持稳定的重要地位，并对国际政治产生逐渐增长的影响。这是因为，一方面，上海合作组织仍保持着基本的发展动力，并且拥有发展的潜力；另一方面，如前所说，上海合作组织有内外因素的限制，使它的发展有所羁绊，而且它已走过了初创阶段，可以快速通过的路段已经走完。作者认为，这是对上海合作组织前景最为务实的期待。当然，如果上海合作组织的发展超出这一预期，那将是令人愉快的意外。

---

① 原俄罗斯总统上海合作组织代表沃罗比约夫总结了俄学术界关于上海合作组织的三种主要观点，这是其中的一种。Виталий Воробьев. ШОС как растущий властелин ? хартлэнда?, 19 февраля 2012, http://www.globalaffairs.ru/number/ShOS－kak－rastuschii－vlastelin－khartlenda－15471。

② Дмитрий Косырев, За гранью десятилетия ШОС: новая эпоха, которой нужна новая политика. 23. 12. 2011, http://infoshos.ru/ru/?idn=9280.

# 后　　记

上海合作组织是作者接触较久的题目。1996 年“上海五国”问世，五国元首在上海展览中心（原中苏友好大厦）签署文件，作者作为工作人员得以在现场，并在江泽民主席为各国元首举行的晚宴上做服务工作。2001 年上海合作组织成立，签字仪式在黄浦江畔香格里拉酒店举行。作者有幸受中央人民广播电台之邀，作为专家参加现场直播，见证了上海合作组织的诞生，并再次在 6 国元首的晚宴上服务。这些年，注意上海合作组织的各项活动，研读有关的材料和文件，参加了大量的研讨会，也写了不少关于上海合作组织的文章，本书算作是对自己工作的一个总结。由于认识水平和所掌握材料有限的关系，书中的错误和疏漏在所难免，一些看法和见解也不一定正确，欢迎读者给予批评和指正。

作　者

2012 年 4 月

**图书在版编目（CIP）数据**

上海合作组织：评析和展望/赵华胜著．—北京：时事出版社，2012.5

ISBN 978-7-80232-510-4

Ⅰ．①上…　Ⅱ．①赵…　Ⅲ．①上海合作组织—研究
Ⅳ．①D814.1

中国版本图书馆 CIP 数据核字（2012）第 049975 号

出版发行：时事出版社
地　　址：北京市海淀区巨山村 375 号
邮　　编：100093
发行热线：（010）82546061　82546062
读者服务部：（010）61157595
传　　真：（010）82546050
电子邮箱：shishichubanshe@sina.com
网　　址：www.shishishe.com
印　　刷：北京昌平百善印刷厂

---

开本：787×1092　1/16　印张：18　字数：276 千字
2012 年 6 月第 1 版　2012 年 6 月第 1 次印刷
定价：45.00 元
（如有印装质量问题，请与本社发行部联系调换）